CHANSONS DE VOYAGEURS, COUREURS DE BOIS ET FORESTIERS

ETHNOLOGIE DE L'AMÉRIQUE FRANÇAISE

Cette collection réunit des ouvrages consacrés à l'étude de synthèse des arts et des traditions populaires. Issue d'un programme majeur de recherche réalisé au CÉLAT de l'université Laval sous le patronage du ministère de l'Éducation du Québec, elle regroupe les travaux de trois équipes de chercheurs en ethnologie historique. Ce programme entend reconstituer les traditions du geste et de la parole en analysant les différentes facettes de la vie traditionnelle : les faits de culture spirituelle représentés par la littérature orale et les habitudes de vie ; la culture matérielle examinée dans les traces qu'ont laissées les techniques et les créations esthétiques ; et les traditions rythmiques et musicales retrouvées dans les airs de musique, les chansons et la danse.

SOUS LE PATRONAGE
du ministère de l'Éducation du Québec (Direction générale de l'enseignement supérieur, Service de la recherche universitaire et de la formation des chercheurs)

RÉALISATION
Centre d'études sur la langue, les arts et les traditions populaires des francophones en Amérique du Nord (CÉLAT), 1980

DIRECTEUR DE PROJET
Jean-Claude DUPONT

DIRECTOIRE SCIENTIFIQUE
Traditions rythmiques et musicales :
Marc GAGNÉ et Conrad LAFORTE

Traditions orales :
Jean DU BERGER et Elli KÖNGÄS-MARANDA

Traditions du geste :
Jean-Claude DUPONT et Jean SIMARD

CONSEILLERS
Benoît LACROIX, Jacques MATHIEU et Nive VOISINE

COORDONNATRICE
Gynette TREMBLAY

SECRÉTARIAT ADMINISTRATIF
Thérèse MÉTAYER

Madeleine BÉLAND

CHANSONS DE VOYAGEURS, COUREURS DE BOIS ET FORESTIERS

Contribution musicale de
Lorraine CARRIER-AUBIN

ETHNOLOGIE
DE L'AMÉRIQUE
FRANÇAISE

LES PRESSES DE L'UNIVERSITÉ LAVAL
Québec, 1982

Cet ouvrage est publié grâce à une subvention de la Fédération canadienne des études humaines, dont les fonds proviennent du Conseil de recherches en sciences humaines du Canada.

Couverture

Cage de bois carré sur le Saint-Laurent (lithographie de Currier et Ives vraisemblablement publiée à New York vers 1840) et *Lac Supérieur* (Frances Hopkins, 1869, Glenbour Foundation, Calgary, Alberta).

Préface

Presque autant que la mer, leur première conquête, la forêt fut, pour les Canadiens découvreurs des siècles derniers, un lieu de rencontres extraordinaires. Les coureurs de bois, voyageurs et forestiers, aux métiers dont l'héroïsme n'est pas toujours aussi connu qu'on le souhaiterait aujourd'hui, vécurent des aventures de toutes espèces, les unes tragiques, d'autres pittoresques, auxquelles se mêlèrent à divers niveaux de vie des sentiments mixtes allant de la témérité la plus sauvage à la mélancolie noire d'un ennui impossible à guérir.

Les chansons qui suivent ne définissent pas toujours ces sentiments, encore moins les attitudes et les faits qui y correspondent. Elles les signifient et les reflètent. Leur valeur historique vient d'abord du fait qu'elles existent : elles ont été bel et bien chantées, contrairement à d'autres — comme plusieurs chansons politiques — qui n'ont été que pièces de provocation. Nos chansons de coureurs de bois, nous pouvons les identifier et les cataloguer même en plusieurs versions. Encore aujourd'hui, il est possible d'écouter sur le terrain leurs interminables adaptations au lieu, à l'événement et à la situation du moment.

C'est à la fois le mérite et l'audace de Madeleine Béland d'avoir pris la peine d'écouter, de vérifier, de scruter jusqu'à l'analyse des textes parfois déroutants.

Mais justement ces chansons témoignent. Elles sont par elles-mêmes des preuves irréversibles d'une tradition orale, vivante et coriace. Sans compter qu'elles reflètent l'enjeu culturel de notre temps qui n'hésiterait pas à commercialiser le moindre témoignage, tandis que ces hommes forts et vigoureux chantaient plutôt par plaisir, pour se distraire, se désennuyer surtout.

Les gens que ce recueil honore en même temps qu'il les révèle sont les vrais bardes des forêts canadiennes, capables de gagner leur vie au jour le jour ou à la « job », sur place, prêts à repartir, à canoter, en emportant dans leur mémoire toujours étonnante leurs mots et leurs mélodies.

Signalons aussi le rapport subtil qui existe entre la forêt canadienne et le sacré chrétien qui, faisant flèche de tout bois, c'est le temps de l'écrire, s'accommode aisément de tout ce qui respire l'immensité, l'inconnu et le mystère. Ces chansons nous apprennent sans fard et sans ménagement que la forêt est propice à l'adoration comme à la superstition ; Dieu est là, fatalement là, premier « fore-

man » toujours. Le combat entre le Diable et l'homme y perdure. Les forces de la nuit sont entrées en lutte contre le jour. Le ciel se gagne à la hache. Il faut prier la Vierge, avoir confiance en son bon ange et, le soir, dire des prières qui chassent l'ennui.

Il n'entrait pas dans les propos de l'auteure de faire intervenir d'autres témoins que ces forestiers et voyageurs, en recueillant, par exemple, les témoignages parallèles des écrivains, des historiens de l'époque, encore moins les idéologies en cours comme on en trouve dans la Forêt et l'Homme *de Pierre Deffontaines ou* la Forêt, *ouvrage édité par Esdras Minville au temps des Semaines sociales du Canada. Tout autre son propos. Elle donne entièrement la parole aux seuls premiers grands témoins de la forêt : ceux qui l'ont habitée et y ont travaillé ; elle transcrit rigoureusement, avec dates et lieux à l'appui, leurs chansons, fussent-elles imparfaites dans leur récitatif ou même gauches dans leur mélodie. Ainsi firent nos premiers défricheurs : arbre après arbre, ils ont bûché, cogné, scié, rangé, cordé. Leurs travaux et leur patience ont rendu possible ce recueil. L'hommage discret que leur rend Madeleine Béland mérite d'être noté.*

Il nous faut aussi remercier les responsables de cet ouvrage qui ont respecté cette perspective du pionnier en offrant les textes et les mélodies dans leur saveur première, en les interpellant franchement un à un comme on interroge les premiers témoins d'une tradition orale. Ce recueil s'inscrit dans cette tradition savante et stricte du respect des sources.

Benoît Lacroix

Avant-propos

Depuis quelques années, la chanson folklorique connaît un regain de vitalité, en particulier au Québec, où elle s'inscrit dans un mouvement nationaliste très dynamique. Constituant une part importante de notre patrimoine de tradition orale, elle est surtout appréciée pour sa valeur sentimentale. À l'image de la plupart des habitants de cette province, elle tire ses origines de l'ancienne France et fut implantée dans une terre d'adoption où elle continue de survivre. Toutefois, la chanson n'a pas fait que survivre, elle a aussi évolué et s'est adaptée à des réalités nouvelles. C'est ainsi qu'un certain nombre de chansons parlent de nos ancêtres coureurs de bois et autres voyageurs canadiens et sont nées chez nous, illustrant des réalités typiquement canadiennes-françaises.

Plusieurs auteurs et chercheurs, tels Joseph-Charles Taché, Ernest Gagnon, Hubert La Rue, Marius Barbeau et Luc Lacourcière, nous ont révélé l'intérêt scientifique que comporte l'étude de ces textes du terroir. Notre curiosité nous a poussée à chercher ce que les chansons véhiculaient sur la vie et les sentiments de ces hommes souvent considérés comme des héros légendaires et qui jouèrent un rôle déterminant dans le développement du pays à chaque époque de son histoire. Nous avons donc entrepris l'examen complet des chansons de voyageurs, lesquelles témoignent d'une contribution originale à l'ensemble du répertoire des chansons folkloriques françaises.

L'étude et l'anthologie qui en résulte ont été réalisées grâce à la participation d'un nombre impressionnant de collaborateurs. En premier lieu, nous en devons l'existence à tous les chanteurs et chanteuses qui ont mémorisé et transmis ces textes d'une grande authenticité. Nous sommes également redevable aux collecteurs de chansons ; après les avoir glanées aux quatre coins du pays, ils en ont fait profiter la science folklorique en les léguant à des centres de recherche spécialisés en cette matière. Nous remercions les Archives de folklore de l'université Laval et le Centre canadien d'études sur la culture traditionnelle, du Musée national de l'homme à Ottawa, dont le mérite est de nous restituer une part intéressante de notre héritage en permettant aux chercheurs la consultation et l'utilisation de ces documents inédits.

Tous ces documents qui s'offraient à nous, comment les organiser, les comprendre, les traiter ? Monsieur Conrad Laforte nous a, tout au long de notre étude, guidée avec science, patience et intérêt afin de nous en faire découvrir toute la richesse. De plus, en tant que responsable de cette publication, il a méticuleusement revu les textes constituant l'anthologie des chansons de voyageurs.

Nos remerciements sincères s'adressent aussi à une collaboratrice dont les connaissances musicales nous ont été d'un précieux secours. Madame Lorraine Carrier-Aubin a effectué 62 des 77 relevés musicaux faits à partir d'enregistrements sur bandes sonores. Le père Germain Lemieux a permis l'utilisation de trois transcriptions de sa collection. Robert Bouthillier, Marc Gagné et le regretté François Brassard ont fourni les mélodies de trois autres chansons. Enfin, Donald Deschênes, en plus de signer neuf transcriptions musicales, s'est intéressé à l'identification des timbres, c'est-à-dire aux airs sur lesquels ces chansons ont dû être composées. En effet, plusieurs chansons de ce groupe, de composition assez récente, sont nées tout simplement de nouvelles paroles chantées sur un air déjà connu et populaire. À toutes ces personnes nous exprimons notre reconnaissance.

Les chansons présentées s'inscrivent pour la plupart au *Catalogue de la chanson folklorique française*. II : *Chansons strophiques* (par Conrad Laforte, Québec, PUL), à la catégorie L. Cycle de voyages : les coureurs de bois, les chantiers forestiers, la drave, etc. Dans notre anthologie, elles sont numérotées de 1 à 84, suivant l'ordre de la catégorie L du *Catalogue* [...]. Il est donc très facile de retrouver la notice bibliographique complète des versions recueillies de chacune des chansons. En ce qui a trait à la partie étude, ou introduction à l'anthologie, on remarquera que les extraits de chansons cités y sont abondants. Afin d'alléger les références en bas de page, nous signalons à la suite de chacun des extraits le numéro que la chanson porte à la catégorie L du *Catalogue* [...], suivi du numéro de la version citée dans la notice bibliographique. Exemple : (24-15) correspond à *la Misère dans les chantiers*, coll. Conrad Laforte, AF, nº 691. Chanté par Arthur Daigneault (35 ans), 26 septembre 1959, Bagot, 7 c. À l'annexe « Classement des chansons », le nombre entre parenthèses suivant chaque titre est également le numéro qui permet de retracer la chanson dans sa catégorie au *Catalogue* [...].

Les sept chansons classées en appendice à l'anthologie évoquent la même thématique que les précédentes. Cependant, quatre d'entre elles, si elles sont de forme strophique, sont rattachées à une autre catégorie que celle des coureurs de bois ; deux présentent la forme de la laisse et une dernière, *le Canotier*, est une chanson littéraire qui mérite pourtant de figurer dans ce répertoire de chansons de tradition orale étant donné sa grande diffusion en Amérique française. Les références à ces chansons se composent de quatre symboles entre parenthèses après chaque citation. Exemple : (I-Q-8-3). Le premier chiffre indique que la chanson apparaît au *Catalogue de la chanson folklorique française*. I : *Chansons en laisse*. La lettre renvoie à la catégorie (Q. Fêtes et Métiers). Les deux derniers chiffres, au numéro de la chanson et de la version citée (8-3 : *les Raftsmen*, P. É. Prévost, *Chansons canadiennes*, Montréal, 1907, p. 24-25).

M. B.

Sigles

AF   Archives de folklore, université Laval, Québec

BM   Bibliothèque municipale de Montréal

MN   Musée national du Canada (Ottawa). Aujourd'hui, Centre canadien d'études sur la culture traditionnelle, Musée national de l'homme

T. O.   Ton original

La vie des voyageurs

2   Les historiographes, les historiens et les écrivains se sont intéressés aux coureurs de bois et autres voyageurs canadiens, les uns examinant leurs activités surtout d'un point de vue économique ou social[1], les autres en dressant tout simplement un portrait romanesque. Les auteurs ont l'habitude de considérer, comme l'exprime si bien Jack Warwick, que « n'étant ni fonctionnaire, ni littérateur, le « coureur de bois » n'a laissé de lui-même aucun portrait écrit. On ne le connaît que par ses détracteurs, qu'ils soient sincères ou hypocrites[2]. » Pourtant, nous connaissons des documents oraux qui tracent un portrait assez réaliste de la vie et des sentiments de ces hommes. En effet, les chansons de voyageurs furent, nous le croyons, composées et transmises par les voyageurs eux-mêmes ou par des gens qui les connaissaient bien. Ces chansons, dont il sera ici question, possèdent un scénario centré sur la vie des coureurs de bois et des voyageurs. Elles diffèrent en cela de celles qu'ils chantaient pour se distraire ou pour rythmer la cadence des avirons, comme *À la claire fontaine, la Fille au cresson* et bien d'autres faisant partie du répertoire apporté de France. Évidemment, ils connaissaient aussi et chantaient ces textes qui parlent d'eux.

Parmi les chansons de voyageurs, quelques-unes représentent des adaptations de chansons françaises, c'est-à-dire que les termes du décor d'origine se « canadianisèrent » avec le temps. D'autres sont de véritables compositions canadiennes, paroles et musique, parfois fort anciennes ; mais, en général, les poètes populaires ont composé sur un air traditionnel de nouvelles paroles, en gardant telle quelle ou en modifiant la mélodie déjà connue. L'essentiel demeure cependant que l'examen de ces chansons, sans égard à leur forme, peut nous suggérer une vue d'ensemble des voyageurs à différentes époques de notre histoire. Mais, avant tout, il conviendrait de préciser le sens de ce mot « voyageur », que nous avons employé jusqu'à maintenant et qui, dans notre esprit, regroupe plusieurs types de travailleurs itinérants.

Dans une perspective historique qui remonte au début de la colonie française en Amérique du Nord, les premiers voyageurs furent les truchements. Ceux-ci vivaient parmi les autochtones pour apprendre leur langue, observer leur mode de vie et établir indirectement les bases d'une organisation concernant la traite des fourrures. Pour mieux définir leur rôle, disons que les truchements furent les premiers guides-interprètes de la colonie. Peu de temps après eux, un autre type de voyageurs, les explorateurs, contribua au développement de la Nouvelle-France. Ces derniers, surtout préoccupés par la découverte du pays, pouvaient financer leurs expéditions grâce au commerce des fourrures ; en définitive, ils s'imposaient comme les principaux agents de ce commerce, du fait même qu'ils délimitaient les nouvelles frontières. À part ces explorateurs, qui constituaient un groupe minoritaire, des coureurs de bois, en nombre imposant, gagnaient les régions éloignées et s'adonnaient (souvent dans l'illégalité) au commerce des fourrures avec les

---

[1]   Voir Jean HAMELIN, *Économie et Société en Nouvelle-France.*
[2]   *L'Appel du Nord dans la littérature canadienne-française. Essai*, p. 30.

Indiens. Travaillant à leur propre compte ou au service d'une compagnie, ils eurent une importance capitale dans l'expansion du pays sous le régime français, bien qu'on les identifiât, à tort ou à raison, à une espèce plus ou moins admirable de hors-la-loi. Au début du XVIIIᵉ siècle, l'expression « coureur de bois », à cause de sa connotation péjorative, fut remplacée par la nouvelle appellation plus acceptable de « voyageur canadien » ou « voyageur des pays d'en haut[3] ». La plupart des voyageurs, au sens d' « engagés », servaient en qualité de guides, d'interprètes, de canotiers, ou pour toute autre besogne, une compagnie bien établie.

Au moment où le transport des fourrures par canot commençait à décliner, dans la première moitié du XIXᵉ siècle, l'industrie forestière connaissait déjà un essor prodigieux dans certaines régions de la province de Québec, sous l'impulsion des travaux entrepris par Philémon Wright le long de la Gatineau[4]. La richesse de nos forêts permit à la tradition des voyageurs de se poursuivre. La coupe du bois et le flottage des *billots** sur les cours d'eau firent en sorte que beaucoup d'anciens voyageurs se convertirent en bûcherons, *cageux* et *draveurs*. Les *habitants* et les fils d'habitants y trouvèrent également de nouveaux débouchés. Quoique la nature du travail différât complètement, un même esprit demeurait et la même appellation de voyageurs identifiait les forestiers. Tout au cours de notre histoire, cette appellation s'accolera aux travailleurs nomades et s'opposera ainsi à la sédentarité qui caractérisait les paysans, colons ou cultivateurs, investis du titre d'habitants.

Dans une perspective sociale plus élargie, nous constatons encore de nos jours que cette tradition canadienne-française d'instabilité survit. Avec l'industrialisation, la vie a beaucoup changé, mais les engagés au service des grandes compagnies hydro-électriques parsemées dans le nord québécois ne sont-ils pas à leur manière un autre type de voyageurs ? À travers des buts et des moyens nouveaux, ces hommes manifestent le même goût de l'exil passager, le même espoir de gagner rapidement de l'argent et le besoin de vivre pour un temps près de la nature. Aujourd'hui, des chanteurs, comme Georges Dor avec *la Manicouagan*, se font porte-parole de leurs inquiétudes et de leurs sentiments. Il n'y a pas plus d'une cinquantaine d'années, les chansons émanaient encore du peuple, pour nous faire prendre conscience de la vie de ces travailleurs éloignés de leurs foyers.

Les plus anciennes chansons furent consignées à partir de 1863, par Hubert La Rue et Ernest Gagnon, dans les premiers recueils d'importance. Ces pionniers voulaient ainsi éviter que ces chansons, encore bien vivantes dans la tradition orale, ne sombrent dans l'oubli. Au début du XXᵉ siècle, une première génération de folkloristes encouragés par Marius Barbeau donna un élan à la cueillette, poursuivant le même but de sauvegarde mais avec plus d'empressement. Certaines

---

[3]   Jack WARWICK, *l'Appel du Nord dans la littérature canadienne-française. Essai,* p. 40-42.

[4]   Voir Joseph TASSÉ, *Philémon Wright ou Colonisation et Commerce du bois.*

*   Les mots qui ont ainsi l'italique dans le texte figureront dans un glossaire. L'italique ne sera utilisé que pour la première mention du mot.

4   chansons, recueillies de la bouche de vieillards qui détenaient leur savoir des générations précédentes, remontent jusqu'à la fin du XVIIIe siècle, alors que les anciennes techniques de transport des fourrures existaient encore. Les documents utilisés pour notre recherche couvrent donc une période d'au moins 150 ans et proviennent surtout du Québec et du Nouveau-Brunswick, mais là encore certaines régions furent plus courtisées que d'autres par les collecteurs de chansons.

Quoi qu'il en soit, le répertoire étudié comprend 91 chansons distinctes, présentant entre 1 et 69 variantes et totalisant 933 versions. Les textes rassemblés, nous avons établi un classement selon les types d'activité qu'exerçaient les voyageurs[5]. Seulement six chansons se rapportent aux anciens voyageurs, coureurs de bois et engagés, tandis qu'environ 70 d'entre elles concernent les voyageurs forestiers ou « hommes de *chantiers* ». Chacune des versions de ces chansons a fait l'objet d'une décomposition en motifs, afin de dégager tous les éléments en rapport avec le travail, les mœurs, l'alimentation, l'ennui, ou quelque autre thème. Le recours aux sources imprimées s'est limité aux cas où nous voulions appuyer ou compléter les thèmes moins bien représentés dans les chansons. Cette décomposition des versions de chansons nous a permis d'organiser le matériel de façon à reconstituer la vie des divers types de voyageurs et d'y discerner trois grandes périodes : de l'engagement jusqu'à l'arrivée à destination ; la vie dans les bois ou les chantiers jusqu'au moment du retour ; et, enfin, l'étape la plus attendue du voyage, le retour.

---

[5]   Voir « Classement des chansons », p. 409.

L'engagement et le voyage

L'ENGAGEMENT

La formalité de l'engagement semble avoir été une règle générale pour tous les types de voyageurs. Avant le milieu du XIXᵉ siècle, alors que le commerce des fourrures supposait le transport par canot, les engagements se contractaient par-devant notaire. Édouard-Zotique Massicotte dressa une liste de 13 055 de ces contrats d'engagement effectués dans la région de Montréal entre 1670 et 1778[1]. Les informations détaillées fournies par ces actes notariés s'avèrent d'une grande richesse historique. De son côté, la tradition orale apporte ses témoignages, puisque de nombreuses mentions d'engagement apparaissent dans les textes chantés relatifs aux anciens voyageurs de la Nouvelle-France et aux forestiers des deux derniers siècles. Nous y relevons de véritables ententes par contrat, portant signature et date d'échéance :

> On a point été rendu-e, a fallu s'engager
> Avec un' signature jusqu'au premier de mai (63-1).

> Il va fair' ses engagements.
> Il va partir de bon printemps (46-3).

> À l'*office* il faut aller
> Et Jack Adam est là,
> Est là pour nous engager (50-3).

Sous l'administration française, et quelque temps après la Conquête, plusieurs cas d'exception démontrent toutefois que des coureurs de bois travaillaient à leur compte et se libéraient de tout engagement formel pour trafiquer dans l'illégalité :

---

[1] « Répertoire des engagements pour l'Ouest conservés dans les archives judiciaires de Montréal ».

Le mot « coureur de bois » désignait, surtout à la fin du régime français, les traiteurs indi-
viduels qui, s'affranchissant de toutes contraintes, faisaient le commerce illicite des fourrures [...] Sous le régime anglais, le terme qui équivaut au mot « coureur de bois » dans le
sens d'émancipé est celui d' « homme libre », c'est-à-dire ceux des anciens voyageurs qui,
ayant quitté le service des compagnies, vendaient leurs fourrures à qui offrait davantage[2].

De telles exceptions ne se présentaient pas seulement chez les coureurs de
bois, car à l'époque où l'exploitation forestière prit de l'ampleur il y eut beaucoup
d'engagements uniquement verbaux entre les forestiers et leurs patrons immédiats.
Les chansons ne le précisent pas ouvertement, mais elles permettent de le supposer.
De plus, les passages spécifiques aux engagements révèlent d'autres données intéressantes plus explicites. Ils nous apprennent par exemple que les voyageurs s'engageaient à différents endroits, parfois même en cours de route, alors qu'ils avaient
déjà entrepris leur voyage :

À Ottawa, j'me suis-t-engagé (16-10).

C'est en passant par Rimouski qu'on s'est fait engager (24-14).

Cette attitude du voyageur qui part sans avoir signé préalablement un contrat
démontre la confiance qu'il avait de se trouver un emploi :

En arrivant à ces villes étrangères
Mais tout de suite nous sommes engagés (25-2).

S'il en était ainsi pour les voyageurs forestiers dans les premiers temps de
l'exploitation forestière, cette facilité d'embauche n'a cependant pas toujours
existé. Nous le constatons dans une chanson assez récente intitulée *Girard et Saint-
Laurent*. À l'époque où pourtant les chantiers florissaient, le voyageur pouvait se
heurter à certaines difficultés s'il n'avait aucun contrat effectif :

Ils nous répond'nt pour tout partage :
— Faut t'en aller, les camps sont pleins.
[...]
J'suis rentré dans un camp, su' l'portage,
[...]
Le *cook* il m'dit : — Prends donc l'portage
Va t'engager sur Saint-Laurent (35-1).

Pour éviter ce problème, il valait beaucoup mieux s'engager avant d'entreprendre le
voyage. Le contrat pouvait comporter d'autres avantages, en particulier celui de
toucher une avance de salaire qui permettait de faire quelques dépenses personnelles, même quelques petites folies avant le départ :

---

[2]   Antoine CHAMPAGNE, Antoine D'ESCHAMBAULT et Pierre PICTON, *Petite Histoire du voyageur*,
      p. 7-8.

L'engagement signé,
De l'*air* il faut tirer.
Pour un petit cinq *piasses*,
On a le cœur tout gai (50-1).

Pierre Dupin, dans son ouvrage sur les anciens chantiers du Saint-Maurice (entre 1870 et 1890), confirme ce témoignage tiré de *la Chanson de Thobald* :

> L'engagement conclu et le lieu de l'hivernement déterminé, la compagnie avançait quelques piastres à ses engagés pour leur permettre de s'équiper convenablement ; c'est ce qu'ils appelaient recevoir de « l'air » (des arrhes). Cette somme était employée à acheter des vêtements chauds, des bottes, ou des souliers mous, suivant le genre d'ouvrage à faire, et des couvertures de laine qui complétaient le fourniment[3].

Ce privilège s'appliquait également à certains coureurs de bois ou voyageurs engagés au service d'un *bourgeois* ou d'une compagnie de traite des fourrures. Ces anciens voyageurs sont cependant moins bien représentés dans les chansons de notre répertoire que les forestiers des XIXe et XXe siècles, et les détails concernant leur engagement y sont évidemment moins complets. Quoi qu'il en soit, tous les voyageurs forestiers étaient embauchés par une compagnie ou un particulier qui établissaient leurs propres directives. Les bûcherons, cageux et draveurs travaillaient pour une compagnie forestière, la *concerne* ou *conçarne,* ou pour un *contracteur*, le *jobber*, et aucun d'eux ne pouvait s'abstenir de signer un papier, à un moment ou à un autre, avant le départ ou sur les lieux de travail. Ce contrat ne liait toutefois pas les deux parties de façon rigide. L'engagé pouvait quitter le chantier sans s'exposer à des poursuites légales et de même l'employeur se débarrassait facilement d'un indésirable.

LE TEMPS DU DÉPART

Une fois l'engagement réglé, les départs s'effectuaient à des saisons différentes, selon la nature du travail convenu. Les coureurs de bois et autres voyageurs qui s'adonnaient au commerce des fourrures entreprenaient leur voyage au printemps. *La Plainte du coureur de bois* nous indique avec précision la journée d'un départ, qui peut varier sensiblement d'une année à l'autre :

> Le six de mai, l'année dernière
> Là-haut je me suis engagé
> Pour y faire un long voyage,
> Aller aux pays hauts
> Parmi tous les Sauvages (3-17F).

---

3   Pierre DUPIN (pseud. du chanoine Marie-Télesphore Giroux), *Anciens Chantiers du Saint-Maurice*, p. 14-15.

8   Une autre chanson du même groupe, *le Glas de la blonde de l'engagé*, donne une information d'ordre plus général :

> Vient fair' son engagement
> Pour partir de bon printemps (46-1).

> — Voilà donc ce doux printemps
> Que les voyageurs s'appareillent (46-2).

Parfois les versions d'une chanson font place à de nombreuses variantes, surtout lorsqu'il s'agit d'un détail tel une date ; mais, si la journée ou le mois changent, la saison est presque toujours respectée.

Pour les voyageurs des pays d'en haut, la fonte des glaces signifiait le début des saisons navigables. Tôt en route, ils pouvaient parcourir les distances énormes qui les séparaient de leur lieu de destination. Comme eux, les draveurs, cageux ou *raftsmen*, partaient à la venue du printemps, dès que les cours d'eau dégagés leur permettaient de pratiquer leur métier :

> Voilà le vingt-cinq d'avril qu'arrive,
> Tous les draveurs ils vont partir (72-2).

> À tous les printemps c'est la même histoire,
> À la drave il faut aller (71-1).

Cependant, bon nombre de draveurs s'engageaient à l'automne, comme bûcherons d'abord, pour faire la coupe du bois, jusqu'à ce que le temps du flottage arrive. À condition qu'ils en aient la capacité, les hommes de chantiers n'étaient en effet pas contraints d'exercer une seule fonction. Les passages soulignant le départ des bûcherons pour les chantiers abondent dans nos chansons. En voici quelques exemples :

> Voilà l'automne qui arrive, lui a plusieurs jeunes gens
> Qui partent pour ces voyages [...] (19-5).

> Voilà l'automn' qui arrive, il faut tous monter au bois (84-8).

> V'là l'automne qu'est arrivé,
> Tous les voyageurs vont monter (20-15A).

Les variantes étalent la saison de la montée aux chantiers à partir du « mois d'août d'bonne heure (36-1) » jusqu'à « voilà l'hiver arrivé, les rivières sont gelées (20-16) ». Des appréciations personnelles s'infiltrent occasionnellement à travers les couplets. Nous y décelons dans certains cas une appréhension de la part des travailleurs à l'idée de

> [...] s'en aller dans le bois
> Comme des loups pendant de longues hivers (24-8).

D'autres, au contraire, éprouvent un désir fébrile de repartir pour les bois :

> Dans l'mois d'juillet, c'qui est arrivé, l'mal de chantier nous a *r'pognés* (26-1).

L'expression « mal de chantier » illustre bien la passion de certains hommes qui, malgré les contraintes du travail, goûtaient une liberté profonde à vivre dans la nature et à hiverner dans les bois.

Enfin, complétons le tableau avec quelques retardataires qui, malgré leur départ tardif, feront peut-être le bonheur des patrons :

> Malgré les pluies glaciales en décembr' j'me suis rendu (41-1).

À cette période de l'année, plusieurs travailleurs quittaient les chantiers pour la durée des Fêtes et n'y revenaient pas. D'autres, ne pouvant plus supporter cette vie d'exil, désertaient après quelques mois de travail. Les nouveaux arrivants étaient souvent bienvenus dans de telles circonstances. Il faut d'ailleurs souligner que beaucoup d'habitants se rendaient aux chantiers durant la saison morte, pour y travailler comme bûcherons. Les récoltes finies et le travail routinier rétabli à la ferme, les femmes endossaient cette responsabilité pendant que leurs hommes allaient gagner un peu d'argent à l'extérieur.

Somme toute, les saisons de transition favorisaient les départs et même les retours des voyageurs, comme nous le verrons. Ce cadre saisonnier était beaucoup plus rigide chez les anciens voyageurs que chez les forestiers. L'évolution rapide des chantiers surtout à partir de la fin du XIXᵉ siècle et l'amélioration des routes ont contribué à l'arrivée de nouvelles recrues presque en tout temps de l'année.

LA DURÉE DE L'ABSENCE

Les voyageurs consentaient à quitter leur famille, leurs amis, voire leur pays, pour une période plus ou moins longue. Quelques-uns connaissaient à l'avance la durée de leur absence. Ainsi, nous l'avons vu, les bûcherons partaient généralement de l'automne jusqu'au printemps suivant ; ils allaient hiverner dans les bois, d'où le qualificatif d' « hivernants » qui leur est accolé. Ce mot avait désigné auparavant les coureurs de bois qui passaient l'hiver en forêt :

> La première année que j'ai voyagé
> Dans un chantier pour hiverner (38-10).

Quant aux draveurs et cageux, leur période d'absence allait du printemps jusqu'à la fin de la drave ou de la descente des cages, et se poursuivait quelquefois jusqu'à l'automne avancé. Comme eux, les anciens voyageurs engagés en qualité de canotiers s'absentaient du printemps jusqu'à la fin de l'été. Partis de Lachine les canots remplis de marchandises qu'ils livraient au Grand-Portage quelques mois plus tard, ils revenaient leurs embarcations chargées de fourrures. Ces groupes d'hommes effectuaient donc un travail saisonnier, contrairement aux voyageurs des pays d'en haut qui s'embarquaient au moins d'un printemps à l'autre. Avironnant tant que les cours d'eau le permettaient, ils s'adonnaient tout l'hiver au commerce des fourrures avec les Indiens, et ce n'est qu'à la venue d'une nouvelle saison navigable qu'ils envisageaient le retour au bercail. Beaucoup d'entre eux ignoraient toutefois la date de leur retour ou en avaient tout au plus une vague idée :

> [...] six mois, au plus un an (19-5).

> Je pars pour les voyages, peut-êtr' c'est pour deux ans (10-1).

Les chansons qui nous parlent des anciens voyageurs précisent rarement la durée du voyage, elles font plutôt état des sentiments engendrés par l'absence :

> Ah ! que l'hiver est longue,
> Que le temps est ennuyant (3-14) !

On ne retrouve d'ailleurs pas plus de précisions à ce sujet dans les textes imprimés :

> Selon la nature de l'ouvrage auquel ils [les Canadiens] sont appelés, ils quittent leur pays pour l'été ou pour une année ou pour plusieurs[4].

Cette citation nous invite à ouvrir une parenthèse sur un type de voyageurs que les chansons ignorent : les explorateurs. Peu soucieux de la longueur de l'absence, ces derniers partaient souvent pour plusieurs années à la découverte de nouveaux pays et de nouvelles voies de navigation. Ils prolongeaient pour ainsi dire les voies tracées par les coureurs de bois et allaient au-delà des frontières commerciales déjà établies.

LES PARTANTS

Les chansons, surtout expression des sentiments humains, nous livrent une information partielle, quoique très réaliste, en ce qui a trait aux caractéristiques des voyageurs. En fait, pourvu qu'ils soient bien portants et en pleine possession de

---

4   LA ROCHEFOUCAULT-LIANCOURT, *Voyage dans les États-Unis d'Amérique fait en 1795, 1796 et 1797,* cité dans Édouard-Zotique MASSICOTTE, « Répertoire des engagements pour l'Ouest conservés dans les archives judiciaires de Montréal », p. 194.

leurs capacités physiques, des jeunes gens, des plus âgés, célibataires ou pères de famille, riches ou pauvres, instruits ou ignorants, pouvaient être recrutés et exercer le métier de voyageur sous les diverses formes qui ont marqué son évolution.

En ce qui concerne les anciens coureurs de bois, des témoignages écrits nous indiquent qu'ils provenaient de classes sociales diverses. L'une d'elles cependant y était mieux représentée selon l'historien Lionel Groulx, qui se base sur un passage du récit de Hocquart :

> On ne s'étonnera pas davantage que, parmi les coureurs, les fils de famille, les enfants des gentilshommes, s'ils n'y forment la majorité, y fassent le nombre. Dans « le nombre considérable » des coureurs de bois, constate Hocquart en 1737, il y a « beaucoup de gens de famille ». Plus que toute autre, la jeunesse des manoirs trouve à souffrir de son indigence[5].

Par ailleurs, les voyageurs forestiers étaient généralement issus de classes sociales inférieures, pour la plupart habitants ou fils d'habitants.

Les textes chantés se préoccupent peu des considérations de ce genre. Cependant, ils insistent beaucoup sur la « jeunesse » des engagés :

> C'est un jeune homm' de la pointe (46-3).

> Nous sommes partis trois jeunes frères (43-1).

Les jeunes gens qui s'engageaient pour la première fois vivaient une expérience des plus intenses et retenaient souvent l'attention de tout le groupe, n'ayant jamais vécu l'éloignement de leur famille et de leur pays, ni même connu une vie de travail aussi harassante. La misère et l'ennui s'emparaient plus facilement d'eux et, comme ils étaient dépourvus de tout moyen de communication avec les leurs, la vie devenait parfois insupportable. Les jeunes voyageurs des pays d'en haut connaissaient plus que tous les autres les affres de l'éloignement et de la solitude ; heureusement, la vie solidaire du groupe procurait un réconfort. Malgré la possibilité qu'ils avaient de réintégrer plus facilement leur foyer, les jeunes voyageurs forestiers étaient eux aussi dans l'obligation de gagner leur vie au prix de souffrances morales autant que physiques.

Ainsi, ces jeunes gens, quelquefois au début de l'adolescence, ne constituaient pas nécessairement la majorité des membres d'une équipe, mais ils éveillaient par leur comportement les moqueries ou les attentions de leurs compagnons qui n'ignoraient pas leurs états d'âme. Déjà, à leur départ, la tristesse s'emparait de ceux qui savaient par instinct à quelle misère ils se destinaient :

---

[5]   *Histoire du Canada français depuis la découverte*, vol. II, p. 192.

Tout garçon qui est dans l'ennui
Son pèr' vient pour le r'consoler (42-9).

À l'âge de vingt ans, fallut quitter père et mère (82-1).

Il est si jeune encore, ses parents sont tristes
Et c'est de le voir partir pour un pays étranger (47-5).

Je voyais partir tous les jeunes gens
Quittant leur foyer paternel
Pour entreprendr' la vie de voyageur.
Rendu à seize ans à peine,
Moi m'en fallait faire autant (62-1).

Les chansons privilégient donc les jeunes, les plus impliqués sentimentalement au cours du voyage, puisqu'ils n'avaient jamais fait face à une telle épreuve. De plus, leur ignorance les entraînait parfois à prendre des risques inutiles ou à commettre des erreurs qu'ils supportaient péniblement. La plupart de ceux qui vivaient cette grande aventure s'en trouvaient malgré tout enrichis et adoptaient ce genre de vie de préférence à tout autre.

LES RAISONS DU DÉPART

Les voyageurs, ceux qui laissaient leur foyer pour la première fois, et les autres, plus expérimentés, qui repartaient chaque année, savaient tous que la vie dans les bois ou les chantiers n'allait pas être facile, coupés qu'ils seraient de la civilisation pendant de longs mois. Quelles raisons motivaient donc le départ et annihilaient les craintes ressenties ? Bien qu'il n'en soit jamais question dans nos chansons, il semble, au témoignage d'écrivains, que le goût de la liberté et de l'aventure ait été l'apanage de beaucoup de nouveaux arrivants en Nouvelle-France, vite métamorphosés en coureurs de bois et qui transmirent ce goût à leurs fils. Dans les bois, ils ne reconnaissaient ni maître ni loi, et leur besoin d'aventure et de liberté se confondait parfois avec une vie libertine. Durant les longs mois d'hiver, les cours d'eau devenus impraticables, ils jouissaient d'une grande liberté qui leur laissait le temps de cultiver leurs passions ou leurs vices, l'alcool, les cartes et les femmes, s'ils y étaient enclins :

Les « pays d'en haut » étaient donc la terre des héros comme des hors-la-loi, des prêtres aussi bien que des « libertins ». Ce qui prêta souvent à confusion — on glissait facilement d'une catégorie dans l'autre[6].

---

6   Jack WARWICK, *l'Appel du Nord dans la littérature canadienne-française. Essai*, p. 38.

Outre ce goût de liberté, l'attrait de la fortune s'exerçait sur un bon nombre de voyageurs :

> C'est dans les pays hauts,
> C'est pour gagner des gages (42-1).

Dans le peuple, on croyait les « coureurs de bois » capables de s'enrichir rapidement ; mais on considérait également cela comme une illusion, car on se doutait bien que les protecteurs haut placés devaient empocher le plus clair des profits. Il semble donc, d'après les relations les plus dignes de foi, que la liberté elle-même constituait le véritable attrait[7].

Par ailleurs, pour les remplaçants des anciens coureurs de bois que furent les forestiers, l'argent constituait le principal attrait des chantiers :

> J'entrepris un si long voyage
> En espérant fair' des bonn's gages (32-3).

> On est monté dans les chantiers.
> On laissait là nos blondes
> Pour se fair' des épargnes (34-1).

> Pas grand argent de ramasser,
> Car il faut s'en aller puis s'engager
> Dans les chantiers y où ce qu'on en gagnera (7-1).

Le travail dans les chantiers attirait donc des jeunes qui croyaient y gagner un peu plus d'argent qu'ailleurs, tout comme des hommes mariés qui se trouvaient souvent dans l'obligation de s'éloigner pour subvenir aux besoins de la famille. Bien que les conditions de vie aient changé selon les époques, beaucoup d'hommes de chantiers jouissaient aussi de la liberté de la forêt et appréciaient la vie communautaire qui y régnait. Ces goûts se communiquaient entre hommes et plusieurs jeunes se laissaient influencer par les autres. Pourtant, ce mode de vie ne convenait pas à tous, comme le démontre un couplet de *Retour des cages et Départ* :

> Cruels, ces jeunes gens qui aiment à voyager ;
> Ils me soufflent à l'oreille : — Venez-t-avecque moi (10-1).

LES DÉPLACEMENTS

Après ces interrogations sur des notions extérieures au voyage lui-même, engagement, durée de l'absence, âge des partants, la question se pose de savoir d'où partaient ces voyageurs et quelle destination les attendait, car ils en avaient déjà une idée lorsqu'ils s'engageaient. Mais vouloir retracer avec exactitude les déplacements

---

[7] Jack WARWICK, *l'Appel du Nord dans la littérature canadienne-française. Essai*, p. 32.

des voyageurs à travers les textes de chansons serait irréaliste. D'ailleurs, même l'étude comparée des versions d'une chanson pose plusieurs difficultés puisque celle-ci peut voyager d'une région ou d'une province à l'autre. La distribution géographique soumet le texte au phénomène de l'adaptation. C'est ainsi, par exemple, qu'une composition acadienne peut être transformée par des voyageurs québécois ou ontariens qui y transposent les noms de lieux ou autre détail au point de s'attribuer cette chanson. D'un autre côté, ce phénomène d'adaptation contribue souvent à la richesse des textes oraux. Notre but n'étant pas de rendre compte du trajet précis ou des routes empruntés par les anciens voyageurs, pas plus que de découvrir tous les endroits où il y eut exploitation forestière (il vaudrait mieux alors utiliser d'autres sources que la chanson), mais de voir l'apport de la chanson à ce niveau, nous nous limiterons autant que possible aux textes de notre répertoire.

Dans la plupart de ceux-ci, l'itinéraire accompli, du point de départ au point d'arrivée, n'est pas précisé. Nous y constatons toujours un déplacement, mais les données géographiques complètes d'un trajet sont très rares. De façon générale, les voyageurs partent « pour un long voyage », « pour les chantiers » ou encore « pour un pays étranger ».

Parmi les six chansons centrées sur les voyageurs des pays d'en haut, quatre ne comportent aucun détail d'ordre géographique. Chose étonnante, *le Jeune Voyageur inconsolable*, adaptation canadienne d'une chanson militaire, ne modifie pas les noms de lieux qui figurent dans les versions françaises et ne retient que les sentiments décrits dans le texte d'inspiration.

Le Chrétien qui se détermine à voyager présente, dans deux de ses versions écourtées et ironiques, des noms de lieux intéressants (ces couplets se rattachent également à la chanson *Dans les chantiers nous hivernerons*) :

> Nous avons sauté le Long-Sault,
> L'avons sauté tout d'un morceau.
> Quand un chrétien se détermine
> À voyager dans les pays d'en haut,
> Il faut qu'il quitte sa famille
> Pour se faire manger par les *brûlots* (4-13B).

Cette strophe, qui peut être mise en parallèle avec le premier couplet habituel du *Chrétien* [...], lui est sans doute postérieure. Elle mentionne le Long-Sault, endroit important à franchir pour les voyageurs qui se rendaient, comme on le dit, dans les pays d'en haut :

> Après avoir traversé le lac des Deux-Montagnes, les pagayeurs atteignaient des rapides d'une douzaine de milles, répartis sur trois plans, les rapides du Long-Sault. Les anciennes cartes corroborent le fait que les canots suivaient la rive nord (du côté québécois)[8].

---

8   Eric W. MORSE, *les Routes des voyageurs : hier et aujourd'hui*, p. 53.

Le Long-Sault, caractérisé par ses rapides qui rendaient la navigation difficile, se situe sur la rivière des Outaouais à proximité de la ville actuelle de Carillon. Il constituait un premier obstacle important dans la montée vers l'ouest du pays, nommé sous le terme générique de « pays d'en haut ». Warwick définit cette appellation qui correspond selon les époques à un territoire plus ou moins vaste :

> Puis vinrent les « pays d'en haut » qui désignaient les régions situées en amont de la colonie. [...] L'expression « pays d'en haut » paraît être d'origine populaire. Elle découle d'une connaissance notoire, que la cartographie de l'époque signalait déjà : l'abondance, en ce pays, de grandes voies navigables. Il s'agissait donc, tout bonnement, de terres que l'on pouvait atteindre en remontant les routes empruntées par les canots. C'était un pôle de l'univers canadien ; l'autre, en redescendant le Saint-Laurent, c'était la France[9].

Nous retrouvons également dans *la Plainte du coureur de bois* une autre mention des pays d'en haut. L'engagé dont il y est question travaillait au commerce des fourrures puisqu'il se rendait « parmi tous les Sauvages » :

> Là-haut je me suis engagé
> Pour y faire un long voyage,
> Aller aux pays hauts
> Parmi tous les Sauvages (3-17F).

De plus, cette chanson est la seule qui précise le lieu d'origine du voyageur. Il s'agit, selon les variantes, de Montréal ou de Saint-Sulpice :

> Pour revenir dans mon pays
> Au coin de Saint-Sulpice (3-17F).

> Il faut mettre les voiles
> C'est pour aller dans mon pays,
> Aller dans mon pays,
> La ville de Montréal (3-15).

Comme Montréal fut la principale ville où les anciens voyageurs s'engageaient pour les « hauts », elle fournissait le plus grand nombre d'entre eux.

Le lieu de départ évoqué dans *le Glas de la blonde de l'engagé* est beaucoup plus difficile à identifier :

> C'est un jeune homm' de la pointe (46-3).

> Louis Ménard-e de la pointe (46-2).

Cette indication « de la pointe » renvoie sans doute à un lieu précis à l'époque où la chanson fut composée et popularisée. Avec le temps, la signification s'est estompée et il s'avère difficile de retrouver son sens premier d'autant plus que les

---

9 *L'Appel du Nord dans la littérature canadienne-française. Essai,* p. 25-26.

versions ont été recueillies en des endroits très éloignés les uns des autres. Étant donné la destination proposée dans la chanson :

> Il faut partir de bon printemps
> Pour aller au Grand-Portage (46-2),

il est plausible qu'il s'agisse de la pointe de l'île de Montréal, d'où partaient les expéditions de canots. Le Grand-Portage, porte d'entrée principale des pays d'en haut, située du côté ouest du lac Supérieur, s'appelait ainsi parce que les voyageurs devaient portager pendant plusieurs milles sur cette piste indienne qui représentait sans aucun doute l'étape la plus difficile du voyage. Tous s'y arrêtaient, à la montée comme au retour, pour s'y reposer ou effectuer des transactions.

Parmi les plus anciennes chansons, celle de *Cadieux*, dont nous reparlerons d'ailleurs, ne donne pas dans le texte d'indications géographiques très révélatrices au premier abord. Quoi qu'il en soit, la tradition orale, confirmée par des chercheurs, a retenu le lieu de l'action. Posté, comme le souligne l'incipit, sur le

> Petit rocher de la haute montagne (1-35A),

Cadieux s'était établi sur l'artère empruntée par les canots au XIXe siècle dans leur périple de Lachine au Grand-Portage :

> En remontant la grande rivière des Outaouais, on ne manque pas de s'arrêter au *Petit Rocher de la Haute Montagne* qui est au milieu du portage des Sept-Chutes, en bas de l'Île du *Grand Calumet*[10].

Ces chansons des anciens voyageurs, peu nombreuses et assez pauvres en repères géographiques, nous livrent toutefois les étapes principales du voyage vers les pays d'en haut : Montréal (Lachine), le Long-Sault, portage des Sept-Chutes, Grand-Portage. Elles semblent s'être plutôt cristallisées avec le temps autour de l'expression des sentiments des personnages mis en cause.

Les chansons de forestiers, étant beaucoup plus nombreuses (environ 70), sont évidemment moins avares de ce genre de détails. Mais, comme dans le groupe précédent, les lieux de départ y sont moins fréquemment mentionnés que les destinations et, souvent aussi, peu significatifs. Il s'agit parfois de localités difficiles à situer, par exemple :

> On part de Saint-Jean, moi puis mes associés (63-1).

S'agit-il de la ville de Saint-Jean au Nouveau-Brunswick ou d'une des innombrables villes ou petites localités nommées Saint-Jean dans la province de Québec ? Il en va de même pour d'autres mentions, telle :

---

10 Joseph-Charles TACHÉ, *Forestiers et Voyageurs*, p. 158.

— Sans le savoir, j'ai parti de Sainte-Anne (56-5).

La provenance des versions n'est d'aucun secours dans la plupart des cas ; même une étude comparée des textes, qui apporte quelquefois un éclairage nouveau, laisserait bien des localités dans l'ombre. Cependant, d'autres textes ne laissent aucun doute sur le lieu d'origine des travailleurs :

On retournera au village de Lamèque (25-2).

À mon départ de Tracadie (18-4).

Or, adieu donc Memramcook [...] (29-1) !

Les destinations énoncées dans les chansons ont une plus grande importance. Elles permettent en effet de dresser une carte approximative des divers lieux d'exploitation forestière où se rendaient la plupart des hommes de chantiers de l'est du pays. Pour ce faire, nous avons regroupé les chansons selon les régions qu'elles représentaient, ce qui nous permet de distinguer d'abord les zones d'exploitation forestière situées dans les grandes régions du Québec, et ensuite les chantiers existant hors du Québec, soit aux États-Unis, en Nouvelle-Écosse, au Nouveau-Brunswick et sur le territoire ontarien.

Au Québec, les régions montagneuses de l'Outaouais, de la Mauricie, du Saguenay-Lac-Saint-Jean, de la Côte-Nord et de l'île d'Anticosti approvisionnèrent, tour à tour, jusqu'à la seconde moitié du XXe siècle, les industries navales, de matériaux de construction et papetières du continent et d'outre-mer. Aujourd'hui, l'exploitation continue mais à une échelle plus réduite. Parsemés à travers la province, les chantiers forestiers devinrent le sujet de nombreuses chansons dont plusieurs connurent la faveur de la tradition orale.

La région de l'Outaouais-Gatineau a donné naissance à plusieurs d'entre elles encore très populaires de nos jours, comme *les Draveurs de la Gatineau* et *les Raftsmen*. La première illustre le déroulement des activités sur la Gatineau :

Prenons la Gatineau, dravons-la jusqu'en bas ;
Et nos barges sur l'eau vont mieux qu'un *rabaska* (73-20).

Cette chanson est des plus intéressantes car elle fournit bon nombre d'informations qui nous permettent de retracer ses origines. Ainsi, dans plusieurs versions, apparaît le nom de Georges Gouin, généralement rattaché à la région du Saint-Maurice[11]. Au premier coup d'œil, nous pourrions croire qu'il ne s'agit pas du même personnage. Cependant, cet homme, qui fut probablement le premier Trifluvien qui tenta d'organiser des chantiers en Mauricie vers 1867, fit sa première coupe de bois sur le Bark Lake (lac de l'Écorce)[12], à l'ouest de la Gatineau, entre le

---

[11] Pierre DUPIN, *Anciens Chantiers du Saint-Maurice*, p. 35.
[12] Normand LAFLEUR, « la Drave en Mauricie. Des origines à nos jours. Histoire et traditions », thèse, Québec, université Laval, 1967, f. 28.

lac Désert et le réservoir Kakabonga. Ce lac apparaît dans une version de *la Misère dans les chantiers* :

> C'est au Bark Lake qu'on a monté (24-27).

Gouin travailla donc plusieurs années dans l'ouest de la province. Dans *les Draveurs de la Gatineau*, son nom est associé également au lac Désert, situé plus près de la Gatineau, légèrement au nord-ouest de Maniwaki :

> Rendons-nous au Désert où Gouin nous attend là (73-10).

Étant donné ses activités dans la région, c'est à juste titre qu'on le voit apparaître dans de nombreuses versions de cette chanson qui, en toute logique, dut être composée à l'époque :

> Buvons mes camarades à la santé de Gouin,
> Trois ou quatre rasades et donnons-lui la main (73-17).

Gouin semble avoir été un personnage clé, mais il n'était pas le seul voyageur alors connu car plusieurs versions font mention d'un autre homme au nom familier dans la région mauricienne, Boyd (orthographié Boyce, ou Buck), investi du titre de *foreman* ou « commandant » d'un groupe de travailleurs :

> John Buck commandera, cent-z-hommes sont rassemblés (73-10).

> Car Jack Boyd notre grand foreman est un brave gaillard (73-20).

Dollard Dubé, qui s'est beaucoup intéressé aux hommes de chantiers et a recueilli bon nombre de chansons sur le sujet, ajoute ce commentaire à la suite d'une version qu'il nomme « la Chanson de Jack Boyce » :

> Elle tire son nom du Trifluvien [...] D'ailleurs, le héros principal de la présente chanson, Jack Boyce, passa presque toute sa vie dans le Saint-Maurice, où il a laissé la réputation d'un type exceptionnel (73-23).

Les travailleurs, il est vrai, affluaient d'un peu partout pour s'engager dans la région de l'Outaouais, qui a connu un essor considérable au cours du XIXᵉ siècle, à la suite des travaux de Philémon Wright[13] qui en fit découvrir les grands débouchés économiques. Ainsi, le dernier couplet d'une version, initiative d'un bon chanteur, indique la présence de draveurs saguenéens :

> Dravons mes bons draveurs, dravons la Gatineau.
> Y'en a des *Sacré-Cœur* aussi des *Saguenay*,
> C'est tout c'que j'dois vous dire, je dois pas les nommer (73-1).

---

[13] Voir John W. HUGHSON et Courtney C. J. BOND, *Hurling Down the Pine*.

Un autre personnage, en qualité de foreman, fait à l'occasion son apparition dans cette chanson :

> C'est la *gang* à Deschênes ils rouleront sans cesse
> Sur un beau *handwork* [...] (73-22).

La coupe du bois effectuée, les bûcherons abandonnaient la tâche aux draveurs qui conduisaient les billots laissés sur les lacs et rivières environnants jusqu'à la Gatineau. Quelques-uns de ces lacs ou rivières sont mentionnés dans différentes versions des *Draveurs de la Gatineau* ; on y retrouve entre autres le lac Kakabonga (réservoir Kakabonga ou Cabonga) :

> Adieu charmante riv' du beau Kakebongé !
> Voilà le temps qui arriv', le temps de se laisser (73-20).

Dans d'autres versions, les activités se déroulent le long de la Paugan, que les voyageurs appellent la « Pâgane ». Contrairement au Bark Lake, aux lacs Désert et Kakabonga, la Paugan se situe très près de la Gatineau et plus au sud que ces lacs, à mi-chemin entre Maniwaki et Hull :

> Traversons la Pâgane quand même il serait tard,
> Car notre grand foreman, c'est un brave gaillard (73-14).

Connue par sa chute, la Paugan apparaît dans une autre chanson à exemplaire unique, *Le long de la Paugan* :

> C'est dans l'année mil neuf cent un,
> C't'année-là j'm'en souviendrai,
> [...]
> Oh ! parlons don' d'ces p'tits chantiers
> Qui sont bâtis l'long d'la Pâgane (36-1).

De même, le lac Désert réapparaît dans *le Chrétien qui se détermine à voyager — le Bûcheron*, même si l'allusion y est plus difficile à saisir :

> Dans ces forêts loin du désert (5-4).

À première vue, l'emploi du mot « désert » semble incompréhensible, mais la relation avec ce nom de lieu lui donne un sens plus acceptable.

Outre *les Draveurs de la Gatineau*, une chanson recueillie à plus de dix reprises, *le Départ de l'engagé pour les chantiers*, contribue à faire connaître cette rivière :

> [...] en canot sur la Gatineau,
> Bien plus souvent le pied par terre, a mis la charge dessus le dos (16-10).

Parmi les versions de cette chanson, certaines décrivent en détail le trajet des enga-gés, lequel ressemble à celui parcouru par les anciens voyageurs. De Lachine, près de Montréal, les voyageurs prennent le bateau jusqu'à Carillon. Ensuite, à bord du train, ils se rendent à Bytown (Ottawa), en passant par le Long-Sault. De là, ils se rendent aux chantiers des Gilmour :

> Arrivant à Lachin', là c'est un beau canton,
> On embarque en *steamboat* pour monter Carillon.
> Arrivé à cett' *pass'*, faut changer d'vaisseau,
> On embarque en *railroad* pour monter le Long-Sault.
> Arrivé à Bytown, a fallu débarquer.
> On rentr' dedans la vill' pour se fair' pensionner.
> [...]
> Le lundi faut partir pour aller s'engager
> Chez les messieurs Gilmour qui font de grands chantiers (16-7).

Dans les versions acadiennes de cette chanson, les voyageurs se dirigent vers la même destination mais adaptent les noms de lieux rencontrés sur leur passage :

> Il faut laisser Newport, c'est un fort beau canton.
> [...]
> Il fallut prendr' le *boat* pour monter à Dalhousie,
> Arrivé à Dalhousie, il fallut débarquer ;
> Il fallut prendr' les gros *chars* pour monter à Campbellton.
> Arrivé à Campbellton, il fallut débarquer,
> Il fallut prendr' les gros chars pour monter à Ottawa (16-9).

Bien qu'ils aient auparavant obtenu des concessions de territoire en Mauricie, lesquelles figurent, dans le rapport du gouvernement en 1852, comme suit : « Gilmour et Cie, 1360 mi^2 Mattawin et Vermillon[14] », les Gilmour se sont surtout illustrés dans la région de l'Outaouais-Gatineau au cours de la seconde moitié du XIXe siècle. Cette région est d'ailleurs désignée sous divers noms ; ainsi, par exemple, on parle des « hauts d'Ottawa » dans une courte chanson du même nom :

> Je pars demain pour les hauts d'Ottawa (11-2).

Acheminé le long de la Gatineau, le bois était conduit jusqu'à la rivière des Outaouais pour entreprendre la dernière étape du trajet jusqu'à Québec, comme il est dit dans *le Retour des bois carrés* :

> La chanson que je chante a été composée
> Par un coureur de bois sur la rivière Ottawa,
> Sur une *cage* de *bois carré* en partance pour Québec (68-8).

---

[14] Pierre DUPIN, *Anciens Chantiers du Saint-Maurice*, p. 36.

Les Raftsmen font aussi honneur à cette grande rivière dans un couplet qui fut très populaire :

> Là y'où c'qu'ils sont tous les raftsmen ?
> Dans les chantiers sont en allés,
> Des provisions ont apportées,
> Sur l'Outaouais s'sont dirigés (I-Q-8-18).

C'est en passant près de la ville d'Aylmer, sur les bords du lac Deschênes, qu'ils atteignent ce grand cours d'eau :

> Quand le chantier fut terminé,
> S'sont mis à fair' du bois carré,
> Pour leur radeau bien emmancher.
> En plein courant se sont lancés
> Sur l'chemin d'Aylmer ils ont passé (I-Q-8-9A).

Cette région qui a fait vivre bon nombre de travailleurs rebutait pourtant certains parmi ceux qui s'y rendaient :

> Adieu bois et cabanes
> Où j'ai passé l'hiver !
> Le plus ferme s'y damne,
> L'Outaouais, c'est l'enfer[15] !

Le Boss aux billets blancs nous fait prendre connaissance de chantiers encore plus à l'ouest de la province, situés près de la grande rivière Dumoine. La rivière dont il est fait mention se nomme Fildegrand, Fils du Grand étant une déformation du toponyme. Elle prend sa source dans le lac du Fils et se déverse dans la rivière des Outaouais :

> Monsieur Dickson, c'est un bon garçon.
> [...]
> Il est monté au Fils du Grand.
> C'était pour y fair' chantier (22-2A).

Dans l'Outaouais-Gatineau, l'industrie forestière favorisa le développement d'industries secondaires. Elle contribua, entre autres, à la naissance de la sidérurgie à Chelsea (le long de la Gatineau, au nord de Hull), localité mentionnée dans *le Départ pour les chantiers de Tremblay* :

---

[15] Coll. François Brassard, ms. n° 167. Chanté par Urbain Petit (71 ans), 5 août 1943, Strickland, Ontario, 4 c. (*Refrains de cage*, chanson littéraire d'Apollinaire Gingras).

Rendu sur le plan de Chelsea,
[...]
Le surintendant m'a répondu :
— Va travailler su' l'fer (18-4).

Cette grande région fut donc des plus florissantes et est de loin la mieux représentée dans nos chansons.

La Mauricie, qui connut également ses heures de gloire, nous a cependant laissé beaucoup moins de compositions populaires, car la cueillette de chansons y fut négligée. Ainsi, nous ne pouvons avoir une idée globale du répertoire mauricien. Les chansons *Ennui d'amour — le Papier coûte cher* et *Ennui d'amour — le Papier à Trois-Rivières*, souvent dénommée « la Complainte des voyageurs du Saint-Maurice », expriment les sentiments communs à tous les voyageurs. Mis à part l'incipit, qui d'ailleurs comporte plusieurs variantes, et quelques rares couplets mentionnant la ville des Trois-Rivières, elles n'apportent aucune identification précise de lieux de chantiers forestiers :

Malheureux Saint-Maurice pour tous ces voyageurs,
Qui rend mon âme en peine et le chagrin dans mon cœur (II-N-19-7).

Dieu que l'papier coût' cher dans le Bas-Canada,
Surtout à Trois-Rivières que ma blonde m'écrit pas (II-N-17-3).

Toutefois, *la Chanson de Thobald* est intéressante, mettant en scène un des foremen les plus connus dans les chantiers du Saint-Maurice vers les années 1880, Jack Adams[16] :

À l'offic' faut aller,
Chez monsieur Jack Adam,
C'est pour nous engager (50-6).

Adams, selon la chanson et en toute probabilité, fit chantier à la Rivière-aux-Rats, près de La Tuque, sur le Saint-Maurice :

À la Rivière-aux-Rats
On a le *taquet* bas (50-1).

Une version des *Raftsmen* nous met en présence d'une petite localité voisine de cette Rivière-aux-Rats :

Au Lac-à-Beauc', Rivière-aux-Rats,
Tit-Zim Gravel qui fait chantier là (I-Q-8-14).

---

[16] Pierre DUPIN, *Anciens Chantiers du Saint-Maurice*, p. 68.

Dans cette grande région boisée, plusieurs petits villages, qui de nos jours sont peu populeux ou presque abandonnés, doivent leur existence à la coupe du bois, tels, dans *Parlons donc du gros jobber*, Sanmaur et Mattawin. La première localité se trouve au nord-ouest de La Tuque et la seconde, au sud de cette grande ville :

> C'est à la station d'Sanmaur
> Que nous somm's tous débarqués (44-1).

> Nous somm's rendus à Mattawin
> Dans un p'tit *crousse* de *racoin* (44-2).

Trois autres chansons nous permettent d'explorer les abords du Saint-Maurice : *le Chaland de Jim Boyd*, la complainte des *Olscamp, M. et Mme Théodore* et *Veillette, Antoine, surnommé Pouce*, relatent des noyades survenues dans cette rivière. Nous aurons d'ailleurs l'occasion d'examiner ces complaintes de plus près.

Une troisième région géographique, le Saguenay-Lac-Saint-Jean, a également bénéficié d'un essor considérable grâce au développement de l'industrie forestière. Au XXᵉ siècle, une importante compagnie de pâtes et papier, Price, y concentrait ses activités :

> À tous les printemps c'est la même histoire ;
> Il faut aller travailler à Mistassini
> Pour la compagnie des Price.
> Rendus au numéro six-e (71-2).

Les chantiers y sont établis sur une autre rivière aux Rats, située en amont de la rivière Mistassini, affluent du lac Saint-Jean. On y fait mention des foremen de l'époque :

> Nous avons beaucoup travaillé
> Pour Louis Perron et Philippe
> Qui pass'nt leur temps à crier :
> — Oh ! les gars de la rivière aux Rats
> *All aboard*, c'est l'temps d'la drave (71-1) !

La Drave à Mistassini, de composition assez récente, renferme bon nombre de détails intéressants. En particulier, elle nous permet de noter le déplacement d'un cuisinier rattaché à un autre camp, situé sur la rivière Ticouapé, au sud-ouest de la rivière aux Rats. Le personnage est identifié à l'endroit d'où il vient :

> C'est Moreau qui fait le *lunch*-e
> Avec Simard de Ticouapé (71-2).

Deux autres chansons permettent d'identifier, sous un terme générique, le Lac-Saint-Jean comme région de chantiers. Dans la première, *Vous m'entendez bien* :

24 *les poux*, cette région laisse un mauvais souvenir aux travailleurs, qui ne conseillent à personne de s'y rendre :

> Jeunes gens qui aimez à voyager,
> Su' l'Lac-Saint-Jean
> Je vous conseille pas d'y aller,
> [...]
> Su' l'Lac-Saint-Jean j'ai voyagé, oui, oui.
> C'est là que j'ai manqué geler (64-1).

La description du chantier dans cette chanson est peu flatteuse et on y dénote un manque d'organisation. Un patron anglophone, comme il y en eut beaucoup dans la région, est responsable du désordre :

> Pour avoir un *team*
> Il faut aller demander au monde :
> — Ah ! monsieur Lynch, voulez-vous me donner un team (64-1) ?

Les opinions peuvent cependant être quelquefois contradictoires. C'est ainsi que l'on voit des bûcherons se plaindre continuellement du travail et de la nourriture mais conseiller quand même aux autres d'aller aux chantiers. Dans *les Chantiers au Lac-Saint-Jean*, un jeune homme de Tracadie raconte sa triste expérience, ce qui ne l'empêche pas d'inviter les siens à se rendre dans cette région :

> Si vous voulez travailler,
> C't'au Lac-Saint-Jean faut qu'vous alliez (53-1).

Quoique cette région nous soit très peu connue par les textes, elle figure dans plusieurs chansons différentes, et nous aurons également l'occasion de la retrouver dans la complainte de *Charles Savard écrasé par un arbre* ; un citoyen de Saint-Ambroise (près de Jonquière) trouva la mort au lac Bellemare, au nord du lac Saint-Jean :

> Passant sur le grand lac qu'on nomme le lac Bellemare,
> Là-haut sur ces montagnes où est plantée une croix,
> Faites donc une prière pour le repos de son âme (30-1).

Sa région sœur, le Saguenay, est presque absente de notre répertoire. Elle se dévoile dans la seule version connue de *Donnez-moi-z-en don' !* :

> Su' l'p'tit Sagu'nay tout en sacrant (33-1).

Elle pourrait aussi être représentée dans *les Jobbers de l'anse aux Foins*, version unique recueillie à Chicoutimi :

> Les jobbers d'l'anse aux Foins, ce sont tous des gens fins (40-1).

Parmi plus d'une cinquantaine d'appellations d'îles, de lacs et de rivières Foin, deux anses « au Foin » se situent sur le territoire québécois ; l'une, l'anse au Foin, se trouve dans le comté de Matane ; l'autre, orthographiée au pluriel « aux Foins », fait partie du comté de Chicoutimi et se situe près de la ville du même nom. Vu la provenance de cette version, l'identification nous paraît évidente.

La Côte-Nord se confond parfois avec cette grande région du Saguenay. Ainsi, *le Madelineur engagé* nous fait voir des Madelinots qui s'embarquent pour les chantiers de la Côte-Nord. Cette chanson qui reconstitue les étapes du voyage nous montre bien qu'il s'agit de la basse Côte-Nord, comté de Saguenay. À partir des îles de la Madeleine, on nomme les étapes suivantes : Fox-Bay (pointe est de l'île d'Anticosti), l'île d'Anticosti, Pointe-Noire (située tout près de Sept-Îles) et enfin Clarke-City :

> C'est pas c'qui donn' d'la chance pour aller à Fox-Bay (45-2).

> Arrive à l'*Anticos*, c'est une maudit' négoce.
> [...]
> Arrive à la Point'-Noir', les chars sont déraillés.
> [...]
> Arrive à Clarke-City, pas de lit de paré (45-3).

Ce village, fondé vers 1904 par les frères Clarke de New York, est relié à Pointe-Noire, dans la baie de Sept-Îles, par une voie ferrée de neuf milles de longueur. L'industrie du bois y attire les travailleurs : « En été, il vient environ cinq cents ouvriers des Îles-de-la-Madeleine qui s'en retournent à l'automne[17]. »

Dans *le Départ pour les chantiers de la Côte-Nord*, la localisation demeure obscure :

> C'est le départ des chantiers éloignés,
> Sur la Côt'-Nord a fallu s'en aller (17-2).

Pour sa part, la péninsule gaspésienne est représentée par deux chansons. L'une, *les Chantiers en Gaspésie*, raconte que plusieurs jobbers du Saguenay viennent « faire chantier » à Chandler :

> Nous sommes beaucoup de jobbers
> Des grands lacs de Chicoutimi,
> Tous ici rendus à Chandler
> Sous le ciel de la Gaspésie (39-3).

Cette chanson composée sur le timbre de *la Paimpolaise* de Botrel date de notre siècle. Les versions recueillies se sont bien conservées et le texte présente peu de variantes.

---

17 Hormisdas MAGNAN, *Dictionnaire historique et géographique des paroisses, missions et municipalités de la province de Québec*, p. 300.

Avec quelque réserve, nous classons une autre chanson, *la Drave à la rivière à Martre*, comme provenant de cette région puisque le seul texte que nous en connaissons a été recueilli à Saint-Joachim-de-Tourelle en Gaspésie :

> À la rivière à Martre
> A bien fallu monter,
> Un' gang de soixante hommes (70-1).

Dans le comté de Gaspé coule une rivière à la Martre. Cependant, il pourrait aussi s'agir de l'une des deux autres situées à Mistassini ou en Abitibi.

Après la région de l'Outaouais, l'île d'Anticosti est la région la mieux représentée dans les chansons. Située à l'entrée du golfe du Saint-Laurent, au nord-est de la péninsule gaspésienne, cette île a été soumise à la coupe du bois.

Le Chantier sur l'île d'Anticosti, une composition locale récente (1950) de Camille et Gélas Ferron du Nouveau-Brunswick, nous montre un bûcheron qui s'y engage :

> Étant arrivé sur l'îl' d'Anticosti,
> Je me suis-t-engagé pour aller bûcher (27-2),

puis déserte le chantier pour s'en retourner dans son village natal de Saint-Raphaël (Nouveau-Brunswick). Mais, avant son départ de l'île, il récupère sa paye à Port-Menier, sur la pointe ouest de l'île, où se trouvent les bureaux de la compagnie :

> Étant arrivé-t-à Port-Meunier,
> À la grande offic' pour me faire payer (27-2).

Une version isolée de *la Misère dans les chantiers* mentionne, elle aussi, l'île d'Anticosti :

> C'est en passant par Rimouski qu'on s'est fait engager,
> C'est pour l'Anticosti a bien fallu monter (24-14).

Enfin, une autre composition locale acadienne d'Édouard Benoît signale un endroit précis, « au lac Canard », qui pourrait bien être « à la Canard », en parlant de la rivière aux Canards, dans la partie est de l'île. Cette chanson raconte le périple de deux voyageurs qui « roulent leur bosse » à travers tout le pays avant de s'engager pour un dénommé Tremblay :

> Rendu sur l'îl' d'Anticosti,
> Fallut passer un' nuit,
> En attendant au lendemain
> Afin de prendr' le train
> Pour s'en aller au lac Canard
> Dans l'chantier des Tremblay (18-4).

Un autre couplet nous donne plus de détails sur l'organisation du chantier :

> Wilfrid Tremblay c't'un bon garçon
> Pour tous ses *travaillants* ;
> Alex Gagnon, notr' contracteur,
> C'n'est pas un d'ses meilleurs (18-4).

Des chansons portant sur cette région, presque toutes les versions proviennent d'Acadie ; on y dénombre d'ailleurs deux compositions locales sur trois. En fait, pour les Acadiens et les Gaspésiens, l'île était un endroit assez facile d'accès, tout comme certains autres chantiers situés à l'extérieur de leur province, aux États-Unis et en Nouvelle-Écosse.

Trois chansons signalent la présence de chantiers aux États-Unis. Une première attestation figure dans *le Bûcheron écrasé par un arbre*. Un jeune bûcheron, originaire de l'Île-du-Prince-Édouard[18], y connaît la mort loin de son pays. Le premier couplet fait presque toujours place aux vers suivants :

> Il est parti de chez eux, c'est pour s'en aller
> Dans les États-Unis, c'est pour s'y engager (47-16).

Exceptionnellement, *le Départ pour les chantiers* signale le déplacement d'un autre Canadien vers les États-Unis :

> Quand j'suis parti d'mon Canada
> Pour m'en aller dans les États (32-3).

Les deux versions recueillies du *Chantier aux États-Unis* mettent en scène de jeunes Acadiens du Nouveau-Brunswick, partant de Lamèque pour s'engager à « l'étranger » :

> Nous sommes partis, ces jeunes voyageurs,
> Nous sommes partis pour les États-Unis.
> [...]
> Or, adieu donc beau village de Lamèque !
> Or, adieu donc notre joli pays (25-2) !

Cette composition acadienne fournit de nombreux détails sur le travail dans les chantiers. De plus, elle donne les noms des patrons qui faisaient chantier à l'époque :

---

[18] Georges ARSENAULT, « les Complaintes, mémoires d'événements tragiques survenus aux Acadiens de l'Île-du-Prince-Édouard », thèse de maîtrise présentée au département d'Histoire de l'université Laval, Québec, avril 1979.

En arrivant à cett' ville étrangère,
Tout aussitôt nous nous sommes engagés
À un monsieur du nom d'Aimé Springer,
Pour ces chantiers où nous devons bûcher.
[...]
En arrivant à ce triste chantier,
Thomas Corbett, le *boss*, rouvr' la *waguine* (25-1).

Si ce texte chanté, se rapportant aux chantiers récents, donne avec précision les noms de certains individus, la localisation du chantier reste cependant très vague. Bien que le nombre de chansons soit ici restreint, il est intéressant de constater que les voyageurs partaient de l'Île-du-Prince-Édouard et du Nouveau-Brunswick et que, même s'ils considéraient le pays où ils se rendaient comme « étranger », il était à proximité et facile d'accès. D'ailleurs, beaucoup d'Acadiens travaillèrent à la coupe du bois dans la Nouvelle-Angleterre, à l'époque où l'exploitation forestière y prit de l'ampleur.

Les coupes de bois se pratiquèrent également dans les provinces les plus à l'est du Canada. *Le Chantier de la Nouvelle-Écosse*, une chanson recueillie une seule fois, de la bouche d'un chanteur du Nouveau-Brunswick, est riche de précisions. Le terme « voyageurs » y est associé à « Acadiens » et à « homme des chantiers » :

Les Acadiens, les voyageurs, vous autres qui aiment à voyager,
Dans les chantiers d'Nova Scotia, c'est là que j'ai appris mon métier.
Le métier des jeun's voyageurs, c'est la vie d'un homm' des chantiers (26-1).

L'année, le lieu et le nom de l'employeur sont bien identifiés :

En l'année dix-neuf cent dix-sept, à Clearwater j'ai travaillé
Dans les chantiers d'monsieur Lacombe, jobber de grand' renommée (26-1).

Comme la Nouvelle-Écosse compte au moins sept cours d'eau portant le nom de Clearwater, il est difficile de localiser de façon précise lequel (ou lesquels) se caractérisait par les activités forestières. Cependant, tous ces cours d'eau se situent, sans exception, dans la partie sud-ouest de la péninsule.

Au Nouveau-Brunswick, une seule chanson, *la Drave des Richard*, illustre le réseau forestier Campbellton-Dalhousie, et de façon indirecte :

Il faut monter à Five-Finger-e
Driver le bois-a des Richard-e (72-1).

Plus à l'ouest du pays, une version unique et assez brève d'une chanson recueillie en Ontario pourrait souligner l'existence de chantiers forestiers dans cette province. Il sera toutefois difficile d'aller au-delà de l'hypothèse tant que d'autres versions n'auront pas été recueillies. *La Drave au Vermillon* ne comporte que le couplet suivant :

C'est en partant pour la drave,
On était trois associés ;
On se disait les uns les autres :
— On a fini d'voyager !
C'est en passant par la rivière Ouellette,
Où la chanson a 'té faite ;
Tous chargés de provisions
Pour monter au Vermillon (69-1).

Sur le territoire ontarien, cinq lacs sont dénommés Vermillon. Parmi les plus importants, l'un se situe complètement à l'ouest de la province, près du réservoir du lac Seul. Un autre est situé légèrement à l'ouest de la ville de Sudbury. C'est probablement ce lac qui a inspiré l'auteur de la chanson puisque, au sud-est de Sudbury, apparaissent le petit village de Ouellette et les rapides du même nom (Rapids Ouellette). Il serait donc plausible que les Canadiens français regroupés dans cette région de l'Ontario aient emprunté la rivière née des rapides, au cours de leur route vers le lac Vermillon à proximité de Sudbury.

Ici se termine notre expédition à travers les chansons. Nous avons essayé autant que possible d'identifier toutes les localisations de chantiers qui y figuraient. Nous nous sommes heurtée à de nombreuses difficultés. Ainsi, la chanson du *Chantier au lac Noir* ne peut être localisée de façon certaine vu l'abondance de lacs de ce nom. D'autres localisations sont difficilement identifiables pour des raisons techniques (mauvaise prononciation du chanteur, inaudibilité de la bande sonore, etc.). De même, dans certains cas, nos recherches ont été infructueuses. Nous avons aussi laissé en suspens quelques noms de travailleurs ou d'employeurs qui n'étaient pas en rapport avec un lieu déterminé. Quoi qu'il en soit, nous avons pu identifier les grandes régions forestières situées à proximité des cours d'eau importants. Il faut surtout en retenir le déplacement auquel se soumettaient les travailleurs et en conclure qu'une grande partie de cette population se composait de travailleurs saisonniers, qui hivernaient dans les forêts, par goût personnel ou par besoin d'y gagner leur vie.

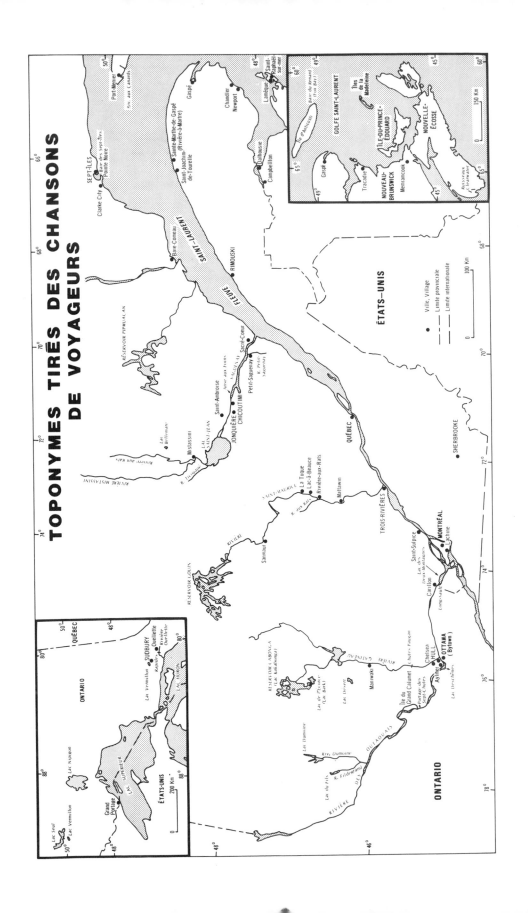

TOPONYMES TIRÉS DES CHANSONS
DE VOYAGEURS

Dans l'excitation du départ, les adieux marquent un temps d'arrêt. Ce moment privilégié dans les textes de tradition orale nous permet de découvrir un aspect de la personnalité des voyageurs. Quel que soit le type de voyageurs en partance, les sentiments manifestés à l'occasion de la séparation sont les mêmes. Ceux qui partent laissent toujours derrière eux quelqu'un ou quelque chose qui leur tient à cœur : la famille, la femme, la *blonde*, les amis et même le pays. Même si la plupart des voyageurs paraissent heureux d'entreprendre le voyage, et surtout désireux de faire de bons gages, la séparation n'est jamais une étape qui passe inaperçue. Ce thème, comme on le verra, s'associe beaucoup à celui de l'ennui, car au départ chacun fait ses adieux aux personnes les plus chères, dont le souvenir va meubler sa solitude une fois éloigné.

Parmi les voyageurs des pays d'en haut, les jeunes surtout trahissaient leurs émotions au moment de quitter pour la première fois les personnes aimées :

> À l'âge de vingt ans, fallut quitter père et mère,
> Avec consentement et l'avis de son père,
> Les larmes aux yeux, fallut faire ses adieux (82-1).

Les parents n'éprouvent pas moins de tristesse au moment de la séparation :

> Il est si jeune encore, ses parents sont tristes
> Et c'est de le voir partir pour un pays étranger (47-5).

C'est quelquefois à contrecœur que ces jeunes gens laissent leur foyer, n'ayant plus la possibilité de reculer au dernier moment ; le départ devient en quelque sorte la preuve officielle du passage de l'adolescence à l'âge adulte :

> Je pars avec répugnance
> De la maison paternelle,
> Le six de mai, un dimanche,
> Avec un grand naturel (83-10).

Lors de la séparation, transparaît le statut privilégié dont la mère jouit dans le cœur de beaucoup de jeunes. En la quittant, ils s'arrachent aux bienfaits de l'amour maternel :

> Plusieurs regard'nt d'un air bien attristé
> Leur pauvre mèr' qu'ils vont bientôt quitter.
> Le cœur navré, ils laisseront tomber
> De grosses larmes à leur dernier baiser (17-2).

La mère devient ainsi le personnage principal de plusieurs chansons ; mais, règle générale, les adieux du jeune voyageur s'adressent non seulement aux parents mais à tous les autres membres de la famille :

> Un' pein' fallait subir,
> C'est en quittant mes chers parents,
> Père, mère et frères et sœurs,
> Tout en leur faisant mes adieux,
> J'avais les larmes aux yeux (18-3).

La tristesse peut d'ailleurs être accentuée par le sentiment de la durée de l'absence, qui devient évident à ce moment, et par la crainte qu'elle emporte ceux que la vie a rendus fragiles :

> Il quitte sa pauvre famille,
> Il embrasse ses vieux parents,
> Dans ses yeux une larme brille :
> — Adieu ! je pars, c'est pour longtemps (5-9B).

Le voyageur, en effet, ne connaît pas toujours la durée de son voyage. Face à cette incertitude, l'espoir d'un retour prochain luit dans son regard baigné de larmes :

> Triste départ d'un enfant agréable,
> Dit pour un temps adieu à ses parents,
> Ayant l'espoir, les yeux baignés de larmes,
> De revenir au bout de quelques ans[19].

Si, dès le départ, plusieurs voyageurs appréhendent déjà l'ennui que leur causera l'éloignement de la famille, d'autres entrevoient aussi l'ampleur des dangers auxquels ils s'exposeront :

> Adieu papa, adieu, adieu maman !
> Je vais partir, c'est pour longtemps.
> Si mon départ m'y coûte,
> C'est de m'éloigner de vous (58-9).

> J'entreprends un voyage de soucis et d'ennuis (16-7).

Ils demanderont donc aux leurs de ne pas les oublier malgré la distance. Ils pourront même espérer rester en contact par l'intermédiaire de la prière qui protège les absents :

> Pensez au voyageur qui sera longtemps absent (16-7).

---

[19] Coll. Luc Lacourcière, AF, nos 2218 et 3479. Chanté par Florent Lemay (65 ans), 7 juin 1955, Sainte-Croix (Lotbinière), Québec, 3 c. (*Pérusse*).

Je viens pour vous recommander
Dans cet hiver, priez pour moi (15-1).

La mère fera elle aussi des recommandations de ce genre à son fils, craignant pour lui les pires dangers :

En m'y donnant la main-e elle m'a bien recommandé :
— Oublie pas tes prières, fais-les, mon cher enfant (10-1).

Accompagnés de baisers, de poignées de mains, de recommandations, et surtout de larmes, les adieux du jeune homme à sa famille parsèment un grand nombre de chansons. Mais les départs ne sont pas moins chagrinants pour le père de famille ou celui qui se sépare de sa *blonde*.

Quoique très mal représentés dans nos chansons, les pères de famille, on le devine, partent à regret pour les chantiers, le cœur gros de laisser seuls pendant de longs mois femme et enfants :

Le lendemain matin en *gréyant* mon butin,
En regardant ma femme et mes petits enfants,
Je n'disais pas grand'chos', mais j'en pensais pas moins,
Les yeux baignant de larmes, mon cœur s'en va mourant (13-10).

Le mari qui s'en va est conscient des problèmes et des souffrances qui attendent sa femme désormais seule pour affronter la vie quotidienne. Après un dernier adieu, il demande à la Vierge, cette mère céleste, d'être le soutien moral de son épouse :

Or, adieu donc, chère femme, on va donc se laisser,
À chaque pas j'éloigne de ma chère moitié,
Je prie la Sainte Vierge de venir la reconsoler (8-1).

Le jeune homme en âge de se marier partage de semblables tourments. Pour lui, la séparation comporte un aspect particulier : retrouvera-t-il à son retour celle que son cœur aime tant ?

Peut-être que je regretterai,
Oui, de l'avoir abandonnée (7-2).

Je serai pas sitôt parti, un autre amant viendra,
Serez-vous assez volage de lui tendre les bras ?
Si tu luy as qu'un cœur, tu penseras qu'à moi (19-5).

À ce propos, c'est sans doute par expérience que les plus âgés conseillent aux jeunes amoureux de ne pas partir sans avoir fait part de leurs sentiments à celle qui a gagné leur cœur :

> Quand vous partez pour ces pays étrangers,
> Si vous avez quelque blonde à conserver,
> Allez les voir auparavant que de partir,
> Proposez-leur quelques moments de plaisir[20].

La jeune fille conquise n'est pas toujours d'accord avec ce départ. Elle aussi éprouve la crainte de perdre son amoureux, comme on le voit dans une chanson qui relate le départ d'un jeune homme pour une scierie, au début du siècle, et dont le thème se compare à nos chansons :

> Tu voieras d'autres filles qui t'feront les yeux doux,
> Fais-toi marchand d'guenilles et deviens mon époux[21].

Hélas ! la décision est déjà prise et la jeune fille, malgré son désaccord, ne peut retenir son prétendant. Elle se résigne et demande elle aussi aux puissances célestes la protection de son voyageur qu'elle espère revoir sain et sauf :

> Mon cher amant, je n'te conseill' pas,
> C'est d'aller dans ces pays-là !
> Que Dieu bénisse ton voyage
> Puisque c'est ta destinée (58-4).

Les textes qui font ainsi état des sentiments de ceux qui restent sont peu nombreux. Dans une très belle chanson cependant, la jeune fille exprime la tristesse et la souffrance que lui causera l'attente. Une séparation n'est-elle pas aussi cruelle, quand on aime, pour celui qui reste que pour celui qui part ?

> — Toi, mon amant, tu vas partir ;
> Moi, je vais vivr' dans l'ennui.
> Toujours pour toi en attendant,
> Je resterai fill' languissante.
> Quel déplaisir de voir partir
> Celui qu'on a toujours chéri (15-1) !

Bien que la raison domine ici les sentiments, le jeune voyageur, qui semble injustement préférer le voyage à l'amour de sa belle, n'est jamais indifférent à la peine qu'il engendre :

> Ce qui me fait le plus d'pein' de partir,
> C'est de laisser ma blond' sans plaisir (7-7).

Jusqu'au dernier moment, il essayera de consoler sa bien-aimée et lui laissera même un gage de son affection :

---

[20] Henri JULIEN, « Chansonnier manuscrit », Québec, 1856, s. p., 8 c. (*Départ — Quand j'ai parti*).

[21] Coll. Adélard Lambert, ms. n° 174. Chanté par M. Frégeau, 1885, Massachusetts, États-Unis, 5 c. (*Départ pour la scierie*).

> Je te laiss'rai pour gage un mouchoir de soie blanc
> Pour essuyer tes larm's, chèr' blond', pleure point tant (16-8).

Dans une autre chanson portant sur les anciens voyageurs, la jeune fille fait elle-même la demande d'un gage, en souvenir des adieux : une rosette de cheveux serait une présence bien vivante de l'amant. En plus de répondre à ce désir, le jeune homme adroitement lui passe au doigt une bague d'or, symbole de la fidélité des amants :

> Ell' lui dit en souriant :
> — Fais-moi donc une rosette,
> Une rosett' de tes cheveux,
> Mon cher amant pour bénir nos adieux,
> Le galant qu'est fort adroit-e,
> Tendrement, en souriant,
> Lui mit un' bagu' d'or au doigt :
> — Sois-moi donc toujours fidèle (46-3).

Cette chanson, *le Glas de la blonde de l'engagé*, qui est sans doute l'une des plus anciennes chansons de voyageurs, surprend par son thème. Elle raconte une histoire d'amour digne des plus grands auteurs romantiques : la belle ne pouvant supporter le départ de son amant succombera à son chagrin. Le père de la jeune fille ne lui est pas d'un grand réconfort ; plutôt que de lui redonner espoir, il contribue ouvertement à augmenter sa peine et ses craintes :

> Son père qui lui raconte
> Son adversité du Nord,
> Tout's les peines et tous les tourments
> Que l'on endur' dans ce voyage :
> — Il s'en ira sur la mer périlleuse,
> Tu perdras ton amant (46-2).

L'amant, déjà en route, entend les cloches de l'église :

> Il fut pas rendu-t-en ville
> Qu'il entendit les cloches sonner.
> Il a pas pu s'en empêcher
> De lui verser quelques larmes :
> — C'est le glas de ma mignonne,
> Dans ce beau jour, adieu donc nos amours (46-3) !

Les amoureux ne connaissent pas tous un sort aussi dramatique, même si, dans d'autres chansons, ils font également preuve de grands sentiments. Tels les deux personnages de la chanson précédente, d'autres se promettent fidélité pendant l'absence :

> Sois-moi donc toujours fidèle, je le serai aussi (19-5).

Souvent des promesses de mariage voient le jour :

> Que Dieu soit béni que je reviendrai,
> C'est dans tes bras que je t'épouserai (7-1).

> Dedans ses bras, je m'y jetterai (7-14).

La séparation des êtres qui s'aiment est toujours un moment doulou-reux. Il est également triste et cruel d'apprendre que, pour des raisons que les chansons ne précisent pas, d'autres sont dans l'impossibilité de se dire adieu et de profiter ensemble des derniers moments :

> Qu'il me coûte de partir, partir les larmes aux yeux,
> Sans le dire à ma maîtresse, sans lui dire adieu (19-5) !

> Nous sommes partis pour les États-Unis,
> Sans dire adieu à nos pères, à nos mères,
> Sans dire adieu à nos parents, nos amis (25-2).

Ces voyageurs n'auront pas ce bonheur de jeter un dernier regard sur la rive ou sur le quai et de poursuivre leur route en gardant frais à leur mémoire le souvenir de ceux qu'ils aiment :

> On a le cœur gros mais tout de même
> On vient nous reconduire aux chars.
> Parents et amis,
> Nos chers petits,
> Au revoir vous qui m'êt's tous chers (39-3).

Les dernières salutations s'adressent au pays ou au village. En le quit-tant, on songe sans doute à la vie qu'on laisse derrière soi :

> Oh ! adieu donc, beau villag' de Lamèque !
> Oh ! adieu donc, notre joli pays (25-1) !

Le moment de la séparation et des adieux nous permet donc de découvrir la sensibilité des voyageurs. Malgré leur rudesse apparente et le courage dont ils faisaient preuve en s'engageant, ils éprouvaient dans ces circonstances un chagrin réel qu'ils avaient peine à dissimuler.

LA MONTÉE : LES MOYENS DE TRANSPORT ET LES PORTAGES

Les adieux faits, les voyageurs devaient se diriger vers le lieu convenu lors de l'engagement. Avec les années et la transformation du métier de voyageur, les moyens de transport se sont beaucoup améliorés. Il nous sera possible, à travers les extraits de chansons, de suivre cette évolution tout en voyant de quelle façon s'effectuait la montée : principales difficultés, haltes, esprit qui règne dans le groupe.

Les coureurs de bois et les voyageurs des pays d'en haut ne connaissaient qu'un seul moyen de transport, qu'ils avaient emprunté aux Indiens : le canot d'écorce. L'abbé Henri-Raymond Casgrain, dans un poème qu'il composa et fit mettre en musique par un compositeur de son temps, rend hommage au canot d'écorce. Cette chanson, *le Canotier*, a obtenu la faveur du public à un point tel que l'on peut admettre sa folklorisation. Ainsi, elle a connu une diffusion inégalée partout en Amérique du Nord où se sont implantés des groupements de francophones. Un des couplets les mieux connus donne quelques informations sur la fabrication d'un canot :

> Ses flancs sont faits d'écorces fines
> Que je prends sur le bouleau blanc ;
> Les coutures sont de racines,
> Et les avirons de bois franc[22].

L'usage du canot a permis la conquête du continent tout entier et a contribué à son expansion économique. Sans lui, le commerce des fourrures aurait été impensable, puisque l'eau fut le moyen le plus commode de se déplacer, et ce, jusqu'au début du XXe siècle.

Pourtant, dans les chansons relatives aux voyageurs des pays d'en haut, il est rarement fait mention du canot, bien que ce mode de transport y soit évident. Dans *le Chrétien qui se détermine à voyager*, on s'attarde à décrire les difficultés de la navigation et on y mentionne aviron et canot :

> Prenant et poussant ton aviron contre la lame,
> [..]
> Et puis dirige ton canot avec beaucoup d'adresse (4-12A).

La Plainte du coureur de bois, quant à elle, fournit un détail intéressant ; on y parle de voiles que les voyageurs hissaient quelquefois pour se reposer par temps favorable : « Parfois quand le temps était favorable, c'est-à-dire si « la vieille soufflait », on montait une petite voile — ce qui facilitait le travail considérablement[23] » :

> Les vents d'avril soufflent dans nos voiles
> Pour revenir dans mon pays (3-17F).

---

[22] Henri-Raymond CASGRAIN, *Œuvres complètes de l'abbé H. R. Casgrain*, vol. I : *Légendes canadiennes et Variétés*, p. 180-181, 10 c. (*le Canotier*).

[23] Antoine CHAMPAGNE, Antoine D'ESCHAMBAULT et Pierre PICTON, *Petite Histoire du voyageur*, p. 15.

Le printemps tout aimable,
Voici le mois d'avril,
Il faut hisser les voiles
Pour-z-aller dans mon pays (3-2).

Pour effectuer le commerce des fourrures, trois types de canot étaient généralement utilisés[24]. Le « canot de maître » ou « canot de Montréal », long d'environ 35 à 40 pieds, naviguait sur les Grands Lacs et le Saint-Laurent et pouvait transporter une charge variant de 8 000 à 10 000 livres. Le « canot du Nord », d'une longueur approximative de 25 pieds, et portant de 5 000 à 6 000 livres, voyageait sur les plus petits cours d'eau, particulièrement ceux situés au-delà du Grand-Portage. Le troisième, nommé le « canot bâtard », de taille et de capacité intermédiaires, était également utilisé dans les pays indiens. Quatorze hommes avironnaient le canot de Montréal, huit, le canot du Nord, et dix, le canot bâtard. Les canots pesaient entre 300 et 600 livres, selon leurs dimensions.

Les équipes se composaient d'un guide ou « devant », d'un « gouvernail » et des « milieux » qui étaient les rameurs. Muni de différentes sortes de pagaies, chaque homme jouait un rôle important selon les obstacles du parcours :

> Three sizes of paddles were used : the common paddle, about two feet long and three inches wide, which was used by the middlemen (milieux), or men in the center of the canoe ; a longer kind, about five inches wide, which was used by the steersman (gouvernail), who stood in the stern ; and a still larger paddle, which the bowsman of foreman (avant de canot, devant or ducent) employed when running rapids or leaping small falls[25].

Chaque équipage jouissant d'une bonne organisation interne pouvait rapporter de grandes quantités de peaux de castor ou autres fourrures.

Au XIXe siècle, les voyageurs forestiers continuèrent à utiliser le canot d'écorce pour « monter aux chantiers ». Cette expression souvent utilisée :

> Il faut monter dans ces chantiers (24-8),

a été consacrée par l'usage, même si les hommes ne se dirigeaient pas nécessairement en amont d'un cours d'eau.

De nombreuses mentions de « canot » apparaissent dans le répertoire des chansons de forestiers. Voici un extrait des *Raftsmen*, pour n'en citer qu'une :

---

[24] Voir Grace Lee NUTE, *The Voyageur*, p. 24.

[25] Grace Lee NUTE, *The Voyageur*, p. 26. (Trois formats de pagaies étaient utilisés : l'aviron commun, d'environ deux pieds de longueur et trois pouces de largeur, était utilisé par les milieux, ou les hommes qui se tenaient au centre du canot ; un plus long, d'environ cinq pouces de largeur, était utilisé par le gouvernail, qui se tenait à l'arrière ; et une pagaie plus grande encore, que l'avant de canot (devant ou ducent) employait pour descendre les rapides ou sauter de petites chutes.)

Sur l'Outaouais s'sont dirigés,
En canot d'écorce ont embarqué,
Dans les chantiers sont arrivés (I-Q-8-9A).

De nouveaux moyens de transport sont apparus au XIXe siècle, tels le
bateau à vapeur et le chemin de fer, qui contribuèrent grandement au développement
des régions forestières. Déjà en 1840, les premiers bateaux à vapeur remontaient
la Gatineau et le Grand Tronc desservait l'est du pays. Cependant, entre le
canot et ces moyens de locomotion mécanisés, les voyageurs connurent des
moyens de transport de transition :

Lorsqu'on monte en chaland (50-1).

Très populaire sur le Saint-Maurice, le chaland ressemblait à une plate-
forme de bois, de dimensions variables, sur laquelle on déposait bagages, hommes
et chevaux. Il était halé du rivage, à la *cordelle*, par des chevaux et il nécessitait
peu de tirant d'eau pour avancer. Son utilisation présentait quelquefois des inconvénients ; à ciel ouvert, les hommes qui le montaient pouvaient affronter les pires
intempéries. Heureusement, ce mode de locomotion jouait un rôle transitoire, en
cours de voyage :

Donc aujourd'hui de Mékinac monte un chaland,
Chargé de monde et de bagages solidement.
[…]
La voiture des voyageurs-e, c'est un chaland,
[…]
Les barg's ensuit' sont nos voitures ou les canots (74-3).

Le chaland fonctionnait selon un principe déjà connu des anciens voyageurs, puisque ceux-ci utilisaient la cordelle lorsqu'ils remontaient un cours d'eau et que le
courant devenait trop rapide pour la pagaie, sans être assez puissant pour les obli-
ger à portager[26]. Les hommes furent ainsi, avec l'évolution, remplacés par les chevaux de halage.

Les bateaux à vapeur facilitèrent grandement les déplacements :

Midi sonnait au clocher du village.
Sur un bateau on voit tous leurs bagages (17-2).

Oh ! les gars de la rivière aux Rats
Dans les boats mett'nt leurs bagages (71-1).

On embarque en steamboat pour monter Carillon (16-7).

---

[26] Eric W. MORSE, *les Routes des voyageurs : hier et aujourd'hui*, p. 5.

Selon le trajet à parcourir, les hommes de chantiers pouvaient combiner plusieurs moyens de transport, surtout avec la venue du chemin de fer :

> A fallu prendre le vaisseau pour traverser sur l'île,
> [...]
> En attendant au lendemain afin de prendr' le train.
> Il fallut prendre le boat pour monter à Dalhousie,
> [...]
> Il fallut prendre les chars pour monter à Campbellton,
> Il fallut changer de chars pour monter à Ottawa (16-8).

Même lorsque le voyage se faisait entièrement en train ou en « gros chars », comme il est souvent dit dans les chansons, le trajet pouvait être assez pénible lorsqu'il s'agissait de chantiers éloignés :

> Les chars nous mèn'nt quarante-cinq milles à l'heure,
> Quarante-cinq mill's sans jamais modérer.
> Pendant vingt heur's nous marchons sans relâche
> Pour arriver à notre destinée (25-2).

Ce moyen de déplacement, quoique moderne, n'était pas à l'épreuve de tout incident :

> [...] les chars sont déraillés,
> l'a bien fallu monter tous et tous à pied (45-3).

Ainsi, la marche devenait de tout dernier ressort pour se déplacer. Cependant, elle fut longtemps le principal moyen de se rendre aux chantiers, du moins à partir de l'endroit où finissait la route carrossable. Les voyageurs parcouraient alors en plein bois des milles et des milles afin de se rendre à leur destination :

> Sur ces montagn's bien éloignées,
> Ne perdons pas allons à pied (42-6).

> Dans la boue, dans la neige, c'est tout glacé,
> On a bien 'té cinq jours-e à rôder, à marcher (16-4).

> l'a bien fallu marcher cinq ou six milles à pied,
> Pour être bon voyageur faut faire ça avant de manger (24-15).

Certes, le voyage en bateau ou en train était parfois long, mais les voyageurs n'avaient alors pas à se préoccuper des bagages. Les premiers forestiers et les voyageurs canadiens n'avaient pas cet avantage, eux qui devaient porter à dos d'homme des charges énormes et oublier la fatigue de la marche dans des sentiers abrupts. Les *portages* constituaient le principal obstacle rencontré au cours de la montée. Pour les anciens voyageurs, ils étaient vraiment une solution de dernier recours :

> Quand tu seras dans ces portages, pauvre engagé,
> Les sueurs te couleront du visage, pauvre affligé (5-13).

Lorsque les rapides étaient trop puissants ou qu'ils cachaient une crête, une chute ou un haut fond rocailleux, il devenait nécessaire de portager. Les fourrures ou les marchandises étaient alors réparties en paquets d'environ 90 livres, appelés pièces :

> Le porteur plaçait une pièce dans une bricole de cuir qu'il se passait sur le front ; dans le creux de la courroie, derrière son cou, il hissait une autre pièce de 90 livres. Chargé de 180 livres — ou plus, s'il voulait faire de l'épate — il allait au petit trot, légèrement courbé, traînant un peu les pieds. Si le portage était de plus d'un demi-mille (parcours de dix minutes), le voyageur, pour mieux répartir ses efforts, déposait son colis à ce qu'on appelait une pose et revenait prendre la charge suivante[27].

Il fallait aussi portager les canots. « Quand il y avait moyen de haler le canot vide en amont du rapide, c'était autant de pris, du moins pour les hommes qui devaient le porter. C'est ce qu'on appelait une décharge[28]. » S'il n'y avait pas moyen d'éviter le portage des canots, la façon de les transporter dépendait du modèle utilisé. Le canot de maître nécessitait la présence de quatre hommes, deux à l'avant et deux à l'arrière, et se transportait de la façon habituelle, c'est-à-dire à l'envers. Le canot du Nord, deux fois moins lourd, pouvait être porté par deux hommes. À cause de sa forme, on le transportait à l'endroit, ce qui permettait une plus grande liberté de mouvement et une meilleure visibilité[29].

Les voyageurs des XIXe et XXe siècles ne furent pas épargnés du portage. Des hommes forts et robustes se spécialisaient dans cette tâche lors de la montée aux chantiers. Ils devaient aussi aller chercher régulièrement du ravitaillement dans des caches de provisions établies à distance des camps[30]. De nombreux extraits de chansons de forestiers marquent les difficultés du portage :

> Le lendemain matin,
> De bonne heure su' l'chemin,
> Avec tous nos *colliers*,
> On est bien embêté (50-3).

> Tous les voyageurs vont monter
> Le canot dessus le dos,
> Ça leur cassera pas les os (20-3).

---

[27] Eric W. MORSE, *les Routes des voyageurs : hier et aujourd'hui*, p. 5.
[28] Eric W. MORSE, *les Routes des voyageurs : hier et aujourd'hui*, p. 5.
[29] Eric W. MORSE, *les Routes des voyageurs : hier et aujourd'hui*, p. 5-6.
[30] Pierre DUPIN, *Anciens Chantiers du Saint-Maurice*, p. 149.

Le lendemain matin a fallu refaire,
C'était pas drôle de se voir
Dans ce damné portage (50-5).

Le canot sur une épaule et l'aviron de l'autre côté (16-5).

LES HALTES

Heureusement pour tous ces voyageurs qui faisaient une longue partie du trajet à pied, transportant sur leur dos les provisions nécessaires à leur séjour, l'obscurité mettait fin à leurs fatigues quotidiennes et permettait de récupérer leurs forces. Les voyageurs des pays d'en haut campaient chaque soir sur le bord d'un lac ou d'une rivière et passaient la nuit à la belle étoile. Les forestiers, quant à eux, bénéficiaient de haltes le long de la route. Même si les conditions de repos n'étaient pas idéales, ils profitaient au moins de la nourriture et de la chaleur des lieux :

Quand ils couchent au *dépôt*, il' ont tout c'qu'il leur faut (40-1).

Il existait ainsi sur la route des auberges ou maisons de pension qui pouvaient accueillir pour une nuit un grand nombre d'hommes et leur permettre de se restaurer. L'une des plus connues le long du Saint-Maurice était la maison du « père Parent » dont parle Pierre Dupin[31] et que l'on signale dans *la Chanson de Thobald* :

Lorsqu'on monte en chaland,
On couch' su' l'pèr' Parent.
On commenc' notr' misère,
Tout l'mond' couchait par terre (50-1).

Quelques villes, dont Bytown (Ottawa), étaient renommées pour accueillir les voyageurs en transit. Plusieurs pensions y étaient connues de tous les voyageurs :

Où sont allés tous les raftsmen,
Dedans Bytown sont arrêtés (I-Q-8-9A).

C'est dans la vill' de Bailtonne,
Là y où c'que j'ai 'té faire un tour,
Là y où c'qu' y a des jolies filles (II-H-10-1).

Arrivé à Ottawa, il fallut pensionner (16-9).

---

[31] *Anciens Chantiers du Saint-Maurice*, p. 23.

Les voyageurs profitaient de l'occasion pour se « rincer le gosier » et faire les yeux doux aux jeunes filles avant de s'éloigner de la civilisation :

> Chez la Gauthier ils sont allés ;
> Sa fillette ils ont embrassée.
> Du bon rhum ont avalé,
> Et leur gosier fort abreuvé.
> Bien d'l'argent ont dépensé.
> Des provisions ont emportées (I-Q-8-17B).

Cependant, tous n'attendaient pas les haltes pour se mettre le cœur en fête. Dès le départ, lorsque les habitations se faisaient de plus en plus rares sur la route, les gais lurons sortaient leurs réserves d'alcool. Certains laissaient vagabonder leur imagination pendant que les autres trinquaient pour toutes sortes de bonnes raisons :

> C'est en passant par Grande-Anse,
> Là-z-on y boit d'ce cher bon vin
> [...]
> À la santé de nos *catins*,
> À la santé d'la seul' qu'on aime.
> Buvons tous nos verres en main (9-1).

Ils se faisaient un devoir de maintenir ainsi la réputation de tout bon voyageur et se réjouissaient de leur départ :

> Nous autr's les voyageurs,
> Il faut pas l'oublier,
> Buvons, rions, chantons ;
> C'est ainsi qu'il faut fêter !
> Car nous les voyageurs
> On s'réjouit qu'un' fois l'année (50-3).

Ainsi « réchauffées », les conversations devenaient plus animées. Les esprits aussi s'échauffaient et quelquefois, entre deux chansons qui égayaient la montée, des échauffourées s'engageaient. À cause d'abus trop fréquents, certains patrons en vinrent à interdire la consommation d'alcool lors de la montée et dans leurs chantiers :

> À la Rivière-aux-Rats
> On a le taquet bas,
> Mais Jack Adam est là,
> Met la *canisse* au cad'nas (50-3).

> J'ai dit à mes amis :
> — Si vous avez du whisky,
> Tâchez d'vous précautionner,
> Vos poches vont être visitées (50-1).

44   Même pour ceux qui s'en donnent à cœur joie au cours de la montée, cette étape, avec les nombreuses difficultés qu'elle comporte, donne un avant-goût des difficultés et des misères que les hommes auront à subir lorsque le travail commencera pour de bon et pour longtemps.

La vie dans les bois ou les chantiers

L'HABITATION ET LE MOBILIER

Dans cette reconstitution de l'habitat des voyageurs et des objets familiers propres à leur mode de vie, on notera une différence manifeste entre les installations des voyageurs de l'épopée de la fourrure et celles des forestiers, laquelle différence découle des objectifs poursuivis par chaque groupe.

Dans la complainte de *Cadieux*, voyageur de la fin du XVIIe siècle, apparaissent des mentions de « cabane » et de « logis » :

> Un loup hurlant vient près de ma cabane (1-34).

> Les Iroquois ont-ils pris mon logis (1-30) ?

Bien entendu, la complainte ne s'attarde pas à décrire l'habitation de Cadieux. Toutefois, ces termes désignent une demeure provisoire, construite d'arbres et de branches, protégeant le voyageur du froid et des intempéries pour un temps déterminé. Les coureurs de bois et voyageurs des pays d'en haut qui poursuivaient leur route jusqu'au gel des voies navigables se protégeaient, quand cela devenait nécessaire, sous un abri rudimentaire de ce genre ; par exemple, « une tente de peaux étendues sur une grossière charpente de branches arquées, formant un demi-cercle. Le feu brûlait devant[1]. » L'hiver, le cantonnement au fort améliorait les conditions de vie de ces hommes qui, du printemps à l'automne, dormaient à la belle étoile, sur les rivages, se contentant pour se couvrir d'une couverture de laine ou d'une peau de bête. En cas de pluie, ils s'abritaient sous le canot renversé. L'allusion au « berceau » figurant dans la chanson du *Chrétien qui se détermine à voyager* illustre sans doute ce gîte nocturne :

> Dans ton berceau, là où tu couches, pense à la mort (4-25).

---

[1] Benoît BROUILLETTE, *la Pénétration du continent américain par les Canadiens français, 1763-1846*, p. 22.

Le Canotier de Casgrain, composition littéraire fidèle à la réalité, décrit bien cet abri de fortune :

> Je mettrai mon canot sur mon dos ;
> Près du rivage je le renverse,
> Voilà ma cabane pour la nuit[2].

L'habitation des anciens voyageurs, continuellement en déplacement, était, on le voit, des plus rudimentaires ; ceux-ci ne pouvaient se permettre de transporter le moindre objet de confort. Déjà la charge comprenait l'essentiel des ustensiles de cuisine et tout le nécessaire pour la survie en forêt.

Les hommes de chantiers, eux, jouissaient de conditions matérielles moins précaires, quoique réduites. Durant leur exil, le chantier leur servait de refuge. Les mentions de « chantier » sont nombreuses dans le répertoire et désignent à la fois une habitation isolée ou l'ensemble des bâtisses réparties dans une zone d'exploitation forestière :

> On a bâti-z-une cabane,
> Ce qu'on appelle un chantier (16-10).

> Oh ! parlons don' d'ces p'tits chantiers
> Qui sont bâtis l'long d'la Pâgane (36-1).

> Ce qui m'caus' de l'ennui, c'est d'pouvoir la laisser.
> Laisser pour les *santiers* où c'qu'on y voit qu'des arbres (37-1).

D'autres termes sont aussi employés pour nommer le lieu de résidence des bûcherons ou draveurs, par exemple *camp* ou *campe* et « cabane » qui prend souvent une connotation péjorative :

> Une fois rendu au camp, c'est pas drôle de voir ça (24-15).

> En arrivant à ces tristes cabanes,
> En arrivant à ces pauvres chantiers (25-2).

> Que le diable emporte la cabane !
> Pour moi, j'm'en vas voir ma p'tite femme (72-2).

Peu de détails se rapportent à la construction et à l'architecture du camp. Seuls quelques vers donnent une idée générale de la bâtisse :

> Un chantier en épinette,
> Du bois rond, non point carré (16-10).

---

2   Coll. Michèle Bélanger, AF, n° 29. Chanté par Jean-Paul Couture (48 ans), 21 août 1966, Grande-Rivière (Gaspé), Québec, 5 c. (*le Canotier*).

Afin de compléter cette description plus que partielle, voyons ce passage de « la Vie des chantiers » dans lequel Édouard-Zotique Massicotte résume les étapes d'édification :

> Le *campe* ou hutte était construit en bois rond : sapin ou épinette [...] Les dimensions du *campe* variaient suivant le nombre de personnes qui devaient l'habiter. Ordinairement, il avait 30 x 40 pieds en superficie. Le plancher reposait sur le sol et il était en troncs d'arbres dont on avait « abattu » les nœuds à l'herminette. À huit pieds au-dessus s'étendait le plafond également en bois rond. Sur ce plafond on mettait une épaisseur de six pouces de terre, afin de mieux conserver la chaleur. Pour terminer la hutte, on la couvrait d'un toit légèrement en pente et fait avec des pièces de bois « en auges ».
>
> Les ouvertures consistaient en une porte et deux petites fenêtres de 18 pouces en carré ; l'une d'elles était près de la porte et l'autre dans le pan au fond de la hutte[3].

Pierre Dupin ajoute à cette description la mention d'une petite pièce à l'intérieur du camp qui permettait au contremaître de s'isoler et d'établir son quartier général :

> On élève donc à l'autre extrémité du camp une cloison qui l'isolera de la pièce commune : ce sera le « forepick », la pièce d'honneur, le siège du représentant de l'autorité[4].

Non loin du camp où résidaient les travailleurs, une écurie pour loger les chevaux était nécessaire :

> Allez donc voir dans l'écurie, c'est un' vraie pitié de voir c'la (26-1) !

À la première époque, hommes et chevaux cohabitaient, mais on eut tôt fait de les séparer pour des raisons d'hygiène[5].

Tous ces bâtiments étaient construits par les voyageurs eux-mêmes dès leur arrivée sur les lieux choisis. Lorsque l'exploitation revêtait assez d'importance, un groupe d'hommes se rendait aux chantiers avant les forestiers spécialement pour travailler à l'édification des bâtiments. Pendant la période d'érection des bâtisses, on s'installait sous la tente :

> Après un' dur' journée d'ouvrage, le soir bien fatigués,
> Dans un' tente de toile, tout *trempe* on se couchait,
> Mais pour combl' de malheur-e, il nous fallait bâtir.
> Ah ! c'est avec une main adroite
> Que l'on a construit notre camp (41-1).

---

[3] Dans *Mémoires et Comptes rendus de la Société royale du Canada*, Ottawa, 3e série, vol. 16, mai 1922, section 1, p. 20.

[4] *Anciens Chantiers du Saint-Maurice*, p. 62.

[5] Normand LAFLEUR, *la Vie traditionnelle du coureur de bois aux XIXe et XXe siècles*, p. 201.

En six jours, le travail de 6 ou 7 hommes a édifié le « campe », en moins de temps encore, ils bâtiront l'écurie et bientôt le véritable travail des chantiers pourra commencer[6].

Parmi les autres installations indispensables, il faut souligner le foyer (l'âtre, le poêle) :

Le gruau su' l'poêle [...] (33-1).

Chez les auteurs qui se sont penchés sur le sujet, nous remarquons plusieurs appellations, descriptions et localisations différentes du feu de camp. Ces données semblent varier selon les régions et les époques, mais d'ordinaire le feu occupait le centre du camp. Voici la description d'une installation primitive :

L'âtre est constitué par des pierres plates posées sur le sol et entourées de grosses roches rondes. Comme il n'y a pas de cheminée à la hutte, une ouverture de 5 pieds est pratiquée dans le plafond et dans le toit, pour laisser échapper la fumée, et pour aérer la pièce[7].

La vie dans les chantiers a cependant connu une évolution très rapide. À la venue des grandes compagnies organisées en concernes, les chantiers se sont beaucoup améliorés et agrandis. Le cuisinier établit sa demeure dans la *cookery* où les hommes se présentaient pour manger ; on réservait alors les autres camps pour dormir et y mener les activités autres que le travail :

L'lend'main matin, quand j'm'ai levé,
J'ai été pour déjeuner.
J'ai entré à l'écurie
En croyant qu'c'était la cookery (53-1).

Dans les chantiers plus modernes, on retrouve également l'office, une pièce réservée au contremaître, où se traitent les affaires, et qui peut aussi servir de petit magasin d'approvisionnement en tabac, outils, vêtements :

À la petite office, je donne ma *notice* (27-1).

Quand ça vient l'temps d'aller à l'office (44-1).

Les chantiers ainsi transformés en véritables villages miniatures ne devaient plus susciter la désolation des débuts :

C'était de voir la place,
Comme ç'a l'air abandonné ;
M'a dit faut être bien voyageur
Pour pouvoir y résister (58-16).

---

6 Pierre DUPIN, *Anciens Chantiers du Saint-Maurice*, p. 66.

7 Édouard-Zotique MASSICOTTE, « la Vie des chantiers », dans *Mémoires et Comptes rendus de la Société royale du Canada*, Ottawa, 3e série, vol. 16, mai 1922, section 1, p. 20-21.

L'évolution matérielle allégea donc les conditions de vie des bûcherons, tandis que les draveurs, trop éloignés du camp pour venir s'y restaurer et dormir, continuaient à coucher sous la tente, les plus vieux près du feu situé sur le côté ouvert de l'habitation.

Le cuisinier ainsi que quelques hommes affectés à la tâche d'ériger la tente suivaient la drave et établissaient les campements, faciles à transporter et à ériger, aussi souvent et aussi longtemps que se poursuivait le flottage des billots :

Sur le *tentage* ils ont mis de bons hommes (71-1).

Dans ces demeures sans superflu qu'étaient les chantiers, le mobilier se résumait également à peu de choses. Les lits surtout retiennent l'attention des compositeurs de chansons. Fixés au mur du camp et disposés en étages, ils étaient faits de planches recouvertes de branches de sapin que les occupants devaient renouveler régulièrement. L'odeur du matelas y était plus appréciée que son confort :

Les lits sont faits en planches,
Les matelas en branches (24-14).

Quand c'est venu pour s'coucher, sur des pans de mouss' sommes allongés (26-1).

On se casse de la plume,
Ce qu'on appelle des branches de sapin ;
Pour mieux reposer à notre aise,
Les plus grosses dessous nos reins (16-5).

Le soir pour notr' réconfort-e, on s'couchait sur un lit fait de branches ;
Avec le rest' du feuillage étaient faits nos oreillers (41-1).

Ceux qui couchaient « à l'étage supérieur » se trouvaient parfois si près du plafond qu'ils ne pouvaient s'asseoir convenablement :

On se couche sur le balcon,
À douze pouces et d'mi du *bavage* (33-1).

Les lits ont aussi été modifiés avec le temps et l'arrivée des lits de fer superposés marque une amélioration. Généralement, les chansons parlent de *bed*. D'ailleurs, on le notera, beaucoup d'anglicismes émaillent le vocabulaire forestier :

Mais le soir assis sur mon bed [...] (41-1).

Chaque bed était recouvert d'une couverture de laine, propriété de l'individu ou de la compagnie : « les compagnies ne fournissaient pas toujours les couvertes ou, si elles les fournissaient, les employés devaient en payer le lavage au printemps[8] ». Comme le reste, elles n'étaient pas longtemps propres et douillettes :

> Avec nos beaux beds en planches,
> [...]
> Puis des *couvert's* toutes r'prisées (44-1).

> J'allons trouver Willy pour avoir un' couchette ;
> On s'en va quatr' par quatr', chacun 'vec notr' couverte (45-3).

Outre les lits, la table et quelques ustensiles de cuisine meublaient les camps forestiers :

> Auparavant de pouvoir mettr' la table (33-1).

> À laver les chaudrons et brasser les tisons (37-1).

Des accessoires tels les bancs et les *chiennes*, petits sièges à trois pattes, ne figurent pas dans les chansons qui ont été recueillies. Néanmoins, on y retrouve « un bassin tout' percé (44-1) » faisant probablement office de cabinet d'aisances durant la saison hivernale, car les *bécosses* étaient installées à l'extérieur des camps.

Bien qu'elles nous apportent quelques détails sur l'habitation et le mobilier, les chansons ne sont pas vraiment éclairantes sur le sujet. Les extraits cités suffisent cependant à nous faire prendre conscience de l'évolution matérielle engendrée par la venue et la concurrence des grandes compagnies forestières. Dans la première moitié du XIXᵉ siècle, une trentaine d'hommes se rassemblaient dans des camps qu'ils bâtissaient eux-mêmes d'année en année. Moins d'un siècle plus tard, les compagnies employaient de 150 à 200 hommes et devaient répondre à des exigences de plus en plus grandes pour assurer l'efficacité et le rendement de leurs entreprises devenues prospères.

L'HABILLEMENT

Les chansons populaires parvenues jusqu'à nous par la tradition apportent, il faut le reconnaître, peu de renseignements sur la tenue vestimentaire des voyageurs, surtout ceux des pays d'en haut. Ce sujet, somme toute très particulier et qui trouverait mal une place importante dans un texte chanté, sera donc surtout abordé à travers les écrivains qui en ont parlé à l'occasion. Par exemple, Massicotte propose une description du voyageur du XVIIIᵉ siècle et de son costume, description inspirée d'une gravure de 1753 :

---

8   Pierre DUPIN, *Anciens Chantiers du Saint-Maurice*, p. 15.

On le voit coiffé d'un tricorne et porteur d'un *capot* avec ceinture. Il a des mitasses, des souliers et des raquettes. Pour compléter on lui a mis la pipe aux lèvres, le fusil sur l'épaule et le baluchon en bandoulière. Enfin, à la ceinture pendent une hachette et deux sacs de peaux. L'un d'iceux est sans doute pour le tabac et le briquet ; quant à l'autre, il doit contenir la poudre et les balles[9].

Parlant des voyageurs de la même époque, Antoine Champagne, Antoine d'Eschambault et Pierre Picton, dans leur *Petite Histoire du voyageur*, décrivent le costume habituel des engagés, qui ressemble à peu de chose près à celui décrit par Massicotte. La seule différence réside dans la coiffure :

> Une chemise, ordinairement rouge, un bonnet de fourrure et plus tard une tuque de laine rouge ; des jambières en peau de chevreuil appelées mitasses qui lui couvraient les jambes ; des souliers de chevreuil, sans bas ; une braie qui lui laissait le haut des jambes nu ; une ceinture fléchée dont les bouts pendaient du côté gauche ; une bourse ou sac en peau de chevreuil ornementée de rasade aux couleurs voyantes qui se nommait « sac-à-feu ».
>
> Le voyageur y logeait son inséparable pipe, son briquet, son tabac et ses autres possessions les plus chères. Le « sac-à-feu » se portait au côté, passé dans la ceinture, à côté d'un couteau à gaine. Parfois le voyageur se mettait un mouchoir au cou et même sur la tête, mais il préférait son inséparable tuque. Un compagnon non moins fidèle était son célèbre « capot » à capuchon, ordinairement bleu[10].

Sous le régime anglais, les compagnies donnaient quelquefois certaines pièces de vêtement à leurs engagés, en plus de leur salaire, mais on ne peut parler d'uniforme commun pour ces gens. Chacun était libre de s'habiller à sa guise, sauf que les nouveaux venus, les « mangeurs de lard », « ainsi nommés parce qu'ils étaient sensés n'avoir point perdu leur appétit pour le mets de prédilection de l' « habitant »[11] », n'étaient pas autorisés à porter la ceinture fléchée, emblème éclatant des voyageurs aguerris.

Depuis le coureur de bois du régime français jusqu'à l'engagé au service des compagnies anglaises, les vêtements, bien adaptés au travail et à la température, semblent avoir subi peu de transformations. La garde-robe des hommes de chantiers n'était pas tellement plus élaborée que celle des anciens voyageurs :

> Le bûcheron emportait, en plus du complet et des sous-vêtements qu'il avait sur lui, une couple de pantalons et un « quatre poches » ou *coat* d'étoffe du pays, des chemises, des « corps », et des caleçons de flanelle ou de droguet tissés à la maison, deux paires de *mitaines* et trois paires de « chaussons » de grosse laine, une paire de « bottes sauvages » appelées aussi *bottes de bœuf* et un couteau à gaine[12].

---

[9] « Le Costume des voyageurs et des coureurs de bois », dans *le Bulletin des recherches historiques,* Lévis, vol. 48, n° 8, août 1942, p. 235-236.

[10] Page 12.

[11] Jack WARWICK*, l'Appel du Nord dans la littérature canadienne-française. Essai*, p. 42.

[12] Édouard-Zotique MASSICOTTE, « la Vie des chantiers », dans *Mémoires et Comptes rendus de la Société royale du Canada*, Ottawa, 3e série, vol. 16, mai 1922, section 1, p. 19.

Le tout entrait dans une poche ou, plus récemment, dans un porte-manteau :

> Hivernant, tu nous laisses, la poche dessus le dos (73-10).

> A bien fallu monter en haut, chacun notr' port'-manteau (45-3).

À travers les chansons, nous retrouvons des mentions éparses de chemises. On les mentionne surtout dans les chansons de draveurs, pour souligner l'inconfort de leurs vêtements mouillés :

> Leur chemis' tout' mouillée (70-1).

> Nos chemises humides sècheront lentement (73-17).

Lors du retour, elles retrouvent aussi leur place dans la poche de vêtements :

> Des mitaines, de vieilles chemises pour apporter au lavage (84-8).

Il n'est jamais fait allusion au pantalon, bien que figure un détail amusant au sujet d'un accessoire comme les bretelles :

> On peut pas se garder des *bartelles* (64-1).

Les sous-vêtements quant à eux apparaissent dans certains couplets relatifs à l'hygiène :

> Lorsqu'ils vienn'nt lui dir' bien poliment :
> — Chang'-toi d'*can'çons*, faudrait d'plus nets-e (35-1).

Certaines des pièces de vêtement déjà énumérées sont mentionnées dans un refrain où l'on se moque des voyageurs en les présentant d'une manière loufoque :

> En *souliers d'bœuf,*
> Le nez morveux,
> [...]
> Puis des chaussons, puis des chaussettes
> Puis des mitaines pas de pouce en hiver (I-Q-10-2).

Plusieurs autres descriptions de ce genre ridiculisent ni plus ni moins les habitants qui se rendaient aux chantiers durant l'hiver :

> Nous sommes une gang, des gens du Canada,
> Quelqu'un en chapeau de paille,
> Quelqu'un en bottes de bœuf (73-11).

Les bottes de bœuf ou « bottes sauvages » étaient portées par tous les forestiers et même par les draveurs qui ne connurent les bottes de drave cloutées qu'au début du XXᵉ siècle.

De plus il est intéressant de noter que certains travailleurs, comme on le chante dans *les Raftsmen*, ont conservé une des pièces les plus originales du costume de leurs ancêtres, pour leur bon plaisir. La ceinture fléchée ne devait plus, en effet, servir, comme à l'origine, à retenir le capot bien fermé :

> Ils ont de belles ceintures fléchées
> Que leurs mamans leur ont données (I-Q-8-13).

D'ailleurs, les draveurs ne portaient ni capot ni ceinture pour la drave, mais un petit manteau court et peu encombrant :

> Ils marchent bien sans gêne et en ôtant leurs *frocks* (73-20).

Les voyageurs de toutes les époques possédaient en commun un accessoire que nous pouvons considérer comme faisant partie de leur tenue vestimentaire, tellement il leur est caractéristique :

> Après avoir fort bien dîné,
> Une pip' de plâtre ils ont fumée (I-Q-8-9A).

> Il y en a qu'il dort avec la pipe au bec (37-1).

Dans certaines chansons, on attache beaucoup d'importance à l'apparence que le voyageur aura à son arrivée, laquelle reflète sa prospérité :

> Et par Bytown, ils sont passés...
> C'était pour bien s'habiller ;
> De bell's p'tit's bott's dans leurs gros pieds (I-Q-8-17B).

En cela, ils imitaient les coureurs de bois qui à leur retour dépensaient leur argent en futilités de ce genre, nous raconte le baron de Lahontan : « Vous seriez surpris de voir les débauches, les festins, les jeux et les dépenses que ces coureurs de bois font tant en habits qu'en femmes dès qu'ils sont arrivés[13]. »

L'étalage d'une telle richesse dans la tenue vestimentaire donne lieu à certaines comparaisons entre le voyageur et l'habitant qui reste à cultiver le sol et gagne peu d'argent :

---

[13] *Nouveaux Voyages de Mr le baron de Lahontan dans l'Amérique septentrionale* [...], vol. 1, p. 26.

> Voyez un voyageur dans un hôtel,
> Avec un cigare fume *very well* !
> Voyez un habitant dans sa cuisine,
> Avec une pipe de cormier fume de la *verrine*.
> Voyez un voyageur de bonne mine,
> S'promène sur les trottoirs en belles bottes fines.
> Voyez un habitant à sa culture,
> Chaussé d'bott's de bœuf que les pieds y'en jurent (6-2).

La tenue vestimentaire s'avérait donc une façon d'afficher une certaine réussite. Cette mentalité fait d'ailleurs partie du tempérament des nomades de toutes les époques. Ainsi, on la retrouve dans une chanson plus récente où un homme qui envisage le même idéal de richesse s'exile aux États-Unis avec l'espoir de revenir transformé extérieurement :

> Je reviendrai la belle
> Avec un beau tuyau
> [...]
> Un beau *tuyau d'castor*,
> Et sur ma veste noire
> Une chaîne presqu'en or[14].

Ces quelques extraits de chansons montrent bien à quel point les voyageurs se distinguent du commun des mortels et en particulier des habitants. Leur tempérament d'aventurier se transpose jusque dans la manière de se vêtir. La solitude et les privations qu'ils supportent dans leur exil seront largement compensées au retour par l'admiration et le respect qu'ils susciteront chez les sédentaires.

L'ALIMENTATION

Les coureurs de bois et les voyageurs des pays d'en haut transportaient dans leurs canots, on l'a vu, les provisions de bouche nécessaires pour la durée du voyage. Ils ne pouvaient s'encombrer de lourds barils de viande fumée ou salée, qu'ils apportaient en petite quantité seulement lorsque des bourgeois ou autres personnes de marque faisaient partie de l'expédition. Ils se contentaient donc, sans critiquer,

> d'une nourriture à base de légumes secs, soit de maïs lessivé additionné de graisse, ou de gras de porc, soit de soupe aux pois. La ration quotidienne de chaque homme n'excédait pas une pinte de maïs ou de pois. On faisait la soupe durant la nuit. La casserole d'étain

---

14 Coll. Adélard Lambert, ms. n° 174. Chanté par M. Frégeau, 1885, Massachusetts, États-Unis, 5 c. (*Départ pour la scierie*).

[...] était remplie d'eau sur le feu du campement : chaque homme y versait une pinte de pois secs, et l'on ajoutait 2 ou 3 livres de viande et quelques biscuits par groupe de 10 hommes. La ration de maïs était de beaucoup la plus fréquente[15].

On peut imaginer les problèmes qui survenaient quand le voyage durait plus longtemps que prévu, ou encore lorsque les provisions étaient avariées ou perdues lors de la chute d'un canot. Toutefois, les voyageurs pouvaient alors vivre un certain temps en forêt à la façon des Indiens, de qui ils détenaient l'art de chasser et de pêcher. La chanson de *Cadieux* fait allusion à cette cueillette de nourriture :

> Un autre jour revenant de la chasse (1-20A).

Les hivernants s'adonnaient couramment à cette activité à l'occasion de leur séjour dans un fort. Parfois, si le manque de nourriture se faisait sentir, ils échangeaient l'eau-de-vie et les pacotilles qu'ils apportaient contre le « pemmican (viande de bison, de caribou ou d'orignal sur laquelle on versait du suif fondu et que l'on emballait dans des contenants en peau)[16] », ou d'autres mets des autochtones. Ils préféraient toutefois troquer leur alcool, après s'en être réservé une quantité suffisante pour leur consommation, contre des peaux.

Contrairement à celles qui parlent des voyageurs des pays d'en haut, les chansons se rapportant aux forestiers fourmillent d'informations sur l'alimentation. Il est donc possible de dégager les composantes de leur menu quotidien, tout en soulignant les principales raisons qui font de la nourriture un sujet de mécontentement continuel.

En général, au déjeuner, nous retrouvons au menu des fèves au lard, du gruau et des *cretons*, aliments tous très riches et destinés à aider ces hommes à entreprendre une rude journée de travail :

> Quand qu'c'est venu pour déjeuner,
> Ils m'ont crié pour les *beans* (53-1).

> Le gruau su' l'poêle qui est pris au fond.
> Donnez-moi-z-en don' du gruau par *mottons*,
> Une *chaudronnée* d'beans, aussi des cretons (33-1).

La dernière citation ne semble pas de nature à mettre le travailleur en appétit ou du moins d'humeur agréable. D'ailleurs, « pris au fond » ou non, le gruau ne sera jamais celui que l'on mange à la maison :

> On mang' notre gruau
> Sans mettr' de lait d'taureau (28-1).

---

15 Benoît BROUILLETTE, *la Pénétration du continent américain par les Canadiens français, 1763-1846*, p. 20.

16 Eric W. MORSE, *les Routes des voyageurs : hier et aujourd'hui*, p. 23.

56   L'expression « lait de taureau » était probablement utilisée par les forestiers pour désigner, par opposition au lait frais, le lait en boîte ou en poudre que l'on montait dans les chantiers plus récents. Le manque de provisions fraîches créait, on le voit, une insatisfaction évidente.

En plus de ces aliments, le menu du petit déjeuner pouvait comporter un mets très à l'honneur : les crêpes. *Le Bûcheron du Canada*, chanson de formulation lettrée, présente ce mets. Nous y voyons d'ailleurs un des rares témoignages de satisfaction à l'égard de la nourriture :

> De bon matin il se lève
> Et prend un bon déjeuner
> De crêpes ou bien de bonn's fèves (21-2).

Quel que soit le repas de la journée, les aliments qui figurent sur la table au petit déjeuner y seront toujours servis. En outre, les mets principaux sont généralement accompagnés de soupe :

> Il est temps d'aller au bois,
> Manger du lard et d'la soupe aux pois (20-2).

Le lard constituait la base de l'alimentation dans les chantiers. On l'apprêtait de diverses façons : salé, grillé ou ébouillanté :

> Mais quand ça vient l'temps d'souper,
> J'peux pas m'empêcher d'en parler,
> Des beans sucrées, du lard salé (54-1).

> Y avait un raftsman
> Qui fondait d'la panne (66-1).

> Le soir, mais pour souper, du lard ébouillanté (63-1).

Chaque repas était accompagné de pain que le cuisinier boulangeait lui-même :

> À passer la journée à boulanger la pâte (37-1).

Dans ces citations, nous retrouvons donc toutes les composantes du menu du bûcheron tel que décrit par Massicotte : « Le menu se composait de pain, de soupe aux pois, de lard salé et de fèves[17]. » C'est là essentiellement ce que les premiers forestiers voyaient passer quotidiennement sur la table. Tous les autres mets que l'on retrouve, dans les chansons, se sont ajoutés avec le temps. Par exemple, les compléments peu appréciés tels mélasse ou « sirop », biscuits, galettes, beignes et pâtisseries :

---

[17] « La Vie des chantiers », dans *Mémoires et Comptes rendus de la Société royale du Canada*, Ottawa, 3e série, vol. 16, mai 1922, section 1, p. 21.

On avait rien presqu'à manger,
D'la mélasse puis du pain pour saucer-e (54-1).

Manger du gros biscuit, ça c'est pas mal maudit (45-3).

On a fait de la galette
Qui était pas trop bien faite ;
Il faut la cogner du pied
Pour pas la *renvoyer* (51-4).

Moi, j'ai crié pour l'gâteau
Qui était noir comm' du corbeau (53-1).

Et tous les cooks sont des damnés,
Ils font des beign's, on n'en mange pas (I-Q-8-2B).

La nourriture devint de plus en plus variée à mesure que les chantiers s'organisèrent. Déjà, à partir du premier quart du XXe siècle, les jobbers et les concernes possédaient tout l'attirail de cuisine nécessaire pour subvenir aux besoins d'un important groupe d'hommes et pour les nourrir convenablement :

> Les compagnies ne mesquinent plus sur la nourriture et les « cooks » ont tout à souhait ; aussi il faut voir quels menus variés ils peuvent imaginer !
> Le matin, du gruau (porridge), des céréales, du lait en conserve, des marmalades (jams), sans compter les traditionnelles « beans » ; à midi, en plus des soupes, du bœuf, des patates, des desserts variés : tartes, puddings, fruits en conserve ; le soir, repas aussi substantiel [...] et l'on comprendra les regrets des anciens qui recevaient huit piastres par mois et vivaient aux « beans », au lard et à la soupe aux pois[18].

Les conditions de travail avaient évolué à un point tel que les cuisiniers, maintenant assistés d'un marmiton ou *show boy*, faisaient porter la soupe sur les lieux de travail lorsque les hommes bûchaient à proximité du camp[19] :

> Le show boy, les larmes aux yeux [...] (24-36).

Cette situation contraste avec celle des premiers temps, alors que le bûcheron devait lui-même apporter son thé et ses ustensiles :

> Les repas étaient servis dans des plats de fer-blanc. Chaque homme fournissait son couteau. S'il était délicat, il ajoutait une fourchette qu'il avait emportée va sans dire, et s'il était buveur de thé, il devait également s'être pourvu de cuillère, de tasse et de thé[20].

---

[18] Pierre DUPIN, *Anciens Chantiers du Saint-Maurice*, p. 88-89.
[19] Pierre DUPIN, *Anciens Chantiers du Saint-Maurice*, p. 85.
[20] Édouard-Zotique MASSICOTTE, « la Vie des chantiers », dans *Mémoires et Comptes rendus de la Société royale du Canada*, Ottawa, 3e série, vol. 16, mai 1922, section 1, p. 21.

On découvre par ailleurs une allusion à cette ancienne coutume dans *le Drôle au chantier* :

> Arrivant en chantier,
> Ni chaussons, ni chaussettes,
> Ni couteaux, ni fourchettes,
> Ni cuillers, ni plats,
> C'est pas drôle de voir ça (51-4).

De même, il n'était pas question de pâtisseries raffinées :

> Et puis l'midi pas d'pâtiss'ries (44-1).

À cette époque, les bûcherons et draveurs apportaient à leur lieu de travail le repas du midi : « Ce repas se composait d'un morceau de pain et d'une tranche de lard, lequel était parfois si dur qu'il fallait le soumettre à la chaleur pour l'attendrir[21]. » Ce goûter, pris au grand air, n'était pas toujours des plus agréables, surtout lorsque les conditions de température empêchaient les hommes de se reposer près d'un feu allumé pour la circonstance :

> Mais quand ça vient l'temps de dîner,
> Mais notr' dîner fallait l'traîner.
> [...]
> Un petit feu on s'allumait,
> Juste à nous regarder, l'corps nous en craquait.
> La fac' plein d'glac', ça dégouttait
> Dans notre thé à plac' du lait (54-1).

Ce repas peu équilibré ne suffisait pas à combler l'estomac des travailleurs. Leur journée bien remplie, ils rentraient au camp affamés :

> Ici on part de grand matin
> Pour aller à l'ouvrage.
> On y revient que dans la nuit
> Avec une faim *enrageable* (75-12).

Les draveurs, étant donné la longueur de leur journée de travail, prenaient quatre repas par jour. Le petit déjeuner avait lieu avant le lever du jour et le dernier repas quand la noirceur arrêtait toutes les activités.

Si l'on en juge par les chansons, il semble que les forestiers trouvaient dans la qualité de la nourriture peu de compensations à leur dur labeur. Souvent les aliments étaient mal conservés et avaient un goût désagréable. Des dépôts de provisions ou « caches » de bois rond établis non loin des chantiers devaient faci-

---

[21] Édouard-Zotique MASSICOTTE, « la Vie des chantiers », dans *Mémoires et Comptes rendus de la Société royale du Canada*, Ottawa, 3e série, vol. 16, mai 1922, section 1, p. 22.

liter le ravitaillement et obvier aux inconvénients du portage à dos d'homme. Dans ces centres de distribution,

> on entassait la farine, le lard, le grain, qui devaient être consommés l'hiver suivant [...]
> Il ne suffisait pas cependant d'amasser des provisions dans les caches pour en avoir l'hiver suivant, il fallait encore des gardiens pour en prendre soin, pour les défendre contre les déprédations des fauves et des rongeurs [...]
> La conservation des barils de farine requérait des soins particuliers. Les gardiens des « caches » étaient obligés de manœuvrer les barils et de les rouler une fois ou deux par mois ; autrement, la farine s'agglutinait, fermentait et donnait un pain d'une qualité inférieure, quand il n'était pas immangeable.
> Quant au lard, il devait être conservé au frais. En construisant la cache, on avait soin de creuser une cave assez profonde où les *quarts* pussent être logés debout. Comme dernière précaution, et pour avoir un lard d'une qualité supérieure, les gardiens perçaient à la tarière un trou dans le bout du quart, et y versaient une saumure très forte et en assez grande quantité pour noyer le *yable* ; en renouvelant cette saumure de temps à autre, le lard conservait sa saveur, tandis que, faute de cette précaution, c'était le hideux lard jaune, terreur des chantiers[22].

Plusieurs extraits de différentes chansons font place à des critiques en ce qui a trait à la conservation des aliments :

> On avait mangé du pain assez sûr, ça pouvait pas faire autrement (26-1).

> Parlons d'la nourriture, de quoi c'qu'on a mangé,
> Dans un si long hiver que nous v'nons de passer :
> Un quart de bœuf salé-e, un petit seau d'saindoux
> Un' bonn' caiss' de lard-e qui n'avait pas bon goût.
> Et l'matin pour déjeuner, des maudit's beans brûlées,
> Le soir, mais pour souper, du lard ébouillanté
> Qu'est à moité pourri-e, rongé par les souris (63-1).

Il ne suffit cependant pas que les aliments soient bien conservés pour satisfaire les appétits, ils doivent aussi être apprêtés convenablement pour ne pas susciter la critique :

> Si vous voiriez les *frigousses* dont il nous fait des fois (31-1).

> Rien de plus pitoyable
> De voir ces malheureux,
> Un qui fait de la grillade
> Et l'autre des crêpes brûlées.
> Les autres plus misérables,
> Ils font que *ranvaler* (73-11).

---

[22] Pierre DUPIN, *Anciens Chantiers du Saint-Maurice*, p. 150-151.

Dans *le Cuisinier malpropre*, chanson conçue sur un ton ironique, le cook affirme naïvement qu'il prépare des plats peu appétissants :

> [...] J'ai des vrais bons garçons.
> Ils mang'nt du *pair'* de truie, ils dis'nt que c'est bien bon,
> Mais ils trouv'nt qu'ça *raboudine* quand ça bouill' dans l'chaudron (31-1).

En fait, le cuisinier avait une lourde responsabilité puisqu'il devait combler les appétits de tous ces travailleurs et cela sans relâche. Il devenait facilement le souffre-douleur de tout le monde. Son travail n'était jamais reconnu à sa juste valeur. D'aucuns croyaient même que son travail était de tout repos :

> Il y en a qui l'disent : — Le cook a-t-un' bonn' *job*-e.
> Peut-êtr' qu'il' ont raison [...] (37-1).

Les cuisiniers sont rarement bien vus dans les textes chantés. Ils apparaissent plutôt dans des chansons de mécontentement ou à tendance rabelaisienne dans lesquelles on prend plaisir à les taxer de malpropres :

> Il nous a monté un cook-e, un enfant de douze ans ;
> Il est salaud comm' toute, c'est un de ses enfants (31-1).

> Là, il prit son tablier
> Puis il commence à se moucher (53-1).

Un dernier sujet de critique résidait dans la quantité de la nourriture. Les réserves s'épuisaient rapidement et quelquefois, à la fin de l'hiver, les hommes ne mangeaient plus à leur faim :

> Quand ça vient le printemps
> [...]
> On est fatigué du pain.
> Pour du lard on en a point (20-3).

Ceux qui enduraient ces privations jusqu'à la fin attendaient impatiemment le printemps et c'est avec une joie d'autant plus grande qu'ils prenaient congé :

> Nous te quittons sans peine.
> [...]
> Encore une autre quinzaine,
> On serait morts de faim (73-11).

Les moins endurants, ne pouvant plus supporter les déficences de leur alimentation, songeaient à un retour prématuré :

On est pas trop bien nourri.
Le matin, les beans pas cuites.
[...]
Et avec tout's ces bell's rations,
Un beau matin mais nous *jump'rons* (44-1).

En fait, l'alimentation dans les chantiers se résume bien en ces termes de la chanson du *Chrétien qui se détermine à voyager — le Bûcheron* :

Une grossière nourriture (5-9B).

Même si elle était bien apprêtée et distribuée en quantité suffisante, cette nourriture surtout composée de féculents avait des effets secondaires qui se faisaient ressentir en malaises physiques et en flatulence :

On se sentait le ventr' gonflé.
Temps en temps une échappée
Pas trop bonne à respirer,
Surtout le soir quand on s'couchait,
Dans tous les coins ça bombardait (54-1).

Quand c'est venu pour s'coucher [...]
On a commencé à entendr' des bruits sourds semblables à des coups de canon (26-1).

Lors du retour à la maison, les exigences alimentaires et les abus devenaient fréquents :

Mais quand nous fûmes à table nous pouvions plus manger
Sans avoir de la bonne poule et du bon pâté (68-2).

Les nombreux extraits de chansons cités nous révèlent donc que la nourriture est un sujet de mécontentement plutôt unanime. Les causes en sont multiples : manque de variété dans les mets, mauvaise conservation des aliments, absence de dons culinaires chez les cuisiniers et, pour finir, rationnements de fin de saison. Malgré les nombreuses exagérations qui prennent place dans les textes, du genre :

Des branch's d'épinett' dans nos assiettes,
Des branch's de sapin mêlées dans l'pain (54-1),

un fond de vérité réside dans l'unanimité des témoignages qui démontre que l'alimentation contribue à augmenter les misères des hommes de chantiers. Les chansons nous semblent quand même un peu injustes à l'égard des cuisiniers qui exerçaient une tâche très lourde de responsabilités. Aucune d'entre elles, de facture populaire, n'admet un bon côté à ce travailleur. Avec ces extraits de chansons populaires, nous sommes loin de la description alléchante d'un repas dans les chantiers rapportée dans *Forestiers et Voyageurs*. À moins que Taché n'exagère un peu dans cette conversation entre le père Michel et François, le cuisinier :

> Je m'aperçois que tu t'es mis à faire quelque chose d'extra pour le souper. On ne manquera pas de *catalognes* (crêpes au lard) ce soir. M'est avis que ton civet ne sera pas trop chétif : du lièvre, de la perdrix et du lard bien mitonnés ensemble, ça n'est pas à jeter aux chiens ; mais il faudrait avec cela quelque chose de fine bouche, pour servir comme qui dirait de dessert. Tiens, ajouta le vieux, en décochant de mon côté un coup d'œil narquois, je vais faire un *rat musqué*[23].

LE TRAVAIL ET LA VIE COMMUNAUTAIRE

À la lumière de nos textes de chansons, il est possible de reconstituer les principales tâches auxquelles les forestiers s'employaient. Nous verrons ainsi les relations qui se créaient entre les différents groupes de travailleurs et avec les patrons ou autres personnes exerçant une fonction particulière, en somme parmi tous ces gens forcés de mener une vie communautaire pendant une période assez longue.

Parmi les employés, bon nombre s'engageaient pour faire la coupe du bois. Plus d'une dizaine de chansons du répertoire mentionnent le métier de bûcheron. La tâche y est souvent bien spécifiée :

> Je sais pas quand je partirai
> Pour aller bûcher du bois
> Mais au mill' pieds (44-1).

> Mais tout de suite nous sommes engagés,
> [...]
> Pour le chantier où nous devions bûcher (25-2).

> Les voyageurs sont arrivés,
> Dans les chantiers s'en sont allés
> Pour y couper du bois carré (I-Q-8-3).

L'*exploreur* ayant choisi au préalable le site d'établissement du camp, à proximité des zones d'abattage du bois, le *plaqueur* (souvent le même homme) déterminait ensuite les chemins qui devaient être ouverts pour le transport du bois coupé. Le travail des bûcherons consistait alors à abattre les arbres marqués d'un coup de hache par le plaqueur et dégager ainsi le tracé de la route avant de pénétrer dans la forêt.

Mais avant d'entreprendre la coupe du bois, le bûcheron ou *bûcheux* mettait en état d'utilisation son instrument de travail. Les haches, têtes et manches dissociés, étaient déposées dans une petite voiture nommée waguine :

---

[23] Joseph-Charles TACHÉ, *Forestiers et Voyageurs*, p. 50.

Thomas Corbett, notre boss, rouvre la waguine
Et il nous donne des haches à *amancher* (25-2).

À l'occasion, l'engagé fabriquait lui-même les manches de hache, comme on le voit dans *les Raftsmen* :

Des manches de hache ont fabriqués,
Ils ont joué de la cognée (I-Q-8-9A).

Il semble bien, d'après les chansons, que les outils de travail étaient à la charge de la compagnie (la concerne) ou du jobber (entrepreneur) qui organisait le chantier :

Z-il nous donne une p'tite hache,
C'est pour *swinger* du manche de hache (32-1).

Arrivés sur les lieux de travail de bon matin, les bûcherons, par équipe de deux, s'attaquaient à l'arbre qu'ils devaient couper, forcément d'une des essences dont la compagnie avait besoin. Très tôt, le bois utilisé pour la pâte à papier devint des plus populaires :

Je me suis-t-engagé pour bûcher du *pulp* (27-1).

Jusqu'à la tombée du jour, ils répétaient les mêmes gestes machinaux et éreintants :

Armé d'une pesante hache,
Il donne des coups bien vigoureux,
Il bûche, il frappe sans relâche (5-9A).

Les bûcherons devaient être vaillants et efficaces, car ils avaient une position et une réputation à défendre. Bien que les salaires n'aient pas été exorbitants, ils dépendaient du travail accompli :

Occupés à une longue journée
Pour de bien petites gages (75-12).

Les meilleurs travailleurs se distinguaient toujours dans un groupe et les compagnies se disputaient leurs services[24] :

Mes bons amis, c'est à bûcher
Que tout le monde s'accorde,
[...]
Philippe et puis Tit-Douard sont par en arrière,
Ils rongent le bois, c'est comm' des vers-e (33-1).

---

[24] Pierre DUPIN, *Anciens Chantiers du Saint-Maurice*, p. 13.

64   L'efficacité ne se voulait pas la seule exigence des patrons, le travail devait être fait proprement et consciencieusement. D'un chantier à l'autre, les comparaisons devenaient inévitables :

> Ils ont bien des beaux chemins
> Mais l'bois est mal bûché.
> C'est Tit-Pierr' puis Sardine
> [...]
> Mais travaill'nt *cochonn'ment* (28-1).

Une fois l'arbre abattu et couché sur le sol, les bûcherons procédaient à l'ébranchage :

> Couper cent trent' billots par jour et les ébrancher (26-1).

Ensuite, placés de chaque côté du tronc, ils le coupaient en billes de longueur réglementaire au moyen d'un godendart, « grosse scie munie d'un manche court et droit à chaque bout, qui se manie à deux, et dont on se sert pour débiter les troncs d'arbres en billes[25] », ou d'un *buck saw*, « scie à guidon métallique recourbée employée pour la coupe des billes[26] » :

> Quand on voit les épinettes,
> Les haches, aussi le buck saw (21-2).

La manipulation continuelle de la hache, pesant environ quatre livres[27], et de la scie n'était pas sans laisser de traces sur le corps des bûcherons et souvent les habitués autant que les novices du métier

> [...] reviennent des chantiers,
> Les mains enflées d'avoir bûché (I-Q-8-13).

Le travail du bûcheron n'est donc pas très complexe au niveau de l'exécution, mais il réclame des qualités exceptionnelles de force et d'endurance. Si les chansons nous ont donné jusqu'à maintenant toutes les indications nécessaires pour comprendre la nature du travail, l'une d'elles nous laisse entrevoir le caractère des travailleurs. Les compositions d'auteurs lettrés tendent généralement à embellir la réalité, mais il faut bien admettre que le portrait du *Bûcheron du Canada* est assez fidèle :

---

[25] LA SOCIÉTÉ DU PARLER FRANÇAIS AU CANADA, *Glossaire du parler français au Canada*, p. 371.
[26] Bertrand B. LEBLANC, *Moi, Ovide Leblanc, j'ai pour mon dire*, p. 235.
[27] Pierre DUPIN, *Anciens Chantiers du Saint-Maurice*, p. 79.

Ah oui ! il est vraiment capable,
Ce Canadien, le bûcheron.
Ah oui ! il est infatigable,
Bon travailleur et gai luron.
[...]
Il faut avoir du courage
Et ce gars-là n'en manqu' pas (21-2).

Le bois abattu et coupé en billes était ensuite livré aux mains des *claireurs*. Ces derniers avaient pour tâche de préparer et d'entretenir les chemins utilisés pour le transport du bois, puis de ramasser les billes qui gisaient ici et là, et de les conduire au grand chemin. Le défrichage des chemins qui menaient dans les *bunchs* (16-2) ne représentait pas une tâche de tout repos, car les claireurs devaient déraciner les souches et nettoyer le terrain de tout ce qui pouvait nuire au passage des chevaux :

Pourvu que j'coupe pas trop d'grand chemin,
Car c'est une job peu dédaigneuse
De déraciner les sapins.
On sort le matin, notre hache fraîche affilée,
On *s'plante,* on *s'garroche* ;
Si on a l'malheur de frapper un' roche,
On *est sacré* pour la journée (62-17).

Les *charretiers* ou *skideurs* prenaient ensuite le bois éparpillé le long du grand chemin et le transportaient jusqu'à la *jetée* ou la *roule*, c'est-à-dire « l'amas de billots qu'on a glanés un peu partout dans les bois et qu'on a amenés au carrefour de tous les chemins qui sillonnent la forêt[28] ». La jetée se situait bien entendu à proximité d'une rivière ou d'un cours d'eau, en vue de la *drave* qui s'effectuerait à la fonte des glaces.

Les charretiers disposaient de chevaux et de traîneaux pour le *skidage* ou halage des billots sur les chemins enneigés ou glacés :

Quand ils part'nt pour le chantier, il' ont tous des grands *sleighs* (40-1).

Bientôt hélas ! finira le skidage (25-1).

Leur journée de travail était encore plus longue que celle des autres engagés. Levés avant le jour, ils devaient soigner les chevaux, les étriller et préparer les équipements. Soulignons ici que *le Chantier de la Nouvelle-Écosse* nous révèle la négligence et le mauvais traitement dont étaient victimes certains chevaux malgré le travail énorme qu'ils accomplissaient :

---

[28] Pierre DUPIN, *Anciens Chantiers du Saint-Maurice,* p. 83.

Allez donc voir dans l'écurie, c'est un' vraie pitié de voir c'la !
Des bouts de broche, des *wires*, des bouts de cord' pour fair' les att'lages.
À moins d'un bon fouet de broche on fera pas un gros halage (26-1).

Leur alimentation, comme celle des hommes, laissait parfois à désirer ; derrière l'exagération du passage suivant, point la vérité :

Il a des *jouaux* gros comm' le poing
Qui mang'nt ni 'voin' ni foin.
On les soigne avec des quarts
Qu'on voit les cercles, mais par en dehors (52-1).

Le travail des charretiers était complété par les *rouleurs*, une fois les billes rendues à destination. Ces derniers empilaient les billes sur la jetée ou la roule :

Oh ! parlons des rouleurs,
Ma foi, c'est-tu d'valeur
De les voir à rouler
Toute un' demi-journée.
Quand ils veul'nt se r'dresser,
Ils sont à leur crier :
— Ta j'tée est pas finie,
Il s'en va bientôt midi (70-1) !

Les billots étaient montés les uns sur les autres grâce au *cant-hook*, qui servait de levier : « The cant-hook was four and half feet long, terminating in a blunt « dog » with corrugations that bit into a log[29]. » Une mention de cet instrument couramment utilisé chez nous apparaît dans *le Chantier aux États-Unis* :

Il nous faudra remuer le cant-hook-e,
Lever bien fort sur ces pesants billots (25-1).

Un autre instrument était aussi en usage et servait surtout à rouler les grosses pièces de bois ; il s'agit du *peavy* ou franc-renard, mentionné dans *la Drave des Richard* :

Voilà la *driv'* qui est finie,
Faut ramasser tous nos peavy (72-1).

Le bois ainsi empilé, le *culler* ou *colleur*, c'est-à-dire le mesureur, faisait son apparition :

---

[29] John W. HUGHSON et Courtney C. J. BOND, *Hurling Down the Pine*, p. 65. (Le levier à crochet, d'une longueur de quatre pieds et demi, était terminé par un crochet flexible, épointé, qui mordait dans la bille de bois.)

Parlons donc des colleurs
Ils sont pas d'bonne humeur !
Le bois est mal *pilé*
Ils l'ont jusque *striqué* (28-1).

Le culler devait se montrer exigeant et honnête, car c'est lui qui faisait respecter les normes du gouvernement qui concédait le territoire. Il rejetait donc les billes qui n'étaient pas conformes, en dimension et en qualité, aux normes exigées :

Mais quand vient le temps du *collage*,
Là, ils nous en coup'nt vingt-quatr' pour cent.
J'ai jamais vu tant d'gaspillage.
J'crois qu'c'est la ruin' du vieux sapin (35-1).

Toutes ces opérations terminées, la descente des billots au printemps nécessitait la venue d'autres travailleurs, en groupes plus ou moins nombreux :

Un' gang de soixante hommes (70-1).

Jeunes et plus âgés pratiquaient cette activité du flottage :

Nous étions arrivés à l'époque du flottage,
Père et fils s'engagèrent à ce dur labeur (81-1).

La drave fait l'objet de plus d'une quinzaine de chansons de notre répertoire ; elle s'effectuait sur tous les grands cours d'eau de la province de Québec et les techniques variaient d'une région à l'autre. Considérons d'abord les cages de bois carré qui descendirent la rivière des Outaouais et le Saint-Laurent et cela pendant plus d'un siècle :

[...] sur la rivière Ottawa,
Sur une cage de bois carré en partance pour Québec (68-8).

Ces cages pour le flottage des billots ne furent pas exclusives à l'Outaouais, mais c'est dans cette région qu'elles furent le plus populaires et celles qu'on y fabriqua atteignirent des dimensions imposantes. Philémon Wright fut le premier à développer cette technique dans la région dès 1806. Toutefois, l'usage en était déjà connu dans le pays puisque, selon un chroniqueur du journal *le Droit*, « le premier train de bois fut constitué en 1724 par le Sieur Lepage de Sainte-Claire, seigneur de l'Île Jésus. Il descendit le fleuve de Terrebonne à Québec[30]. »

Cela n'enlève rien à l'essor que Wright a su insuffler à l'exploitation forestière dans sa région lors du blocus continental sous Napoléon. Contrairement à ce que l'on a longtemps cru, les premières cages qu'il construisit étaient de bois rond et non carré. Dans un ouvrage consacré à l'histoire des grandes familles qui

---

[30] Normand LAFLEUR, *la Vie traditionnelle du coureur de bois aux XIXe et XXe siècles*, p. 227.

ont contribué au développement de l'Outaouais, John W. Hughson et Courtney C. J. Bond, tout en signalant une erreur qui s'est glissée dans un dessin de C. W. Jefferys, précisent indirectement que la première cage que Wright conduisit à Québec était faite de bois rond : « The colourful depiction of this raft by the noted historical artist C. W. Jefferys in *The Picture Gallery of Canadian History* is incorrect. It shows a raft of a later type (*squared timber*), with eleven men beside Wright[31]. » Les cages de bois carré ne tardèrent toutefois pas à faire leur apparition, étant beaucoup plus commodes :

> Squared timber was a more economical mode of shipment overseas than in the form of logs ; it fitted well in the specially-built timber ships, with their doors in the bow like later tank-landing craft ; there was little waste of space[32].

Les cageux (terme qui désigne le fabricant de cage ou la cage elle-même) disposaient le bois carré d'une manière bien spéciale avant de le transporter par voie d'eau :

> C'est le printemps, il a fallu faire la drave,
> Le bois carré, il a fallu l'*encager* (76-9).

> Au Canada, là nous irons
> Su' l'bois carré, on descendra (I–Q–8–15).

Le bois était d'abord *pleumé* ou écorcé :

> Nous sommes une gang de gens du Canada
> [....]
> Montant pleumer de l'écorce,
> Au nombre de cinquante-deux (73-11).

Il était ensuite *piqué* ou *gobé* avant l'équarrissage :

> Avant d'équarrir un billot, il fallait d'abord le « gober » ou le « piquer », c'est-à-dire « en enlever deux ou trois pouces d'épais » à l'aide d'une herminette [...] Debout sur le billot, le vrai bon piqueur en enlevait un quart de pouce ou un demi-pouce [...] Il devait être assez habile pour devancer continuellement l'équarrisseur sinon « ça pouva' devenir dangereux ». On équarrissait les billots sur 2 ou 4 faces[33].

---

[31] *Hurling Down the Pine,* p. 6. (La représentation colorée de cette cage par le peintre C. W. Jefferys, renommé pour ses sujets d'histoire, dans *The Picture Gallery of Canadian History* [...], montre une cage d'un type plus récent (bois carré), avec onze hommes aux côtés de Wright.)

[32] John W. HUGHSON et Courtney C. J. BOND, *Hurling Down the Pine*, p. 8. (Le bois carré était, pour l'expédition outre-mer, plus économique que sous forme de billes ; il convenait bien aux bateaux spécialement construits pour le transport du bois, avec leurs portes à l'avant, comme ceux qui servirent plus tard au débarquement des chars d'assaut ; la perte d'espace était minime.)

[33] Normand LAFLEUR, *la Vie traditionnelle du coureur de bois aux XIXe et XXe siècles*, p. 210.

Il existait deux sortes de radeaux pouvant constituer une cage : les *cribes* et les *drames*. Les premiers, plus petits et moins solides, étaient faits pour les descentes comparativement moins rudes et moins périlleuses ; les drames, pour les circonstances plus difficiles. Malgré leurs dimensions et leur solidité différentes, la fabrication et la disposition des matériaux étaient identiques. Taché explique clairement la manière de confectionner cribes et drames :

> Les pièces de bois sont amenées, à flot, les unes près des autres, à se presser du mieux possible ; puis de chaque côté de cet assemblage de *plançons* on ajoute deux pièces de bois rond, qu'on nomme *flottes*, lesquelles sont liées ensemble par d'autres pièces de bois de rebut équarries sur deux faces, qu'on appelle *traverses*, au moyen de grosses chevilles qui les transpercent. Sur ces traverses on dispose un second rang de plançons dont le nombre varie ; ces pièces du second rang se maintiennent en place par leur propre poids ; quelquefois on arrête celles des bords par des harts. S'agit-il de la confection d'une *drame*, on ajoute à ces moyens de liaison des pièces de bois rond placées comme les traverses, qui prennent le nom de *bandages*, auxquelles on attache chaque plançon un par un ou deux par deux, selon leur grosseur, avec d'énormes harts à lien, qu'on noue par un procédé fort ingénieux qu'il serait difficile de faire comprendre à la simple lecture. Les drames portent, en outre, une beaucoup plus grosse charge de plançons de second rang que les *cribes*[34].

Les cribes et les drames étaient réunis ensemble par de longs bâtons et de fortes chaînes, les cages pouvant ainsi être démontées selon les difficultés à franchir. Les premiers cribes étaient complètement défaits à la tête des chutes et des rapides et les plançons franchissaient les obstacles en liberté : on évitait ainsi le bris du bois. Un peu plus tard, la construction de *glissoires* ou *slides* permit de traverser sans problèmes les obstacles de ce genre. Quant aux drames, elles

> n'ont point à passer de glissoires ; mais quelquefois elles peuvent avoir à passer par les canaux du Saint-Laurent, d'autres même par le canal Welland ; elles ont alors les dimensions réglées par les nécessités de la route qu'elles suivent. Les grandes drames ont quelquefois cent et quelques pieds de long sur quarante et quelques pieds de large[35].

Même avant l'évolution technique qui a conduit au transport motorisé, les difficultés s'éliminèrent graduellement et les « hommes de cages », jouissant alors d'une plus grande sécurité, établirent leur demeure sur leur radeau pour la durée du voyage. Nous assistons à l'une de ces descentes dans *Refrains de cage*, composition canadienne d'auteur lettré :

---

[34] *Forestiers et Voyageurs*, p. 208.
[35] Joseph-Charles Taché, *Forestiers et Voyageurs*, p. 209.

Ramons à tour de bras,
En avant la cage.
[...]
Le vent couvre de rides
Le fleuve où nous glissons.
Nous sautons les rapides,
Liés sur nos plançons[36].

Les cageux ou raftsmen dirigeaient leur gigantesque embarcation au moyen de longues rames. Malgré le plaisir et la satisfaction que procure la descente à certains moments :

Notre cage de chêne
Ondule sur les flots,
L'Outaouais nous entraîne
Comme un léger canot[37],

les hommes étaient toujours à la merci des conditions atmosphériques, comme en témoigne cet autre extrait :

Tu sais bien que sur ces cages
On est tous sujets aux combats,
Car c'est un air de vent qui passe
Qui nous pousse dans l'embarras,
Oui, qui nous plonge dans la misère.
C'est la vie de nous, voyageurs (9-5).

Vu les risques que présentait ce métier, certains voyageurs refusaient de le pratiquer, trouvant que le salaire n'était pas une compensation suffisante :

Si nous avions en gages, comm' nous les espérions,
Descendez sur les cages comm' des vaillants garçons (10-1).

Ceux qui l'exerçaient jouissaient cependant d'une consolante réputation d'hommes forts et résistants. Il ne faut donc pas s'étonner de voir, dans une version du *Retour des bois carrés*, un personnage aussi légendaire que Jos Montferrant à la direction de l'équipage :

Sur une cage de bois carré en partance pour Québec,
Dont Jos Montferrant donnait le commandement (68-8).

---

[36] Version tirée de la coll. François Brassard, ms. n° 167. Chanté par Urbain Petit (71 ans), 5 août 1943, Strickland, Ontario, 4 c. (*Refrains de cage*).
[37] Version tirée de la coll. François Brassard, ms. n° 167. Chanté par Urbain Petit (71 ans), 5 août 1943, Strickland, Ontario, 4 c. (*Refrains de cage*).

Les cages constituent donc une technique particulière de flottage du bois, développée surtout dans l'Outaouais. Le Saint-Maurice vécut également au XIXᵉ siècle des descentes de cribes, mais il semble que cette technique, peu répandue dans la région, ait été utilisée uniquement par quelques propriétaires de moulins à scier qui ne voulaient pas mêler leur bois avec celui des compagnies[38]. Cependant, le Saint-Maurice, comme la plupart des autres grands cours d'eau du Québec, connut surtout la drave au moyen de techniques différentes. Les draveurs, on le verra, se distinguent des cageux et raftsmen et les chansons qui parlent d'eux sont nombreuses. Elles nous apprennent les différentes étapes de l'accomplissement de leur travail et nous donnent une idée de son déroulement et de son évolution.

Après que les rouleurs avaient empilé le bois près des cours d'eau, à la décharge des lacs, juste avant la fonte des glaces, les hommes glissaient le bois sur le cours d'eau et

> creusaient un canal sur les *creeks*. Ils enlevaient la neige sur une largeur « de deux pelletées » et, au bout d'une couple de jours, le soleil le ragrandissait du double et les bords faisaient un épaulement qui gardait le bois[39].

Ou encore « un bôme tendu les retenait [billots] prisonniers quand la glace s'enfonçait[40] ». Puis, la quantité d'eau amassée par le canal ou l'écluse construit pour élever le niveau des eaux au moment du flottage favorisait la descente du bois de lac en ruisseau et rivière jusqu'à la voie d'eau principale. Les draveurs échelonnés le long des cours d'eau suivaient le trajet du bois :

> Il plac' son mond' tout l'long d'la rivière (72-1),

et ils devaient empêcher la formation d'embâcles et rétablir la circulation lorsqu'il s'en produisait :

> Préparez vos bras, les braves,
> Votre pic et sur les *jams* (71-1).

L'un des outils utilisés pour ce travail était le pic, ou gaffe, qui permettait de déplacer les billes qui retenaient les autres. Lorsqu'il s'avérait trop dangereux pour un draveur de s'aventurer sur la jam, le crochet pour embâcle, ou *jamdog,* servait à dégager l'embâcle à distance :

---

[38] Normand LAFLEUR, « la Drave en Mauricie. Des origines à nos jours. Histoire et traditions », thèse, université Laval, Québec, 1967, f. 75.

[39] Normand LAFLEUR, *la Vie traditionnelle du coureur de bois aux XIXᵉ et XXᵉ siècles,* p. 222.

[40] Normand LAFLEUR, « la Drave en Mauricie. Des origines à nos jours. Histoire et traditions », thèse, université Laval, Québec, 1967, f. 70.

Le crochet pour embâcle a sept pouces de longueur et sa lame est légèrement courbée. La queue et le dos sont munis de deux anneaux servant à attacher les câbles. Ce crochet est lancé sur les embâcles et les hommes, postés sur la grève, halent les câbles[41].

Plus tard, la dynamite apparut pour contrecarrer ces difficultés. Toutefois, elle avait le désavantage de briser le bois.

De plus, les draveurs, de leurs embarcations, dirigeaient le bois sur l'eau jusqu'à destination :

> Sur la drave, il va falloir descendre,
> Marcher dans l'eau, ramer bien fort (5-16).

> Prenons la Gatineau, dravons-la jusqu'en bas ;
> Et nos barges sur l'eau vont mieux qu'un rabaska (73-20).

Ce second extrait de chanson souligne l'évolution des embarcations destinées au travail des draveurs. Au début, les rabaskas, canots d'écorce très longs et d'une grande capacité, servaient au transport des marchandises et à l'acheminement du bois flottant sur l'eau. Leur fragilité entraînait cependant de fréquentes voies d'eau. Lorsque l'exploitation forestière prit de l'ampleur, ils furent supplantés par les barges de drave, aussi nommées « barges d'Ottawa », le modèle ayant été conçu et développé sur la rivière des Outaouais : « Longues de quelque 20 pieds, l'avant et l'arrière fortement relevés, ces embarcations à fond plat et étroit sont d'une souplesse étonnante. Elles sont montées par 5 ou 6 hommes[42]. » Certains endroits étant inaccessibles aux barges, il fallait donc remédier à la situation en utilisant un cageu ou *chienne* : « C'éta deux billots attachés ensemble. On cloua des travers là-dessus avec du clou. Quand on n'ava pas de clou, on attacha ça avec de la broche[43]. » Quoi qu'il en soit, un groupe d'hommes longeaient toujours la grève pour rejeter à l'eau le bois qui s'y logeait et dégager les anses dans lesquelles il avait tendance à s'accumuler. Cette opération portait le nom de *glène*, *glane* ou *sweep* :

> En descendant avec la glène (71-1).

---

[41] Normand LAFLEUR, « la Drave en Mauricie. Des origines à nos jours. Histoire et traditions », thèse, université Laval, Québec, 1967, f. 99-100.

[42] Normand LAFLEUR, « la Drave en Mauricie. Des origines à nos jours. Histoire et traditions », thèse, université Laval, Québec, 1967, f. 90.

[43] Normand LAFLEUR, « la Drave en Mauricie. Des origines à nos jours. Histoire et traditions », thèse, université Laval, Québec, 1967, f. 92.

Les *glaneurs* se mouillaient quelquefois jusqu'à la ceinture ; de toute façon, ce travail les faisait transpirer suffisamment, beau temps, mauvais temps, pour qu'ils se sentent mal à l'aise dans leurs vêtements :

> Oh ! parlons des draveurs.
> Ma foi, ça saign' le cœur
> De les voir à draver,
> Leur chemis' tout' mouillée,
> Tout' mouillée par la sueur.
> [...]
> C'est un' triste besogne
> Pour ces pauvres jeunes hommes (70-1).

La mise en place d'estacades allégea sensiblement leur tâche. Elles consistaient en une sorte de haie flottante, faite de grosses pièces de bois réunies par des chaînes et qui servait à retenir les billots sur les cours d'eau et à les empêcher de s'accumuler dans les anses.

Le flottage du bois s'améliora également avec l'apparition du *handwork* ou *headwork* (cabestan à bras) qui marque une autre étape de l'évolution. Un extrait des *Draveurs de la Gatineau* nous décrit ainsi cet engin :

> C'est la gang à Deschênes [...]
> Ils rouleront sans cesse sur un beau handwork ;
> Feront craquer leurs barres sur ce pesant rouleau,
> Raidiront leurs amarres presqu'au-dessus de l'eau (73-22).

Employé sur la Gatineau, cet appareil était l'équivalent du « taureau » utilisé en Mauricie :

> Le taureau (ou handwork) était un radeau sur lequel on installait un cabestan à mani-velle, manœuvré par 2, 3 ou 4 hommes selon les exigences. Mais ce radeau n'allait pas sans son frère jumeau qui, lui, portait une « picasse » (ancre) qu'on allait jeter 50 ou 60 pieds plus loin en avant. Pendant que les hommes du second radeau s'affairaient à jeter la « picasse » à l'eau, ceux du taureau se reposaient. Une fois l'ancre prise au fond de l'eau, on travaillait à faire avancer la *raft* de billots[44].

Toutes les modifications et améliorations apportées au flottage du bois sur les rivières ne réussirent cependant pas à annihiler les risques que comportait ce métier. À maintes reprises les chansons y font allusion :

> Dans le printemps a fallu fair' la drave,
> Risquer sa vie de mille dangers (76-61).

---

44 Normand LAFLEUR, « la Drave en Mauricie. Des origines à nos jours. Histoire et traditions », thèse, université Laval, Québec, 1967, f. 95-96.

Mais, en retour, la drave semblait procurer beaucoup de satisfactions aux hommes qui l'exerçaient, du moins si on se fie au témoignage qui suit :

> C'est un' dur' vie que c'tte jolie bell' drave (70-1).

Dans ce tableau que nous venons de brosser, nous avons vu en quoi consistaient les tâches de la plupart des employés de l'exploitation forestière. D'autres hommes, en plus petit nombre, exerçaient des fonctions de dirigeants. Les chansons nous révèlent, ici et là, la nature de leur travail, leur caractère et les relations qui existaient entre eux et les employés.

Les terres de la couronne étaient concédées à des compagnies qui s'occupaient elles-mêmes d'y faire chantier ou qui accordaient des sous-contrats aux jobbers. Les représentants de la compagnie sur les chantiers portaient le titre de boss ou bourgeois. À en juger par nos chansons, ils n'étaient pas très appréciés de la masse des travailleurs. Leur présence occasionnelle sur les lieux du chantier suscitait des commentaires ; en général, on identifiait facilement les défauts de chacun, sachant quand même en reconnaître les qualités :

> Les boss, ça c'est des gens à la mode,
> Surtout Trèflé et Jos Mercier,
> Mais quand il y'a du désordre,
> C'est d'la faute à Sunday.
> Ils-e savent fair' des farces
> Mais ils savent aussi *piner* (71-1).

Cette autre description d'un patron est encore moins flatteuse :

> Ah ! notr' bourgeois, c'est un grand homme,
> J'ai bien honte de vous l'nommer.
> C'est un homme de six pieds
> Qui n'est bon rien qu'à manger ;
> Quand il revient du chantier,
> Il mèn' le diabl' tout att'lé (52-1).

Et encore, *le Boss aux billets blancs* nous présente un patron plutôt malhonnête qui dupe ses hommes en les payant au moyen de billets remboursables quand bon lui semblera. Il ne s'entend ni avec le foreman, à qui il refuse le matériel nécessaire au travail, ni avec le cuisinier qu'il va jusqu'à menacer :

> Quand le boss-e monte en haut,
> Un' façon rien de plus beau.
> Le foreman lui demand' des haches,
> Il lui a fait la grimace ;
> [...]
> Le cook a voulu parler
> À propos du manger.
> Il lui dit : — Mon petit noir,

> Mêle-toi de tes affaires.
> Je t'y casserai la face,
> Des cooks comme toi j'en ai domptés !
> Quand ça vient, mais au printemps,
> Il nous fit des billets blancs,
> Billets blancs, barbouillés noir,
> Pour payer dans l'autre hiver (22-2A).

Si la compagnie préférait confier l'exploitation à des contracteurs ou jobbers, ceux-ci étaient entièrement responsables de leur chantier et devaient posséder chevaux, équipements, outils. Ils devaient loger et nourrir les hommes. La faillite de leur chantier signifiait leur propre faillite ; ils devaient donc s'occuper de leurs affaires d'une façon rigoureuse. Une chanson fait la distinction entre le petit et le gros jobber et souligne les traits de caractère propres à chacun :

> Parlons donc du gros jobber,
> Il a l'air d'un vieux chômeur.
> Je vous dis, mais ça l'tracasse
> Quand il vient pour sortir ses piastres ;
> Il tient son p'tit coffr' barré,
> Il a peur d's'en faire voler.
> Parlons donc du p'tit jobber,
> Il a l'air un peu meilleur.
> Sa *tall'* de branches est moins forte
> Puis i'a l'air un peu moins croche ;
> Mais quand il lui jump un gars,
> Le gros vient *en* beau *verrat* (44-1).

Selon les exigences des patrons, les conditions de travail sont plus pénibles dans certains camps que dans d'autres :

> J'vais vous parler d'nos p'tits jobbers.
> Ils sont parfois trop lamentables,
> Ils nous font l'ver presqu'à deux heures (33-1).

Ainsi, il arrivait assez fréquemment que les hommes changent de chantier, ou qu'ils désertent tout simplement :

> J'ai fait trois mois, puis j'ai jumpé (23-1).

> Maintenant me voilà décidé de jumper (27-2).

Les jobbers étaient reconnus pour être près de leurs sous et *ramasseux*. On comprend cette attitude, car l'organisation d'un camp coûtait cher et ils devaient souvent s'endetter en attendant que la compagnie règle ses comptes à la fin de l'exploitation :

Les jobbers d'l'anse aux Foins, ce sont tous des gens fins.
Les jeun's comm' les vieux sont tous ramasseux (40-1).

Une autre chanson porte un jugement de valeur sur les contracteurs, probablement en comparaison avec les concernes qui faisaient peut-être la vie un peu moins difficile aux travailleurs :

Vous autr's qui êt's jeun's voyageurs,
Exemptez-vous d'ces contracteurs (18-4).

Somme toute, peu de chansons parlent des patrons et les foremen y sont mieux représentés. Les patrons avaient avantage à trouver de bons contremaîtres, car ceux-ci étaient beaucoup plus près des travailleurs. Même s'il relève lui-même de son patron, le foreman a de fait un pouvoir de décision. Au temps de la drave, il donne le signal du lever et organise le travail :

Aussitôt le foreman crie :
— Sur le *loose* faut embarquer (36-1).

Il plac' son mond' tout l'long d'la rivière (72-1).

Il paraît exigeant envers ses hommes et sait parfois se montrer très dur :

Là, le foreman qu'était un gros *boulé*
Il a failli de m'estropier
Parce que j'savais pas travailler.
Il dit : — Pouss'-toi j'vas t'étriper.
Puis comme i'était bien plus gros qu'moi
J'suis pas resté à l'obstiner (I-Q-10-2).

En fait, le bon foreman devait être exigeant mais juste et pondéré pour mériter le respect de ses hommes. Cette attitude était cependant difficile à maintenir et des écarts trop fréquents dans son comportement pouvaient le faire détester et contribuer au départ de bons travailleurs :

Le foreman dit que l'ouvrage s'ra fait' par d'autres,
Là, on se forme des idées, là, on pense à jumper (62-17).

Certains pourtant sauront se gagner une confiance presque aveugle des leurs, ou beaucoup d'admiration en reconnaissance de leurs qualités de meneurs d'hommes :

Le foreman qui nous *runne*, c'est un brave gaillard ;
Jamais il se démène, jamais il nous parle fort (73-11).

> Un bon foreman ce fut James-e,
> Dans un boat il n'est pas peureux ;
> En arrièr' de sa petite Ulipse,
> C'est un homme quelquefois nerveux (71-1).

Malheur à celui qui n'inspire pas le respect, car il peut devenir le sujet de moqueries chez ses employés :

> Parlons donc de notr' foreman,
> C'est un moyen *gibier d'savane*.
> I'a tout l'temps les ch'veux dans face
> Et puis la fac' tout en grimaces.
> Quand il vient nous montrer du bois,
> Il march' vit' comme un *verrat* (44-1).

Certains iront même jusqu'à refuser de travailler pour un homme qu'ils n'estiment pas :

> Z-il essaya d'nous m'ner-e, mais il s'est bien trouvé trompé.
> Trouvé aussi bon homm' que lui-e qui pouvait l'*accoter* (63-1) !

On comprend donc le rôle et l'importance du contremaître qui se devait d'être l'homme le plus complet et polyvalent comme travailleur et le plus exigeant et juste des patrons pour maintenir des relations de travail intéressantes et agréables parmi les hommes avec qui il menait une vie commune.

Aux mésententes entre foreman et travailleurs correspondent aussi certaines rivalités qui pouvaient survenir parmi ces derniers. Dans les chansons, un peu comme dans la vie, les petits conflits ressortent plus facilement et retiennent davantage l'attention que la bonne entente routinière. Ainsi, on voit une de ces frictions, née d'un sentiment de jalousie, semer la discorde parmi un groupe d'hommes :

> Y'en a qui m'haïssent du profond de leur cœur,
> À caus' que l'foreman dit ah ! que j'suis-t-un bon draveur !
> Et moi qui est sans orgueil, ils ont beau m'*essayer*.
> À terr', j'lui cass' la gueule, sur l'eau, j'peux les noyer (73-11).

De même, l'hypocrisie n'avait pas sa place, car elle était la source d'injustices flagrantes :

> La concerne est point riche, il faut donc s'en méfier.
> Ils payent bien ceux qui *lichent*, non ceux qui ont travaillé (73-9).

Les extraits de chansons cités nous ont permis de reconstituer les étapes principales du travail en forêt, qu'il s'agisse de la coupe du bois ou de la drave, en même temps qu'ils nous ont fourni une description importante des hommes, employés ou patrons. La richesse des informations sur ce type de voyageurs contraste avec le peu de données relatives au travail exécuté par les anciens voyageurs engagés pour la traite des fourrures. Peu nombreuses, les chansons portant sur ceux-ci font état des sentiments et des misères qui découlent d'un long séjour dans les bois. Les difficultés de leur tâche de canotier seront abordées dans le développement suivant.

LES AUTRES CONTRAINTES ET DIFFICULTÉS

Pour les voyageurs de toutes les époques, l'une des principales contraintes résidait dans la durée de la journée de travail. Les coureurs de bois et les voyageurs des pays d'en haut « peinaient seize à dix-huit heures par jour[45] ». Pour eux, le travail se confondait avec le voyage ou plus précisément la navigation, puisque les journées s'écoulaient sur les lacs ou les rivières, dans les rapides ou les portages. *Le Voyage, c'est un mariage* précise la longueur des journées de navigation :

> Ah ! c'est un mariage
> Que d'épouser le voyage.
> Je plains qui s'y engage
> Sans y être invité.
> Levé tôt, couché tard,
> Il faut subir son sort,
> S'exposer à la mort.
> [...]
> Éveillés par les oiseaux,
> Nous n'avons de repos
> Ni le jour ni la nuit (2-2F).

L'engagé ne disposait d'aucune liberté quant à l'horaire de sa journée de travail. Réveillé par le cuisinier,

> il devait se lever à deux ou trois heures du matin et, si aucun rapide ne s'annonçait, il partait l'estomac vide. Avant huit heures, il s'arrêtait pour le petit déjeuner. À midi, on « servait » le déjeuner : souvent ce n'était qu'une pause pour découper le morceau de pemmican qu'il mâcherait en cours de route[46].

L'horaire des forestiers était un peu moins sévère. Ils devaient cependant avoir déjeuné et être rendus au travail au lever du jour : « À cinq heures et demie, la porte du « forepick » s'entrouvrait et le « foreman » lançait le cri bien connu : « Lève, lève »[47]. » Deux chansons de bûcherons parlent de cet horaire astreignant :

---

[45] Eric W. Morse, *les Routes des voyageurs : hier et aujourd'hui*, p. 3.
[46] Eric W. Morse, *les Routes des voyageurs : hier et aujourd'hui*, p. 8.
[47] Pierre Dupin, *Anciens Chantiers du Saint-Maurice*, p. 73.

Au son d'la cloche, du tic-tac-cle,
Il nous faut l'ver de grand matin (35-1).

De bon matin il se lève
[...]
Il est d'bonne heure à l'ouvrage,
Dès sept heures il est au bois (21-2).

La journée de travail des charretiers, qui se levaient avant les autres travailleurs pour soigner leurs bêtes, tout comme les draveurs d'ailleurs, était comparable à celle des voyageurs des pays d'en haut :

Ils nous font l'ver presqu'à deux heures (33-1).

Nous v'là rendus au temps de la drave
Et on ne fait plus qu's'*accoter*.
Mais on est pas une heure couchés,
Oh ! rien qu'un œil-e d'*agrafé*,
Aussitôt le foreman crie (36-1).

Le soir, les hommes avaient à peine le temps de digérer leur repas qu'ils se mettaient au lit pour être frais et dispos le lendemain. Dans un chantier, le signal du coucher se fait au son de la cloche, comme dans un pensionnat :

À neuf heures la cloche sonne,
De se coucher il est temps (21-2).

Les anciens voyageurs se soumettaient plutôt facilement à l'horaire, qui représentait une contrainte mineure, comparé aux obstacles quotidiens beaucoup plus grands qu'ils affrontaient. Comme nous avons déjà eu l'occasion, à propos de la montée, de souligner les difficultés du portage, nous nous attarderons donc ici plus spécialement à la navigation, car les journées s'écoulaient au fil de l'eau. Pendant des heures et des heures, le voyageur avironnait, et lorsque tout allait bien une pause régulière favorisait la détente :

Il faisait toutefois, assez régulièrement, un arrêt de quelques minutes par heure pour fumer une pipe. Cette pause était d'une telle importance qu'on en vint à mesurer les distances en pipes ; trois pipes donnaient 15 ou 20 milles, selon le vent et le courant[48].

La chanson du *Chrétien qui se détermine à voyager*, qui dépeint la vie des voyageurs canadiens, rend compte de cette habitude :

Pour fumer la pipe tu t'arrêtes [...] (4-26).

_____

[48] Eric W. MORSE, *les Routes des voyageurs : hier et aujourd'hui*, p. 8.

Toutefois, la navigation sur les eaux calmes ne se poursuivait pas indéfiniment ; les remous et les rapides surgissaient parfois à des moments inattendus. Dans les rapides navigables, les canotiers, attentifs aux ordres de l' « avant », devaient travailler en parfaite harmonie pour éviter que le canot ne se renverse ou ne se fracasse sur les rochers :

> Quand tu seras sur ces *traverses*, pauvre affligé,
> Un coup de vent vient qui t'exerce avec danger.
> Prenant et poussant ton aviron contre la lame,
> [...]
> Quand tu seras dans ces rapides très dangereux,
> [...]
> Alors lance-toi dans ces flots avec hardiesse (4-12A).

Les rapides franchissables en canot procuraient sans doute les moments les plus palpitants de la navigation, aussi étaient-ils affrontés avec une crainte mêlée de défi. Face à de tels obstacles, le rôle du guide était prédominant. Sans prendre des risques trop élevés, il devait cependant utiliser toutes les manœuvres possibles, afin d'éviter les portages qui les rebutaient tous. Selon que le canot remontait ou descendait un cours d'eau, par temps calme ou sur des eaux tumultueuses, toutes sortes de techniques pouvaient être mises à l'épreuve. Parfois, lorsque aucune autre solution ne se présentait et que la profondeur de l'eau le permettait, les voyageurs, dans l'eau jusqu'à la ceinture, guidaient leur canot, évitant ainsi les fatigues du portage.

Aussi leurs misères se comparent-elles à celles des draveurs et raftsmen qui se jetaient à l'eau pour diriger les billes de bois ou franchissaient chutes et rapides sur leurs radeaux :

> Et quand nous sommes dedans l'été,
> Sur ces rafts dangereuses,
> Lorsqu'on y voit qu'chutes et rapides,
> Les objets sont terribles (75-23).

Même loin des chutes et rapides, la navigation pouvait se compliquer lorsque le vent s'élevait et que le temps tournait à l'orage. Dans ces circonstances, la vie des canotiers dépendait souvent de leur adresse et de leur sang-froid :

> Ami, veux-tu voyager sur l'onde de tous les vents ?
> Les flots et la tempête grondent cruellement.
> Les vagues changent tous les jours [...] (4-12A).

> Dans le cours du voyage,
> Exposés aux naufrages (2-2E).

Les conditions climatiques représentaient, avec l'eau, le pire ennemi des anciens voyageurs, ne leur offrant jamais de répit. Occupés qu'ils étaient à avironner du printemps à l'automne, même les belles journées ensoleillées pouvaient contribuer à augmenter leur fatigue :

> Quand le soleil te chauffera la tête un peu trop fort (4-31).

Un autre facteur de misère était lié à la saison estivale, puisque les mouches de toutes sortes et les maringouins raffolaient de la chair humaine :

> Si, le soir, l'essaim de mouches pique trop fort
> [...]
> Si les maringouins te réveillent de leurs chansons (4-26).

> C'est quand je traverse un portage,
> Tout's les mouches ell's se rassemblent ;
> Ell's me sautaient au visage,
> C'était comme des enragées (16-3).

La seule protection contre ce fléau, outre la graisse et les saletés sur la peau, était la fumée de la pipe ou la *boucane* du feu de camp. La barbe protégeait aussi une partie du visage. On comprend mieux pourquoi les excès de propreté n'étaient pas de mise.

La propreté n'était d'ailleurs pas plus en vogue chez les hommes de chantiers et les mauvaises conditions d'hygiène dans les camps forestiers entraînaient un fléau encore plus pénible, les poux :

> Les gros poux y ont attrapés (I-Q-8-3).

> Les poux veulent lui ravir la vie (5-12B).

> Quand vient pour se coucher, les poux veulent nous manger.
> Faut bien les endurer, on n'a pas d'argent d'gagné (24-15).

Les hommes ne pouvaient se laver chaque jour et portaient leurs vêtements pour travailler comme pour dormir, aussi longtemps qu'ils le désiraient. S'occupant eux-mêmes de la lessive, certains d'entre eux qui détestaient les tâches domestiques restaient de longs mois sans changer de tenue. Seuls les plus délicats consacraient une partie de leur après-midi dominical à faire leur toilette, à laver et à repriser leurs vêtements :

> Il faut aussi que j'lave mes hardes pour pas que les poux me mangent.
> Vous savez tous mes bons amis, car c'est une vie étrange
> De se voir laver son butin le saint jour du dimanche (24-8).

> Mais quand vient le dimanche, a bien fallu s'laver
> Et puis laver son linge et puis le repriser (24-14).

Il suffisait cependant de quelques hommes malpropres dans un camp pour maintenir cette peste. Il arrivait alors que des compagnons ne pouvant plus les supporter les avertissent :

— Chang'-toi d'can'çons [...] (35-1).

Les conditions de vie étaient donc aussi pénibles que les conditions atmosphériques et chaque saison apportait son lot d'inconvénients. Lorsque le soleil et les moustiques devenaient moins menaçants, le froid transperçait davantage les corps, surtout quand les voyageurs couchaient à la belle étoile, les vêtements encore trempés :

Y passer le rest' de la nuit
Sur les roches et les *gravois* (2-1).

En cela, les draveurs n'étaient pas épargnés non plus. Contraints eux aussi de se déplacer continuellement pour suivre le flottage du bois, ils n'avaient guère d'habitations pour les protéger du froid :

Qu'on pass' des bell' nuits à g'ler (44-1).

Su' l'Lac-Saint-Jean j'ai voyagé, oui, oui.
C'est là que j'ai manqué geler.
On couche dans les camps de toile (64-1).

En somme, pour tous les voyageurs, quels qu'ils soient, le temps semble un facteur constant de misères. Les mentions qui s'y rapportent abondent dans le répertoire :

Dans l'bois tout le temps,
Beau temps, mauvais temps,
Mon Dieu que c'est donc de la misère (I-Q-10-9) !

Le froid s'avérait le plus difficile à supporter :

Un voyageur bien loin d'ici
Tout un hiver sans revenir,
Au milieu d'un bois des plus noirs
Souvent-z-on endur' la tempête (15-1).

Z-à travailler, à s'ennuyer
Par des froids si sévères (24-1).

Les bûcherons devaient, plus que tous les autres voyageurs, concilier froid et travail pendant tout l'hiver :

Il fallut monter au bois *emboutés* dans la neige (16-9).

> Avec bien du courage.
> Pour y éprouver tous les froids
> Et les pein's du travail (75-13).

Une chanson résume bien tous ces témoignages, d'ailleurs concordants :

> Préoccupé du temps,
> Battu de tous les vents...
> Ah ! je vous dis, mes frèr's,
> Personne, sur la terr',
> Endure tant de misèr' (2-2F).

Les saisons se succédant, la résistance des travailleurs allait pourtant en diminuant. Les journées de travail toujours aussi longues, les hommes ne pouvant se permettre de diminuer leur rythme, l'acharnement au travail en conduisait quelques-uns à l'épuisement. Chez tous, la fatigue s'installait en fin de saison :

> Jour après jour, nous allons-t-à l'ouvrage,
> À tous les jours sans jamais nous lasser.
> Mais après quelque temps de dur ouvrage,
> Nous commençons à être fatigués (25-1).

> Tant de peines et de fatigues
> Dans ces forêts bien éloignées (5-12B).

Les patrons, intransigeants, n'admettaient d'ailleurs pas la relâche ; si par malheur l'un se blessait ou était blessé, il en supportait seul les conséquences :

> Grand Dieu il faut les voir
> Le printemps et l'été,
> Tout du long de l'année.
> Un homm' fait son devoir ;
> Mais pourtant on le blesse.
> S'il perd une minute,
> On vient le menacer
> Qu'il va être *chargé*
> D'un' piastre par journée (48-10A).

Même encore forts et en pleine possession de tous leurs moyens, les voyageurs exposaient leur vie à divers dangers et ils devaient se tenir sans cesse aux aguets. À ce propos, les coureurs de bois, à des époques bien précises de l'histoire, s'exposèrent à des dangers que ne connurent heureusement pas leurs descendants voyageurs. Ainsi, la chanson de *Cadieux* fait indirectement référence à la menace des Indiens, tandis que *le Chrétien qui se détermine à voyager* la souligne ouvertement :

> Ami, veux-tu marcher par terre, dans ces grands bois,
> Les Sauvages te feront la guerre, en vrais sournois (4-12A).

Il s'agit bien sûr d'un facteur de difficultés limité, mais qui n'en faisait pas moins partie de la réalité.

Nous avons donc vu les embarras matériels communs à tous les types de voyageurs, de même que ceux qui différencient les forestiers des voyageurs canadiens. Toutes ces contraintes, indépendantes de la volonté des individus, entraînaient à la longue des répercussions sur leur moral et engendraient une misère encore plus grande : l'ennui.

L'ENNUI ET LES LOISIRS

L'ennui, causé surtout par l'absence des personnes aimées, est vécu de façon plus ou moins intense, sous forme de solitude, de tristesse ou de nostalgie, et s'accompagne souvent de regrets. Il peut atteindre tout voyageur loin de chez lui, même celui qui aime son métier plus que tout autre.

Si l'on en juge par les chansons, l'ennui provient surtout de l'éloignement qui crée une distance toujours plus grande d'avec les êtres et le pays affectionnés :

> Ah ! que je suis loin de mon père et d'ma mère !
> Ah ! que je suis loin de mon pays !
> [...]
> Car je suis loin de tous mes amis (41-1).

Le temps paraît de plus en plus long à ces hommes ainsi éloignés des leurs et de la civilisation, et le printemps, qui annonce le retour, tarde à venir :

> Vraiment l'hiver est longue
> Et le printemps-z-ennuyant.
> Le jour je pleure,
> C'est d'avoir le doux printemps,
> De voir ce doux printemps,
> Celui qui me console (3-3).

Selon les types de voyageurs, les saisons et la durée de l'absence varient. Cependant, la solitude ressentie est semblable et toujours elle augmente leurs misères :

> C'est du printemps et à l'automne
> Qu'on a donc de la misère !
> Bien plus souvent qu'on peut avoir,
> Bien éloignés de ses parents,
> De sa jolie bergère (75-1).

Le temps s'étire à n'en plus finir, comme l'exprime un passage de *la Vie dans les chantiers* :

Les journées sont des mois, les mois sont des années ;
Que le temps est durable quand on est éloigné (13-8).

Il transforme peu à peu le voyage en un ennui interminable, jusqu'à faire oublier les charmes du paysage enchanteur. Tout devient monotone et l'émerveillement des premiers temps se dissipe graduellement :

Dedans le bois, la vie n'est pas
Une vie très heureuse.
Lorsqu'on y voit le ciel et la terre,
Les arbres qui sont nombreuses.
On les regarde si souvent
Qu'ils deviennent ennuyeuses (75-12).

Ça qui m'cause de l'ennui, c'est d'pouvoir la laisser.
Laisser pour les santiers où c'qu'on y voit qu'des arbres,
Où c'qu'on entend plus rien que le chant des oiseaux (37-1).

Dans les bois, les moments à la fois les plus doux et les plus tristes sont ceux qui transportent la pensée vers les personnes aimées. Chez les jeunes voyageurs, l'ennui de leur blonde (bergère, bien-aimée, maîtresse) se manifeste le plus fréquemment. Plusieurs d'entre eux, exilés pour gagner un peu d'argent, ne songent qu'à revenir et à épouser leur bien-aimée :

Ah ! que l'hiver est longue
Quand on est loin d'sa blonde (20-15A).

Nous avons tous hiverné,
Bien éloignés d'nos bien-aimées (52-1).

On a beau faire ou dire,
De ma blonde je m'ennuie (II-N-19-4).

Mais console-toi Marcel, Dieu te récompensera ;
En ménage avec la belle, au printemps qu'tu marieras (41-1).

Cet ennui s'accompagne souvent d'un sentiment d'insécurité, car le voyageur s'inquiète à la pensée que sa belle lui soit infidèle ou n'ait pas la patience de l'attendre, malgré les promesses faites au départ :

Si je serais près d'elle, auprès de son côté,
Je renouv'lerais mes peines, aussi mes amitiés (II-N-19-1).

Que fait-elle donc m'amie puisqu'elle ne m'écrit pas (II-N-17-2) ?

D'autres songent à la fille à qui ils n'ont pas voulu déclarer leurs sentiments avant le départ, et ils en sont encore plus malheureux :

> Oui, j'aime cett' fill' comm' j'aime mon cœur !
> J'sais pas quoi que j'donnerais si c'était la mienne.
> Le foreman dit : — Mon petit fou,
> Cette jolie fille n'est pas pour vous (38-8).

Pour les hommes mariés, la femme et les enfants deviennent la cause de leur mélancolie. Les pères éprouvent quelquefois un profond regret ou un sentiment d'abandon de leur famille :

> Mais quand je pense à mes enfants,
> Ma chère femme que j'aimais tant
> Que j'ai laissée dans l'esclavage (42-7).

> Là-haut dessus ces côtes, où je pensèr' souvent
> À notre chère femme, mes deux petits enfants (8-1).

> Les larmes y tombent des yeux en pensant à chez eux,
> Pense à ses enfants qu'il aime plus que lui-même (37-1).

Dans beaucoup de chansons donc, les hommes s'ennuient des femmes, tantôt amies, tantôt épouses. Cependant, l'ennui de la mère se manifeste lui aussi fréquemment. D'ailleurs, parmi les voyageurs, plusieurs adolescents ou jeunes gens n'avaient pas encore connu l'amour d'une fille, et c'est leur mère qu'ils regrettent. Très souvent aussi, les deux parents sont visés :

> Rendu au terme du voyage,
> Je m'empresse d'écrire à maman
> Pour lui donner de mes nouvelles (62-12).

> C'est dans l'état où je suis,
> Sur le point du rivage,
> Bien éloigné de mes parents,
> Dans un pays sauvage,
> Bien éloigné de mes parents,
> De mon père et de ma mère (75-1).

L'ennui est presque toujours ainsi associé à un nombre restreint de personnes, mais il arrive certains cas où il s'étend à la communauté entière et même au pays :

> J'ai quitté père et mère, frères et sœurs,
> Parents, amis, une jolie blonde aussi[49].

---

[49] Henri JULIEN, « Chansonnier manuscrit », Québec, 1856, s. p., 8 c. (*Départ — Quand j'ai parti*).

Je regrette mon père
Et ma mère pareillement,
Mes oncles, aussi mes tantes,
Ainsi que tous mes parents ;
Petite Clarisse que j'aime
Plus que moi-même (3-3).

Je me suis éloigné de mes amis
Dans un étrang' pays.
J'étais tout seul au mond', seul avec un ami.
Je rêvais souvent à mon pays (61-21).

Les anciens voyageurs pouvaient ressentir davantage la tristesse et les affres de la solitude, car ils partaient souvent en nombre plus restreint et leur travail, qui n'était pas toujours préoccupant, leur laissait le temps d'évoquer leurs souvenirs. Certains occupaient ainsi leurs soirées à vivre avec les leurs par la pensée ou conversaient avec les copains des projets de retour ; parfois, l'ennui devenait ainsi une source d'espoir :

Et pour finir la journée,
Il cause avec ses copains.
Il parl' de sa bien-aimée
Qu'il épous'ra l'printemps prochain (21-2).

Les périodes de repos, le soir après souper ou pendant la journée du dimanche, s'avéraient particulièrement propices à l'ennui :

Combien de fois, ma chère, je me suis-t-ennuyé
En passant les dimanches, moi tout seul à *jongler* (10-1).

Certaines occasions, où le désir de se retrouver en compagnie de sa famille était avivé, rendent la situation encore plus pénible. Les plus beaux moments de l'année ne s'écoulaient-ils pas dans la solitude des bois ? Les voyageurs souffraient de ces occasions manquées de se trouver en agréable compagnie :

Enfin, voilà le jour de Noël qu'arrive,
Fallait passer les beaux jours aux chantiers (25-2).

Mais quand vient l'Jour de l'an,
Le plus beau jour de l'année,
Mes parents s'y rassemblent
Et moi j'reste à la campe.
Ils avaient les larmes aux yeux,
Et moi je n'suis pas mieux,
Assis sur les sapins,
Pensant à ma catin (24-14).

Le chagrin s'installait alors chez les plus sensibles ; dans ces moments de solitude intense, certains pouvaient trouver un réconfort auprès de parents ou amis qui se trouvaient près d'eux et qui comprenaient leur état d'âme :

> Tout garçon qui est dans l'ennui,
> Son père vient pour le r'consoler (42-9).

Il faut aussi dire que, dans les chantiers forestiers, les moyens de communication n'étaient pas des plus rapides. Les hommes jouissaient de la possibilité de communiquer avec l'extérieur, mais ils devaient attendre longtemps et patiemment des nouvelles :

> Vous autres qui êt's jeunes voyageurs,
> Qui allez-r-au chantier,
> N'allez jamais vous exiler
> Sur des îles éloignées
> Car les nouvelles de nos parents
> Ne viennent pas très souvent (18-3).

> Dieu que l'papier coûte cher dans le Bas-Canada,
> Surtout à Trois-Rivières que ma blonde m'écrit pas (II-N-17-3) !

Mais il reste que ceux qui savaient écrire pouvaient dissiper un peu leur ennui en communiquant ainsi avec les leurs :

> Mais le soir assis sur mon bed-e, à mes parents je pensais.
> Mais pour me distraire, sur mes genoux j'écrivais.
> C'était à ma mère chérie que j'écrivais ces mots :
> — Oh ! chèr' maman, que c'est cruel ici !
> Ah ! oui, je m'ennuie du foyer paternel (41-1) !

Cependant, la plupart des hommes de chantiers, illettrés, devaient confier cette tâche à quelqu'un en qui ils mettaient leur confiance ; ce dernier avait l'habitude de suggérer au besoin les formules appropriées que les hommes un peu maladroits avaient du mal à trouver.

Si dans les chantiers modernes le courrier s'acheminait quand même assez régulièrement, au XIXe siècle ce sont les *portageux* qui remplissaient le rôle de facteur. De même ceux qui descendaient à des occasions spéciales, qui désertaient le camp ou qui rentraient à la maison à la suite de blessures, se chargeaient des messages :

> Quand par un jour un de notr' brave gang
> Tombit malade, il dit : — Faut s'en aller.
> Chacun de nous, on y donne un message,
> Tous bien chagrins de se voir séparés.

— Fais nos respects à nos pères, à nos mères,
Tu iras voir aussi nos bien-aimées.
Tu y diras après cette dure hiver
J'ai l'espérance que je la voierai (25-2).

Les forestiers bénéficiaient en ce point d'un avantage sur les voyageurs des pays d'en haut ; même si les moyens de communication n'étaient pas rapides et efficaces, ils existaient tout de même ; les anciens voyageurs, quant à eux, ne disposaient d'aucun moyen d'échange avec l'extérieur. Toutefois, leur désir de communiquer se manifeste dans quelques chansons, d'une manière très poétique, par la présence d'oiseaux messagers :

Petit oiseau que tu es heureux
De voltiger là où tu veux.
Oh ! si j'avais ton avantage
De pouvoir prendre ma volee,
Sur les genoux de la belle
J'irais m'y reposer (58-24A).

ou

Va porter des nouvelles,
Des nouvelles à ma bien-aimée (58-1).

Tant loin j'ai entendu la voix d'une hirondelle,
Je croyais que c'était elle qui venait à mon secours,
Je croyais que c'était elle qui venait me parler d'amour.
Toi, petite hirondelle, qui voles près du ciel,
Porte-moi sur tes ailes, prends donc ta volée,
Sur les genoux de la belle, va donc te reposer (12-6).

ou

Dans les bras de ma mère j'irais me reposer (12-11).

Je t'envoierai de mes nouvelles
Par un oiseau au plumag' le plus beau (46-2).

Ces couplets de chansons de voyageurs sont des emprunts au répertoire venu de France, dans lequel nous les retrouvons presque textuellement. Les difficultés et même l'absence totale de communication favorisaient donc l'omniprésence de l'ennui. Beaucoup de ces voyageurs, surtout ceux que l'expérience avait endurcis, ne laissaient pas voir leur peine et souffraient en silence ; d'autres manifestaient leur solitude et leur nostalgie par du chagrin et des pleurs :

Quand on l'a été sur ces santiers,
Le long d'un bois bien-z-éloigné,
Où c'qu'on vit qu'en ermitage,
Mon cœur a du chagrin,
Mes yeux versont des larmes (42-2).

La chanson du *Jeune Voyageur inconsolable* fournit un exemple des plus touchants :

> Le plus jeune des trois
> Regrett' beaucoup la sienne [maîtresse],
> Regrett' beaucoup la sienne
> Sans pouvoir se r'consoler,
> Tout le long du voyage,
> Il ne fait que pleurer (12-8).

Une seule fois, nous retrouvons dans les textes chantés un témoignage d'incompréhension d'un voyageur envers un compagnon qui s'adapte difficilement à la vie en forêt :

> J'ai-t-un de mes confrères qui me fait enrager.
> Quand il pense à sa blonde, il ne fait que pleurer (16-6A).

Quelquefois l'ennui, devenu insupportable, peut procurer un motif de désertion à certains forestiers :

> C'est Jos Francœur, s'ennuie beaucoup,
> S'ennuie beaucoup de son p'tit chou.
> Que le diable emporte la cabane !
> Pour moi, j'm'en vas voir ma p'tite femme (72-2).

Parmi ceux qui trouvent assez de courage pour supporter cet ennui et résister à leur désir d'évasion, certains font la promesse de ne jamais renouveler leur expérience :

> N'y a que de l'ennui.
> [...]
> Jamais plus je n'irai
> Dans ces pays damnés,
> Pour tant m'y ennuyer (2-2F).

> Ah ! cruelle destinée, mon ennui est *durant* !
> Si jamais je redescends, jamais j'y monterai (8-1).

En fait, l'ennui était une préoccupation constante et même une présence envahissante. Pourtant, tous les voyageurs ne se laissaient pas abattre et ne faisaient pas que s'apitoyer sur leur sort pendant les temps de repos dont ils disposaient : au contraire, ils recherchaient des divertissements de groupe qui chasseraient au moins momentanément l'ennui. À l'occasion, les hommes chantaient et dansaient ensemble, pendant que d'autres assumaient les frais de la musique. D'ailleurs, dans un groupe, on retrouvait presque toujours deux ou trois gais lurons qui glissaient dans leurs bagages un violon ou une *musique à bouche* ou quelque autre instrument de musique peu encombrant :

À chanter tous les soirs [...] (16-8)

ou

À danser tous les soirs pour se désennuyer (16-7).

Qui c'qu'a composé la chanson, c'était un homme ah ! du chantier,
Le soir au son de la musique, c'était pour se désennuyer (16-2).

Ces petites veillées mettaient ainsi à l'épreuve l'imagination de certains hommes qui exprimaient leurs sentiments en des compositions de leur cru. D'autres préféraient exercer ce talent en solitaire :

Un soir, pensant à mes parents, composit une chanson (29-1).

Dans leurs moments libres, les voyageurs aimaient également pratiquer des jeux de groupe ou se soumettre à des épreuves de force et d'endurance ; les chansons de notre répertoire n'y font cependant pas allusion. Par ailleurs, nous y découvrons d'autres occupations, comme les jeux de cartes. *Le Retour du voyageur* fait mention de ce loisir qui passionnait bon nombre de voyageurs canadiens et les mettait souvent dans l'embarras :

On lui demande pour jouer aux cartes,
Pour un louis ;
On se dispute, on manque de se battre
Et après on rit (60-2).

Certains y jouaient leur salaire avant même de le toucher. Plus tard, dans les chantiers forestiers, les paris aux cartes furent interdits, quoique tolérés lorsque les participants étaient assez raisonnables pour ne pas laisser leur plaisir dégénérer en querelle.

Pour dissiper l'ennui, les voyageurs s'adonnaient aussi aux plaisirs procurés par l'alcool. Si les plus anciennes chansons taisent ce fait notoire, le répertoire des forestiers en comporte plusieurs mentions. Des couplets et refrains de chansons forestières sont d'ailleurs des invitations à boire :

Mais buvons donc mes bons amis,
Mais buvons donc de ce bon vin
À la santé de nos maîtresses.
Quand on est éloigné,
D'autres amants les caressent (42-9)

ou

Sont dans ces pays bas,
D'autres amants les caressent (42-3).

Et buvons don' nous autr's nos gens,
Et buvons don' nous autres.
Et l'on lui donne un' tap' su' l'fond,
Pis tant lui fait sauter l'bouchon.
Prends ton verre et moi le mien
Et prends-y garde et tiens-la bien (32-2).

Il reste que l'alcool entraînait beaucoup de problèmes dans les camps forestiers. Certains hommes s'endettaient pour boire, de sorte que la plupart des compagnies et des contracteurs en vinrent à interdire formellement la consommation de boissons alcooliques dans leurs chantiers. *Ennui d'amour — le Papier à Trois-Rivières* nous renseigne sur les effets de cette *boisson* qui fait le malheur des voyageurs :

Nous irons plus sur ces îles pour cette maudite boisson
Qui nous rend imbéciles et nos cœurs vagabonds (II-N-17-2).

J'me mettrai plus *en ivre* de cette maudite boisson
Qui rend mon cœur en peine et mon corps moribond (II-N-17-1).

Mais cette chanson est en fait une invitation à boire et démontre ironiquement que les résolutions sont pénibles à respecter et l'ennui difficile à vaincre :

Buvons, mes chers confrères, buvons, nos verres pleins
Puisque la chose est telle et qu'il faut tous mourir.
Viens donc, chère bouteille, viens donc nous secourir (II-N-17-2).

LE SENTIMENT RELIGIEUX

Le thème de l'ennui dénotait peu d'écarts entre les différents types de voyageurs, mais le sentiment religieux, qui relève aussi de leur personnalité morale, souligne davantage les différences de tempérament. En effet, les anciens voyageurs canadiens s'engageaient la plupart du temps par goût de l'aventure et dans l'espoir de vivre loin des contraintes sociales, tout en faisant beaucoup d'argent grâce au commerce des fourrures. Pour cela ils n'hésitaient pas à troquer l'eau-de-vie avec les Indiens malgré les conséquences désastreuses que ce commerce entraînait chez ces derniers. De plus, ils s'adaptaient très rapidement à la façon de vivre des autochtones et à leurs mœurs. Hors de l'atteinte des lois et de la religion, leur vie était souvent considérée comme une vie de débauche. Plusieurs récits de voyages et autres documents de l'époque étalent leur petite vertu : « Le jeu, l'ivrognerie et les femmes consument souvent le capital et les profits de leurs voyages[50]. »

---

[50] Nicolas PERROT, *Mémoire sur les mœurs, coustumes et relligion des sauvages de l'Amérique septentrionale,* p. 299. Extrait de *Mémoire historique de 1705 sur les mauvais effets de la réunion des castors dans une même main,* adressé au comte de Pontchartrain.

Une fois éloignés, les voyageurs des pays d'en haut oubliaient assez facilement qu'ils étaient chrétiens et les exigences de leur religion, bien qu'avant leur départ ils aient été puiser à l'église les forces nécessaires à leur salut. En effet, une cérémonie religieuse, presque rituelle, se déroulait à l'église Sainte-Anne-de-Bellevue, sur la pointe de l'île de Montréal, à l'intention de tous les voyageurs avant qu'ils n'entreprennent cette vie d'exil où ils ne bénéficieraient d'aucun secours direct de la religion. Sans qu'il y ait obligation, tous posaient ce geste religieux qui permettait de rendre hommage au Créateur et de puiser des forces spirituelles. Ainsi, la complainte des *Cinq Noyés de Gaspé* évoque le même geste, reproduit plus tard par leurs descendants :

> Mais avant de quitter leurs familles si chères,
> Sont venus rendre hommage au divin Créateur.
> Ils sont venus puiser dans l'adorable Hostie
> Les ineffables dons du Dieu des travailleurs (81-1).

Dans cette petite église dédiée à sainte Anne, les anciens voyageurs imploraient aussi la protection de leur sainte patronne. Avant d'être livrés à eux-mêmes pendant de longs mois, ils entonnaient une chanson qui leur rappelait la ligne de conduite à suivre, la fragilité de l'existence et la nécessité de prendre soin de leur âme à chaque instant :

> À Sainte-Anne-de-Bellevue, il y a une petite chapelle. C'est là qu'ils […] disent adieu à la civilisation pour s'enfoncer hardiment dans les profondeurs de la forêt vierge. Ils entonnent en chœur : *Quand un chrétien se détermine à voyager*[51].

Cette chanson avait pour but de guider le voyageur chrétien. Elle possède la structure et le timbre des *Pèlerins de Saint-Jacques-de-Compostelle*. Celle-ci énumère les lieux parcourus par les pèlerins, l'action qui s'y déroule, et termine chaque strophe par une prière adressée au Seigneur ou à la Vierge. De son côté, *le Chrétien qui se détermine à voyager* énumère les difficultés et les misères rencontrées par les voyageurs et indique les gestes à accomplir selon les circonstances. La parenté entre ces deux chansons nous permet de faire un rapprochement entre les voyageurs canadiens et les pèlerins d'Europe, qui devaient en principe être investis d'un même héritage spirituel et religieux. Chez nous, la chanson du *Chrétien qui se détermine à voyager* joue le rôle d'un véritable petit catéchisme qui devait faire réfléchir le plus audacieux des voyageurs. Hubert La Rue fut le premier, semble-t-il, à publier cette chanson en 1863 :

> Quand un chrétien se détermine à voyager,
> Faut bien penser qu'il se destine à des dangers.
> Mille fois à ses yeux la mort par son image,
> Mille fois il maudit son sort dans le cours du voyage.

---

[51] Émile DUBOIS, *Autour du métier,* p. 16.

Ami, veux-tu voyager sur l'onde de tous les vents ?
Les flots et la tempête grondent cruellement.
Les vagues changent tous les jours, et il est écrit :
Que l'image de ton retour est l'image de ta vie.

Quand tu seras sur ces traverses, pauvre affligé,
Un coup de vent vient qui t'exerce avec danger.
Prenant et poussant ton aviron contre la lame,
Tu es ici près du démon, qui guette ta pauvre âme.

Quand tu seras sur le rivage, las de nager,
Si tu veux faire un bon usage de ce danger,
Va prier Dieu dévotement, avec Marie.
Mais promets-lui sincèrement de réformer ta vie.

Si, le soir, l'essaim de mouches pique trop fort,
Dans un berceau tu te couches, pense à la mort.
Apprends que ce petit berceau te fait comprendre
Que c'est l'image du tombeau, où ton corps doit se rendre.

Si les maringouins te réveillent de leurs chansons,
Ou te chatouillent l'oreille de leurs aiguillons,
Apprends, cher voyageur, alors, que c'est le diable
Qui chante tout autour de ton corps pour avoir ta pauvre âme.

Quand tu seras dans ces rapides très dangereux,
Ah ! prie la Vierge Marie, fais-lui des vœux.
Alors lance-toi dans ces flots avec hardiesse,
Et puis dirige ton canot avec beaucoup d'adresse.

Quand tu seras dans les portages, pauvre engagé,
Les sueurs te couleront du visage, pauvre affligé.
Loin de jurer, si tu me crois, dans ta colère,
Pense à Jésus portant sa croix, il a monté au Calvaire.

Ami, veux-tu marcher par terre, dans ces grands bois,
Les Sauvages te feront la guerre, en vrais sournois.
Si tu veux braver leur fureur, sans plus attendre,
Prie alors de tout ton cœur, ton ange de te défendre (4-12A).

Cette composition fut sans doute l'œuvre d'un missionnaire bien renseigné sur la vie des voyageurs[52]. Avec le temps, elle a évolué pour s'adapter aux bûcherons. Mais, si elle renseigne sur le comportement que devait adopter tout voyageur chrétien, elle ne donne aucune indication sur son comportement réel. D'ailleurs, parmi les chansons des anciens voyageurs, seule la complainte de *Cadieux* fournit un témoignage intéressant à ce sujet, révélant les dernières pensées d'un homme profondément croyant :

---

[52] Voir Édouard-Zotique MASSICOTTE, « la Vie des chantiers », dans *Mémoires et Comptes rendus de la Société royale du Canada,* Ottawa, 3ᵉ série, vol. 16, mai 1922, section 1, p. 28.

> Rossignolet, va dire à ma maîtresse,
> À mes enfants, qu'un adieu je leur laisse,
> Que j'ai gardé mon amour et ma foi,
> Et désormais faut renoncer à moi (1-19Q) !

Cette foi chrétienne est imprégnée d'espérance en un Dieu magnanime et en sa mère protectrice qui n'abandonnera aucun de ses fils et les aidera à franchir le passage de la vie à la mort :

> C'est donc ici que le monde m'abandonne,
> Mais j'ai recours à vous, Sauveur des hommes.
> Très Sainte Vierge, ô m'abandonnez pas,
> Permettez-moi de mourir entre vos bras (1-13) !

Le nombre peu considérable de chansons portant sur les anciens voyageurs est loin de nous apprendre tout sur leur mentalité et leurs croyances religieuses. Cependant, elles exploitent abondamment le thème de la fragilité de la vie. Ainsi, sans préciser les dispositions à prendre face à la mort imminente, *le Voyage, c'est un mariage* insiste sur cette présence continuelle :

> Il faut subir son sort,
> S'exposer à la mort.
> [...]
> Exposé aux naufrages ;
> [...]
> Exposé aux orages (2-2F).

Bien qu'on l'ait souvent taxé de mauvais chrétien, le voyageur canadien, comme tout autre homme élevé dans la religion chrétienne, devait dans les circonstances pénibles songer au salut de son âme et oublier les buts inavoués de son voyage.

Au XIXᵉ siècle les hommes de chantiers garderont un contact beaucoup plus étroit avec la religion. D'ailleurs ils étaient en général plus conservateurs. Pour la plupart habitants ou fils d'habitants, ils étaient préoccupés plus par la nécessité de gagner leur vie et celle de leur famille que par le désir de faire fortune et de vivre hors de toutes contraintes sociales. De plus la nature de leur travail leur laissait peu de temps pour l'oisiveté. Plus près de la civilisation, ils avaient régulièrement l'occasion de renouveler leur foi et de poser des gestes concrets qui les maintenaient en contact avec une vie religieuse plus soutenue. Ces manifestations avaient lieu lors de la visite du prêtre au chantier. Les hommes qui se dérobaient alors à leurs devoirs de chrétiens jouissaient d'une liberté non approuvée :

> Lorsqu'on voit apparaître
> Les jours heureux de la mission,
> Ah ! qu'il est bienvenu le prêtre
> Qui nous apporte le pardon (39-3).

Pourtant, la venue du prêtre dans les chantiers n'est évoquée dans notre répertoire qu'une seule fois, et dans une composition relativement récente. Il est surprenant que ce fait ne soit pas signalé plus souvent car la visite du prêtre au camp ne passait jamais inaperçue. C'est également dans cette même chanson, *les Chantiers en Gaspésie*, qu'un passage a trait à la récitation du chapelet en groupe :

> Mais enfin, quand le soir arrive,
> On se repose de son labeur,
> Et c'est avec une foi vive
> Qu'on rend hommage au Créateur,
> Se tenant bien droit
> Pendant son chapelet,
> [...]
> À genoux au pied de la croix noire (39-3).

Ce passage ne constitue toutefois pas la seule allusion à cette autre manifestation concrète du sentiment religieux qu'est la prière. Nous avons vu, lors de la séparation, des voyageurs adresser une prière pour favoriser la protection divine des leurs ainsi que les recommandations de ceux qui restent, incitant les voyageurs à cette pratique. Ces conseils sont mis à l'épreuve par un homme à la recherche d'un emploi, qui se voit exaucé sur-le-champ :

> Disant au ciel une prière
> Au beau patron des travaillants :
> — Bon saint Joseph, ah Jésus ! mon Maître,
> Faut-il que j'm'en r'tourne en chemin ?
> Un miracl' vient d's'accomplir
> Dans le même instant, presque certain (35-1).

Il n'en demeure pas moins que la pratique religieuse était occasionnelle dans les camps forestiers. D'ailleurs, au tout début, le dimanche n'était même pas consacré au repos, et certains travailleurs éprouvaient du regret à ne pas observer les commandements de leur religion :

> On travaillait tous les dimanches et fêtes,
> Car aucune fête nous pouvions observer (76-53).

Les maigres salaires quotidiens qu'ils gagnaient les obligeaient à travailler chaque jour, et ils ne pouvaient se permettre de faire relâche les dimanches et les jours de fête puisque leur paye s'en ressentait :

> Nous v'là rendus au jour d'la Toussaint,
> Les ordres nous ont 'té donnés.
> [...]
> — Oh ! oh ! mais là, vous allez travailler,
> Un cinq piastr's va vous êtr' chargé (36-1).

Dans les chantiers, on le voit, les patrons s'imposaient en maîtres suprêmes et, malgré leur apparence de fervents chrétiens, ils ne se souciaient guère de la religion ni des désirs des hommes qu'ils embauchaient. Mais ce comportement hypocrite est remarqué et critiqué par les travailleurs :

> On réserv' pas les fêtes
> Pour plaire à nos bourgeois.
> Les fêt's ni les dimanches,
> Le printemps et l'été (48-7).

> Quand ils vont à l'église, ce sont tous des Jésus,
> Les mains jointes, la tête baissée.
> Quand vient le sermon, ils commencent à ronfler (40-1).

Puisqu'ils sont contraints de se soumettre aux exigences de leur condition, Dieu devra se montrer indulgent et compréhensif envers ces voyageurs. Non sans crainte, l'un d'eux témoigne ainsi de sa confiance en la bonté divine :

> Dans ces chantiers, il faut travailler sans cesse.
> [...]
> Notre maître le réclame.
> Si Dieu prend pas pitié de moi,
> Je crains pour ma pauvre âme (24-8).

Comme l'ennui, le sentiment religieux est davantage ressenti à l'occasion de Noël et du Nouvel An, à la seule pensée que parents et amis sont tous réunis pour participer à ces grandes fêtes religieuses :

> Enfin, voilà le jour de Noël qu'arrive,
> Fallait passer les beaux jours aux chantiers.
> Grand Dieu ! c'est triste quand on pense à l'église,
> À nos parents qui y vont pour prier (25-2).

Tous ces témoignages font preuve d'une foi profondément ancrée chez les hommes de chantiers mais nous constatons que c'est surtout lorsqu'ils côtoient les dangers et la mort qu'elle était vécue d'une façon intense. Dans ces moments critiques, la pensée de Dieu et de l'éternité envahit l'homme :

> En travaillant au pied de son *crique*, en pensant à Jésus-Christ (14-2).

> En me voyant sur ma dernière couche,
> Pensant à Dieu, mais à l'éternité (56-5).

Le mourant réclame la présence du prêtre pour le secourir et lui accorder le pardon de ses fautes :

Allons chercher le prêtre saint pour le confesser[53].

> Je désirais un prêtre,
> C'est pour consoler mon âme (43-1).

Mourir sans cette consolation des derniers sacrements semble l'une des épreuves les plus difficiles à accepter :

> Vous tous mes frères qui voirez ma chère mère,
> [...]
> Vous lui direz qu'elle prie pour son fils aîné
> Car je suis mort sans le secours de ma religion (76-30).

Cette épreuve n'engendre cependant pas le découragement et l'abandon ; au contraire, elle peut donner lieu à une véritable profession de foi :

> Sans le secours du saint ministère,
> Je vais mourir, oh ! quel triste destin !
> [...]
> Mais je meurs heureux d'être chrétien (77-1).

Chez les blessés et les mourants, on retrouve presque toujours cette foi inébranlable. Éloignés des leurs, parfois seuls, ils sont en étroite liaison par la pensée avec Dieu et tous leurs parents et amis. L'espérance de revoir ceux-ci au paradis ou au jugement dernier se manifeste inévitablement :

> Vous prierez Dieu pour qu'il nous fasse la grâce
> De s'y revoir au dernier jugement (76-37).

> Et j'emporte avec moi l'espérance
> De nous revoir, un jour, au ciel (77-1).

Toutefois, cette espérance n'est pas uniquement inspirée par la mort, car, au moment du retour, les travailleurs qui se quittent et n'entrevoient pas la possibilité de se revoir un jour, se consolent à l'idée de se retrouver dans l'autre monde :

> Il faut laisser cette cage et tous ces bons amis.
> Un jour, comme je l'espère, se verra en paradis (8-1).

Cette confiance en une autre vie meilleure, inculquée par la religion, est tellement vive que, sur son lit de mort, le malade ne songera jamais à l'enfer bien que le dia-

---

[53] Coll. Médard Daigle, MN-DAI-1-28. Chanté par une voix de femme, 1955, Moncton, 3 c. (*la Complainte de l'engagé*).

ble, selon les chansons, ait été un compagnon de tous les jours cherchant à gagner le voyageur à sa cause :

> Prenant et poussant ton aviron contre la lame,
> Tu es ici près du démon qui guette ta pauvre âme.
> [...]
> Apprends, cher voyageur, alors, que c'est le diable
> Qui chante tout autour de ton corps pour avoir ta pauvre âme (4-12A).

Le bagage religieux acquis depuis l'enfance apporte donc une grande satisfaction au voyageur qui, au moment de sa mort, reconnaît avoir eu raison de ne pas négliger ses devoirs :

> Dis-lui que c'est aussi le dernier moment,
> Je fais toujours mes prières
> Comme elle me l'a appris-e tout jeune enfant (77-2).

Le désir de mourir en bon chrétien et de reposer en paix dans une « terre sainte » ou cimetière est également l'un des derniers vœux. Il démontre bien la certitude que le chrétien a de la vie qui se poursuit après la mort :

> Ceux qui m'ont vu noyer l'informeront à mon père,
> Pour me faire enterrer dedans un cimetière (82-1).

> Mon corps dans la terre sainte désire d'être enterré (47-5).

Quelques chansons nous montrent les parents qui réclament eux-mêmes le corps du disparu pour qu'il repose à jamais près des siens et non en terre étrangère :

> J'ai eu le prêtre, les derniers sacrements.
> Dans un village ils ont fait mettre ma tombe,
> C'est par le commandement de quelqu'un de mes parents (56-5).

Lorsque le corps d'un voyageur n'est pas réclamé par la famille, ou encore s'il n'y a aucune possibilité de le ramener chez lui, les compagnons l'inhument à l'endroit où il trouva la mort. Ils prennent alors soin de planter une croix, symbole religieux qui rappelle le souvenir du disparu et évoque la présence constante de la mort. Cette croix invite les vivants à se recueillir et à prier pour l'âme du défunt :

> Là-haut sur ces montagnes où est plantée une croix (30-1).

> L'voyageur a remarqué
> Qu'une croix est plantée (80-3A).

Dieu, dans sa toute-puissance, vient accomplir son œuvre sans l'annoncer. Le voyageur réalise alors que la vie n'est qu'un passage plus ou moins long, selon la volonté du Maître suprême :

Jeunes gens, vous croyez peut-être
Que la mort est éloignée.
Moi, je croyais d'être sur la terre
Pour encore bien des années (83-10).

Ah ! il avait bien trop osé que son hiver serait compté,
Mon Dieu par sa puissance l'fit mourir promptement[54].

On a beau faire, on a beau se défendre,
L'heure est fixée, il faudra tous mourir (78-1).

Les chansons ne laissent pourtant aucune place à la révolte. Tous les mourants font preuve d'une résignation complète devant ce décret divin qui anéantit tout espoir et tout projet terrestres pour les remplacer par de plus grands :

À mon retour pensais de me marier,
Mais Dieu a décidé cela autrement (56-5).

De revoir sa tendre mère,
Mais que Dieu ne permet pas (43-20).

La mort entraîne son lot de souffrances, d'abord pour celui qui l'affronte et ensuite pour ceux qui restent et dont la foi doit être aussi inébranlable dans les circonstances ; ainsi, la femme détachée de son deuxième mari :

Elle crie, elle se lamente :
— Grand Dieu ! que ma croix est pesante (65-13) !

Nous voyons alors la Vierge Marie apparaître comme principal support dans l'épreuve. Avant tout mère, elle se fait protectrice des vivants autant que des disparus et peut réconforter dans la douleur car elle l'a vécue :

Se jeta à genoux : — Vierge, secourez-nous !
Ayez pitié de nous car je m'adresse à vous !
Prenez part à mes peines, Sainte Vierge Marie !
Priez pour vos enfants qui jouissent dans le paradis (47-15) !

Ô Vierge Marie, fill' de la bonn' sainte Anne,
Vous qui soulagez tant de millions d'âmes,
Je vous supplie humblement
De soulager les enfants (80-3C) !

Ô Vierge Marie, ma tendre Mère,
Soyez son guide et son soutien (5-16) !

---

[54] Coll. Médard Daigle, MN-DAI-1-28. Chanté par une voix de femme, 1955, Moncton, 3 c. (*la Complainte de l'engagé*).

Maître de la vie et de la mort, c'est également Dieu qui décide de ramener le voyageur à bon port :

> Ah ! cesse donc tes larmes, cesse donc tes pleurs !
> Ah ! Dieu par sa bonne grâce a su me ramener (8-1) !

Parmi ceux qui reviennent ainsi, plusieurs ont évité la mort de justesse et ont réfléchi sur leur sort. Reconnaissant les bienfaits de la protection divine, ils exécuteront alors les promesses formulées et rendront hommage aux êtres célestes, tout en manifestant leur solidarité avec leurs semblables :

> Si jamais je retourne
> Au pays d'où je viens,
> Je promets au bon Dieu
> Et à la Très Sainte Vierge
> Qu'à mon arrivée
> Grand-messe sera chantée
> Pour tous ces voyageurs (48-10A).

Les voyageurs réalisaient donc l'importance d'être en accord avec les principes religieux qui leur avaient été inculqués et qu'ils négligeaient parfois dans leur état de misère. En effet, leur comportement quotidien cédait parfois la place à des écarts de paroles :

> Su' l'p'tit Sagu'nay tout en sacrant (33-1).

> Moi, j'vous dis que j'ai sacré
> Avant d'pouvoir-e m'accoutumer (53-1).

Un couplet du *Chrétien qui se détermine à voyager* met le voyageur en garde contre cet emportement qui le caractérise et lui propose un moment de réflexion dans les difficultés, qui devrait faire resurgir l'instinct religieux :

> Quand tu seras dans les portages, pauvre engagé,
> Les sueurs te couleront du visage, pauvre affligé.
> Loin de jurer, si tu me crois, dans ta colère,
> Pense à Jésus portant sa croix, il a monté au Calvaire (4-12A).

Les écarts ainsi entraînés par des excès de paroles et d'alcool font généralement place à une promesse : si jamais le voyageur retourne chez lui, il renouera avec sa religion en portant devant un prêtre la somme de ses fautes dont il espère le pardon :

> Ah ! si parfois je m'en retourne [...]
> [...]
> J'irai à la confesse afin d'y faire ma religion.
> J'abandonnerai la boisson (16-5).

Je ferai de moi un homme et non pas un bon à rien,
À cette fin j'irai à la confesse (16-11).

À travers les chansons, il apparaît donc que le voyageur en retrait de la vie sociale normale transporte avec lui son héritage spirituel. Malgré ses écarts, il demeure profondément religieux et sa religion est surtout vécue, de façon très personnelle et très intense, dans les circonstances où il côtoie les dangers et la mort. Nous retrouvons en effet à travers ces textes tous les principes fondamentaux de la religion chrétienne : une foi vive et inébranlable, l'espoir d'une vie dans l'au-delà et la résignation sans révolte devant les manifestations divines. La Vierge y joue également un rôle important de protectrice et de mère qui n'abandonne aucun des enfants de Dieu.

LA MALADIE, LES ACCIDENTS ET LA MORT

Le métier de voyageur ne laissait aucune place aux hommes fragiles, car il requérait de la force, de l'endurance et une santé exceptionnelle. Même dotés de toutes ces capacités physiques, ceux qui exerçaient ce métier n'étaient pas immunisés contre les maladies et les accidents. Beaucoup d'entre eux, surtout parmi les jeunes, trouvaient la mort dans les bois ou en revenaient leurs capacités amoindries.

Plusieurs chansons traduisent ces cruelles réalités et relatent les moments douloureux vécus par les victimes, par les témoins et par les personnes qui, malgré leur éloignement, partageront la souffrance ou la perte d'un être cher. Les textes nous révèlent alors les circonstances concrètes qui entourent ou entraînent les épisodes tragiques de la vie des voyageurs.

Parmi les 17 complaintes retenues dans notre corpus, une seule représente indéniablement les voyageurs engagés dans le commerce des fourrures : la chanson de *Cadieux* connut une diffusion orale importante à travers toutes les régions francophones du Canada et suscita la curiosité de nombreux écrivains et folkloristes. La mort de ce voyageur remonterait à 1709, à l'époque des guerres entre Blancs et Indiens[55]. Les différentes versions de cette complainte ne précisent pas les événements qui causèrent cette mort, mais elle y est évidente et devient de plus en plus présente au cours du récit :

---

[55] Charles-Marius BARBEAU, « la Complainte de Cadieux, coureur de bois (*ca* 1709) », dans *Journal of American Folklore,* Philadelphie, vol. 67, nº 264 (édition canadienne), avril-juin 1954, p. 180.

Ah ! doux échos, entendez mes soupirs,
En languissant je vais bientôt mourir.
Petits oiseaux, vos douces harmonies,
Quand vous chantez, me rattachent à la vie.
[...]
Mes genoux plient, ma faible voix s'arrête
[...]
Quand la mort vient par un si grand *désole*.
[...]
Rossignolet, va dire à ma maîtresse,
À mes enfants, qu'un adieu je leur laisse.
[...]
C'est donc ici que le mond' m'abandonne.
[...]
Très Sainte Vierge, ah ! m'abandonnez pas,
Permettez-moi d'mourir entre vos bras (1-20A) !

La légende de Cadieux, qui diffère de la chanson et jusqu'à un certain point lui sert de complément, fait du personnage un héros aux qualités surhumaines. Dans sa bravoure, il se porta à l'attaque des Iroquois pour laisser à sa famille le temps de s'échapper en canot d'écorce. Blessé, avant de s'ensevelir lui-même, il rédigea de son sang sa propre complainte sur des feuilles de bouleau[56]. Cette légende, on le voit, ne manque pas de merveilleux. Quoi qu'il en soit, Cadieux dut succomber aux blessures infligées par les flèches ennemies au cours d'une embuscade.

Cette complainte présente le témoignage unique d'un voyageur qui, sous le régime français, connut la mort au cours d'une attaque indienne. Combien d'autres n'ont cependant pas laissé à la postérité le souvenir d'une triste aventure du même genre ? Il faut pourtant dire que, chez les voyageurs qui vécurent aux XVIIIe et XIXe siècles, les causes les plus fréquentes de mortalité étaient d'un ordre plus naturel. Selon Eric Morse, ils « succombaient le plus souvent à la noyade, à une hernie étranglée ou aux blessures résultant d'une chute[57] ».

Les chansons de notre répertoire nous incitent de même à croire que la noyade représentait la manière la plus fréquente de trouver la mort au cours d'un voyage. *L'Adieu d'un noyé*, chanson qui parle d'un homme qui fut emporté par des eaux maléfiques, se rapporte probablement à un voyageur de la même époque que Cadieux. Même si aucun détail n'apparaît dans le texte quant à la nature du travail, le jeune homme s'absente pour une durée de deux ans, comme le précisent les contrats d'engagement conclus avec plusieurs voyageurs des pays d'en haut :

Les larmes aux yeux, fallut faire ses adieux :
— Consolez-vous, parents, je viendrai dans deux ans (82-1).

---

[56] Joseph-Charles TACHÉ, *Forestiers et Voyageurs*, p. 158-168.
[57] *Les Routes des voyageurs : hier et aujourd'hui*, p. 3.

Recueillie une seule fois dans la tradition orale, cette chanson insiste sur la fatalité du destin et sur les préoccupations dernières du noyé, ne signalant cependant pas le motif exact qui le conduit dans cette impasse. Chose étonnante, le jeune homme garde sa présence d'esprit et formule son testament matériel et spirituel en abandonnant la vie :

> Tout est fini : la mort m'a surpris
> Dans ma dernière année, partant pour m'en aller.
> Ceux qui m'ont vu noyer l'informeront à mon père,
> Pour me faire enterrer dedans un cimetière.
> — Père désolé, vous êtes mon héritier,
> Retirez mon argent, payez l'enterrement (82-1).

Contrairement à *l'Adieu d'un noyé, Nous sommes partis trois frères* ne laisse aucun doute sur le type de voyageurs qu'elle met en cause. En effet, plus d'une soixantaine de versions racontent un malheur maintes fois survenu dans les chantiers forestiers. À l'époque du flottage des billots, trois frères s'engagent à cette tâche, conscients du danger auquel ils s'exposent :

> Nous sommes trois frères étant partis pour voyager.
> Dans les chantiers a fallu s'engager.
> Dans le printemps a fallu prendr' la drave,
> Risquer sa vie à braver le danger (76-64A).

Dans des conditions qu'ils acceptent péniblement, puisqu'ils sont contraints de travailler le jour du Seigneur, l'un d'eux, voulant libérer un embâcle, devient victime de son devoir :

> Par un dimanche, un dimanche avant-midi,
> Dessous un' jam, je me suis englouti.
> J'ai bien été de rapides en rapides,
> Sans aucune branche que je puisse rencontrer (76-64A).

La trame de cette chanson, dans laquelle l'infortuné charge ses frères d'apprendre la triste nouvelle à leurs parents et les abandonne en leur laissant un message de consolation, est simple et affiche peu de variantes malgré ses nombreuses versions de toutes provenances. Cependant, à l'occasion, s'infiltre un couplet emprunté à la complainte de *Casimir Pérusse* dont le thème se compare à celui des complaintes retenues pour notre recherche. Pérusse est ce chercheur d'or qui connut une fin tragique s'apparentant à celle de Cadieux :

> En descendant la rivière Mont-Berval,
> Là j'ai senti le reste de mes jours ;
> Un coup de flèche, les Sauvages m'effarouchent,
> Ils font couler le reste de mon sang (76-25).

Cette strophe s'intègre d'une manière très naturelle à travers les couplets habituels de *Nous sommes partis trois frères*, ce qui a permis en quelque sorte de conserver cette chanson de *Casimir Pérusse* dans la tradition orale car il n'en existe à ce jour qu'une version orale consignée.

Jusqu'au milieu du XIXᵉ siècle, le canot d'écorce fut pratiquement le seul moyen de transport rapide et efficace. Outre que son utilisation nécessitait une grande adresse et une connaissance approfondie des eaux navigables, il demeurait une embarcation fragile et les moindres caprices des eaux pouvaient causer la mort de tous ses occupants. La rivière Saint-Maurice connut quelques-uns de ces accidents spectaculaires durant cette période où les chantiers forestiers y furent en pleine expansion. Trois chansons, *Olscamp, M. et Mme Théodore, le Chaland de Jim Boyd* et *Veillette, Antoine, surnommé Pouce*, ont perpétué jusqu'à nos jours la mémoire de certains disparus. Olscamp s'établit avec sa famille à proximité des zones d'exploitation forestière, y exerçant le métier de forestier durant la saison morte. Au cours d'un voyage d'approvisionnement, le père, la mère et un de leurs enfants, qu'ils conduisaient à son baptême, périrent dans un remous des eaux du Saint-Maurice. Ce drame, qui laissa dans le deuil plusieurs autres enfants, provoqua la consternation générale et inspira un « barde » populaire[58]. Le poète décrit les circonstances entourant l'accident et parle des efforts déployés par la population environnante pour retrouver les corps sans vie. Il invite les gens à se recueillir et implore la protection divine pour les orphelins. C'est en ces termes qu'il décrit l'accident :

> Le canot faisant diligence
> Part de la Mékinac
> Monter à la Grande-Anse.
> Arrivée d'un *frisson* d'eau
> Qu'a fait verser son canot.
> Ce qui a causé ce ravage étrange,
> C'était une pointe
> Où l'eau se tourmente (80-3c).

La seconde complainte mauricienne est tout aussi bouleversante et concerne plus directement les voyageurs forestiers. Seulement deux versions orales du *Chaland de Jim Boyd* sont parvenues jusqu'à nous, mais l'histoire locale relate cette noyade que marqua un deuil communautaire[59]. Logés sur un chaland chargé de provisions et de chevaux, un groupe d'hommes montaient hiverner dans les chantiers lorsque leur embarcation chavira. Plusieurs jeunes hommes et pères de famille furent engloutis dans les eaux tumultueuses de la rivière. Du début jusqu'à la fin de la chanson, le compositeur s'en tient strictement à la description des faits, dont voici les moments les plus palpitants :

---

[58] Madeleine BÉLAND, « la Complainte de M. et Mme Théodore Olscamp », étude préparée sous la direction de M. Luc Lacourcière, université Laval, Québec, mai 1976.

[59] Napoléon CARON, *Deux Voyages sur le Saint-Maurice*, p. 23.

Ô horrible spectacle à voir-e ce matin-là !
Des lamentations horribles, des cris perçants.
Cett' journée est le neuf octobre assurément.
Elle est restée très remarquable en y pensant.
Trent'-huit hommes sont à la nage en chavirant,
Parmi les chevaux, le bagage, charge du chaland.
Treiz' propriétaires s'y noyèrent ainsi qu'Souci,
Des gens bien connus par *icite*, de nos amis (74-3).

La chanson de *Veillette, Antoine, surnommé Pouce*, beaucoup moins connue, fait référence à un groupe de trois explorateurs qui remontèrent le Saint-Maurice au cours d'une expédition vers les années 1867-1869. Un des trois passagers de la fragile embarcation y laissa sa vie et le corps ne fut jamais repêché :

Ce qui redouble aujourd'hui la tristesse,
C'est que son corps ne s'est pas retrouvé (78-1).

Le Saint-Maurice n'est pas la seule rivière qui ait été la cause de tels drames et ait nourri l'inspiration des compositeurs populaires. Il y a un peu plus de 50 ans, dans la région saguenéenne, dix personnes furent envoyées à la mort au moment où leur chaloupe se brisa en heurtant les glaces. La chanson *Noyade à Shelter-Bay : 1923*, de par le thème qu'elle développe et la description exclusive de la noyade, ressemble beaucoup au *Chaland de Jim Boyd* :

C'est à Chaterbay [Shelter-Bay]
En dix-neuf cent vingt-deux,
Comme moi vous le savez,
Il s'est fait des gros chantiers.
[...]
C'est en montant pour hiverner,
Dix personnes ell's sont noyées.
[...]
Une glace ils ont frappée,
La chaloupe a défoncé (79-1).

Les Cinq Noyés de Gaspé et *Fournier, Frédéric (1809-1831)* complètent le tableau des noyades tout en représentant une autre région du Québec où les voyageurs ne furent pas épargnés. La première, une très longue complainte, diffère de celles examinées jusqu'ici en ce sens qu'elle est un véritable cantique religieux, sans doute composé par un lettré sur un air d'église bien vivant à l'époque du drame. Le thème de la religion est omniprésent dans chacun des couplets qui la composent. Les personnages s'étaient engagés pour la drave, tels ceux de *Nous sommes partis trois frères*, mais ils n'eurent pas le temps de se rendre à la tâche. L'accident dont ils furent les impuissants acteurs se résume en ces quelques vers :

Nous étions arrivés à l'époque du flottage,
Père et fils s'engagèrent à ce dur labeur.
[...]
Joyeux, nos cinq héros partirent dans leur canot
Sans un pressentiment d'un naufrage effroyable,
[...]
Un choc inévitable renversa leur nacelle (81-1).

Dans la seconde, un groupe d'hommes, dont un jeune arpenteur, se rendent dans la région de la Matapédia en 1831 pour y délimiter un tracé de chemin. Attendant depuis plus de dix jours les provisions que devaient leur apporter les Micmacs, ils trouvent la faim de plus en plus difficile à combattre. Ils se construisent donc un cageu pour descendre à Restigouche, voyant là leur seule chance de survie. Cette embarcation de fortune donna la mort à un jeune voyageur :

En arrivant à la chute,
Le *cajeu* a chaviré,
Les bouillons comme des buttes.
Les trois autres se sont sauvés.
Moi n'ayant pas eu la chance
D'avoir une branche attrapée,
Le six de juin, par malchance,
Le monde a fallu laisser (83-9).

Les chansons axées sur le thème de la mort par noyade sont relativement nombreuses si on les compare au nombre total des complaintes de voyageurs. Aussi nous fournissent-elles un sérieux indice du nombre total de celles qui furent composées sur le même sujet et qui n'ont pas survécu à la transmission orale. On peut ainsi imaginer le nombre réel de noyades enregistrées chez les voyageurs au cours des deux derniers siècles.

Les cours d'eau ne constituaient pourtant pas les seuls obstacles à vaincre pour les voyageurs. Ceux qui parvenaient à destination ne possédaient pas l'assurance de leur sécurité jusqu'au moment du retour. Ils devaient être continuellement aux aguets et faire preuve d'une extrême prudence. Leur travail, et quel qu'il soit, non seulement celui de la drave, les exposait au danger. Par exemple, lors de la coupe du bois, la chute d'un arbre comptait aussi ses victimes. Deux chansons abordent ce sujet et nous mettent en présence d'une réalité souvent oubliée. Dans le premier cas, *le Bûcheron écrasé par un arbre*, un jeune Acadien travaillant dans les chantiers américains commet une erreur qui lui coûtera la vie :

Un jour en travaillant, étant dans le bois,
Z-en abattant un arbre, il a fait un faux pas.
Mais ce brave jeune homme croyait bien d'éviter
La chute de cet arbre qui vient de le frapper (47-2).

Le corps meurtri, le blessé bénéficie de la présence d'un médecin qui ne croit pas que la mort s'ensuive. Mais, après une longue agonie, torturé par la souffrance physique et morale, il rend l'âme :

> Mais ainsi quel spectacle de voir tout ensanglanté
> Ce corps tout difforme, aussi *meurtrisé* !
> [...]
> Il est sans connaissance et il y resta ainsi
> Pendant deux jours entiers sans aucun signe de vie.
> [...]
> Je vous dis, mes amis, oh ! je ne crois pas
> Que ce brave jeune homme meure de cela !
> Mais souvent l'homme de science s'est bien souvent trompé,
> Parce que deux mois plus tard il était décédé (47-2).

Dans la seconde chanson, intitulée *Charles Savard écrasé par un arbre*, un bûche-ron du Saguenay meurt instantanément sous le choc de l'arbre :

> Étant à son ouvrage comme tous les jours passés,
> Ayant été averti qu'un arbre allait tomber,
> D'après les apparences il eut pas le temps de reculer,
> Un arbre de huit billots sur le dos lui a tombé.
> [...]
> Mais en baissant la vue, j'aperçois à mes pieds,
> Tout baignant dans son sang, Charles Savard était mort (30-1).

Dans le prolongement du travail forestier, la transformation du bois dans les grandes scieries compte aussi de nombreuses victimes. Une chanson née au début du XXᵉ siècle relate une de ces tragédies bouleversantes qui, à l'époque, constituaient une réalité courante. Dans la chanson *la Veuve affligée*, une jeune femme apprend la mort de son deuxième mari en quatre ans de ménage. On comprendra la révolte de la jeune épouse à l'annonce de la triste nouvelle :

> En arrivant en ville
> Sans faire un pas plus loin,
> Il s'en fut au service
> Dans un plus gros moulin.
> Rempli de confiance
> À la volonté de Dieu,
> Dans la scie s'est fait prendre,
> S'est fait couper en deux (65-9).

Tous les accidents qui survenaient ne conduisaient cependant pas irrémé-diablement à la mort. Blessés d'un coup de hache ou d'autres instruments et même frappés par un arbre, certains voyageurs recouvraient leurs forces. Ainsi *Estropié dans un chantier* met en scène un travailleur qui vécut une mauvaise expérience mais en sortit indemne. La chanson ne dit pas à quel malheur il échappa, mais l'estropié reconnaît sa chance et par un geste concret remerciera les puissances célestes de l'avoir épargné :

> Un jour dans un chantier
> D'un homm' bien estropié,
> [...]
> J'ai bien manqué mourir
> Bien loin de mes amis.
> [...]
> Si jamais je retourne
> Du pays où je viens,
> Je promets au bon Dieu,
> À la Très Sainte Vierge,
> Là, dans mon arrivée,
> Grand-mess' ferai chanter.
> Cett' mess' sera chantée
> Pour tous ces voyageurs
> Qui sont dans la misère
> Tout le long d'un hiver (48-18).

La maladie s'inscrivait elle aussi au chapitre des misères que les voyageurs subissaient :

> Mais rendu dans le chantier, c'est là que j'en ai connu,
> Des peines et d'la misère et mêm' la maladie (41-1).

Malheureusement, elle n'était pas toujours prise au sérieux. Les médecins, qui avaient souvent un très long trajet à parcourir, ne se déplaçaient qu'en cas d'urgence et ne pouvaient venir diagnostiquer chaque cas de maladie. Parfois le malade qui ne présentait aucun symptôme grave passait pour un paresseux ou un plaignard et demeurait le seul à constater sa faiblesse. *Le Frère mort de la fièvre* démontre jusqu'à quel point les apparences sont ainsi trompeuses. Dans cette complainte, recueillie une trentaine de fois en Amérique française, un père et ses trois fils s'engagent dans les chantiers. À la veille de Noël, le plus jeune souffre d'une fièvre atroce. Ignorant l'ampleur de la maladie, le père et ses deux autres fils décident de ne pas compromettre les réjouissances du temps des Fêtes et partent, assurés de retrouver le jeune homme rétabli à leur retour. La fièvre toujours grandissante, le jeune voyageur réclame la présence d'un prêtre. Ne trouvant pas une oreille plus compréhensive chez son patron, il rend l'âme, seul au milieu des étrangers :

> À la veille de notre départ,
> Une fièvre s'empare de moi
> [...]
> M'y voilà donc délaissé

De tous parents, de tous amis,
[...]
Je désirais voir un prêtre
Pour venir consoler mon âme,
Mais mon maître est si cruel,
Ne fait pas mine de m'entendre.
[...]
Le vingt-cinq décembre,
À deux heures après midi,
J'ai senti mes membres se raidir
Et mon cœur se refroidir.
Je rendais le dernier soupir
Sur ce lit si malheureux (43-28).

Il est vrai que, dans les chantiers forestiers, la santé des travailleurs ne représentait pas une préoccupation primordiale des employeurs. La plupart du temps, les malades ne jouissaient même pas de la période de repos nécessaire à leur rétablissement. Les patrons régnaient en maîtres suprêmes, autant les bons que les mauvais. Certains d'entre eux, craignant d'être dupés par un travailleur malade qu'ils jugeaient paresseux, n'hésitaient pas à le chasser du camp. Un tel comportement abusif de la part du patron ne peut être qu'exceptionnel, mais les chansons populaires, miroir de différentes réalités, en présentent un exemple dans *le Bûcheron mort d'une maladie inconnue* :

J'étais enfin rendu au bout de mes forces,
Ma pauvre vie s'en allait doucement.
Mon pauvre cœur combattait de toutes ses forces,
Dans ma poitrine comblait les battements.
Mais quand le maître m'a vu dans cet état,
Avec colère du camp il me chassa (56-4).

Ainsi expulsé du camp, le malade s'engage sur le chemin du retour avec un compagnon qui volontairement décide de l'accompagner. Plusieurs jours de marche et de souffrances, sans provisions et sans abri, les mènent à destination. Après avoir revu ses frères, sa fiancée et reçu les derniers sacrements, le bûcheron voit la fin de son long chemin de croix. Les médecins pratiquent une autopsie mais ne peuvent déterminer la cause de cette mort étrange :

Après ma mort, mais la plus triste affaire,
Il a fallu connaître ma maladie.
Trois médecins sont en charge de le faire,
[...]
La science leur disait ah ! qu'ils ne savaient pas
La mort qui causait mon trépas (56-5).

Le Gelé[60] et *les Trappeurs Courtois* complètent l'examen des chansons centrées sur les maladies, les accidents et la mort des voyageurs. On y voit des hommes mourir de froid et de faim. Dans *le Gelé* ou « la Complainte de Durette », les faits et gestes de ce personnage de l'histoire locale rimouskoise sont racontés. Ce jeune bûcheron fut retrouvé gelé, dans un bois à proximité de sa demeure ; l'égarement et la panique avaient contribué à sa perte :

> Je m'y croyais faire une route sûre
> Lorsque j'étais tout à fait égaré.
> Marchant, criant, courant à l'aventure,
> [...]
> La peur en moi sut bien trouver sa place,
> La faim, la soif sut bien s'y présenter.
> [...]
> Jusqu'aux genoux enfoncé dans la neige,
> Je devenais plus en plus fatiqué.
> [...]
> Le cinquième jour, ils ont eu plus de chance,
> Ils m'ont trouvé tout gelé et sans vie (49-7).

Dans *les Trappeurs Courtois*, c'est le long de la rivière Manicouagan qu'un jeune homme succombe à la faim :

> Supportant mieux les affronts du jeûne,
> Avec cœur diminuant sa part
> Pour prolonger la vie du plus jeune,
> L'aîné vit bientôt venir la mort (77-1).

Les complaintes que nous avons évoquées tour à tour présentent un éventail unique et assez complet des causes de mortalité chez les voyageurs. Plusieurs d'entre elles figurent dans des recueils d'histoire locale ou régionale ; les événements y sont situés dans le temps et l'espace et les personnages identifiés. En fait, aucune de ces complaintes, pas plus que les autres chansons de notre répertoire, n'est purement l'œuvre de l'imagination d'un auteur, car elles sont toujours basées sur des faits réels et vécus qui parfois peuvent dépasser l'imagination.

---

[60] Joseph-Désiré MICHAUD, *le Bic : les étapes d'une paroisse. Deuxième partie : Un siècle de vie paroissiale*, p. 218-219.

Le retour

Les chansons consacrées entièrement au thème du retour des voyageurs sont moins nombreuses que celles traitant du départ ou de la vie dans les bois ; toutefois, même ces dernières accordent régulièrement un passage à cette étape importante du voyage. En définitive, peu de renseignements concernent le trajet effectué au retour, car les sentiments qui animent les personnages désireux de revenir dans leur patelin prédominent dans les textes chantés. Si ce voyage ressemble presque en tous points à celui de la montée, en revanche, les difficultés s'estompent dans l'ivresse et la joie des retrouvailles prévues.

L'ATTENTE DU RETOUR

Ce moment tant attendu marque la fin d'une longue absence et d'un dur labeur qui couvraient plus d'une année pour les voyageurs des pays d'en haut et les longs mois d'hiver chez les forestiers. Le retour avait généralement lieu à la saison du renouveau. L'hivernant en avertissait parfois sa belle dès son départ :

> Dès que l'printemps s'ra commencé,
> Annonc'ra mon arrivée (15-1).

Dans certains textes où l'on précise la période de la fin des travaux, le retour s'annonce hâtif :

> Mais lorsqu'à la fin de sa tâche
> Le mois de mars est arrivé (39-3).

Les travailleurs voient venir la nouvelle saison avec un soupçon de regret, vite dissipé cependant, comme il est dit dans *le Chantier aux États-Unis* :

> Bientôt hélas ! arrive le mois de mars,
> Le printemps, bientôt il fera beau.
> Le bon soleil consumera la neige,
> Nous aurons fini nos durs travaux (25-2).

Hélas ! le bonheur des uns peut entraîner le malheur des autres. *Les Draveurs de la Gatineau* expriment ce sentiment lorsqu'à leur arrivée ils croisent les hivernants qui sympathisent bien peu, il faut le dire, avec ceux qui poursuivront leur tâche pendant tout l'été et parfois même jusqu'à l'automne avancé :

> Hivernant, tu nous quittes avec ton sac sur le dos.
> Tu nous quittes bien vite, tu maudis nos billots,
> Le lac, la rivière, la rame et l'aviron.
> Tu maudis jusqu'à l'air que nous respirerons (73-23).

Lorsque le flottage des billots prendra fin, le retour correspondra pour eux aussi à la fin de leurs misères, et les cageux et draveurs connaîtront à leur tour l'espoir de revoir les personnes qu'ils auront quittées depuis longtemps :

> Le dur labeur est enfin terminé,
> Dans nos familles on doit s'en retourner.
> Je suis heureux et j'ai le cœur content,
> Près d'mes parents et cell' que j'aime tant (17-2).

À la veille du retour, les hommes éprouvent la satisfaction d'avoir bien mérité leur argent en plus d'une période de repos :

> Mais quand vient le printemps, on avait tout l'cœur content
> D'avoir d'l'argent gagné pour pouvoir s'en aller (24-14)

> *ou*

> [...] on peut se reposer (24-34).

Fatigués mais heureux, ils plient bagage afin d'entreprendre la « descente des chantiers » et ils ne se soucient alors guère de leur apparence :

> L'hivernement fini,
> La barb' tout' repoussée,
> L'corps à moitié rongé
> Comm' des bêtes à ferrer (50-1).

Les travailleurs, venus de différentes régions, vont prendre chacun une destination. Avant de se séparer, les amis se disent adieu, même si certains espèrent se revoir un jour. Ces adieux ne sont cependant pas empreints de tristesse, contrairement à ceux du départ :

> Et moi dans mon cœur bien sincère,
> Je dis à mes amis d'ici :
> — Oui, je reviendrai, je l'espère,
> Sous le ciel de la Gaspésie (39-3).

Si quelques voyageurs manifestent ainsi le désir de se revoir, d'autres, dans leur for intérieur, songent à échapper dans l'avenir à cette vie difficile. Dieu les épargnera peut-être s'il est attentif à leur demande :

> Prions donc le bon Dieu pour qu'il nous protège
> De ne pas nous engager encore une autre année (45-2).

Il est vrai que tous les hommes n'étaient pas destinés à ce genre de vie, que ce soit parmi les forestiers ou chez les voyageurs à l'emploi d'une compagnie de traite des fourrures. Comme le dit la chanson, *le Voyage, c'est un mariage*, et tous n'y sont pas préparés :

> Moi, j'attends la journée,
> Jour de mon arrivée.
> Jamais plus je n'irai
> Dans ces pays damnés
> Pour tant m'y ennuyer (2-2F).

Le cœur gai et les chansons aux lèvres, les voyageurs, plus riches mais exténués par la tâche, ressentent un regain de vitalité au cours de la descente :

> L'ouvrier qui dépose sa hache,
> Il a le cœur à la gaieté.
> Il chante en chemin
> Des joyeux refrains (39-3).

LES PLAISIRS ANTICIPÉS

Si, d'une part, l'arrivée du printemps ou de l'automne (selon le type de travailleurs concernés) marque la fin de la période de travail, elle correspond aussi à une phase de renouveau intérieur. Les voyageurs, de jour en jour, voient venir le moment des retrouvailles tant espérées. Le désir de retourner au pays et de renouer avec les personnes aimées les préoccupe de plus en plus, face à cette éventualité qui approche. Dans *la Plainte du coureur de bois*, le jeune voyageur est impatient de retrouver sa mère :

> Le printemps tout aimable,
> Le voici le mois d'avril.
> Il faut mettre les voiles
> Pour aller dans mon pays,
> Dans mon pays enfin
> Trouver ma très chère mère,
> Car c'est là celle que j'aime,
> Car c'est ma propre mère (3-1).

Le désir de revoir le père apparaît également dans *le Retour du voyageur*. Cette chanson, dont une seule version est une adaptation de chanson de soldats, nous montre un jeune homme fier et courageux, ragaillardi par cette seule pensée :

> Chantons l'honneur et le courage
> D'un jeune brave voyageur
> Partant pour aller voir son père
> Au Bas-Canada ;
> Il ne craignait pas de misère
> Ni d'embarras (60-2).

Les parents occupent sans contredit une place importante dans le cœur de leurs enfants ; néanmoins, pour les jeunes gens, comme on l'a vu, une place plus importante encore est détenue par la jeune fille aimée. En cours de route, la fatigue n'a plus sa place et les canots ont des ailes pour conduire leurs passagers qui se voient déjà en bonne compagnie :

> On a fait cent milles en canot,
> On sentait pas la fatigue,
> On s'en allait voir nos *filles* (34-1).

> On retournera au village de Lamèque
> Voir nos parents, aussi nos bien-aimées.
> [...]
> Bien tous ensemble on passera l'été (25-2).

De même les portageux acceptent plus facilement la charge qui les accable et, malgré la chaleur qui pose une difficulté supplémentaire au printemps, ils ont l'âme à formuler des projets heureux :

> Lorsque nous faisons route, la charge sur le dos,
> En disant : — Camarades, ah ! grand Dieu qu'il fait chaud !
> Que la chaleur est grande, il faut nous rafraîchir ;
> À la fin du voyage, on prendra du plaisir (68-3A).

Dans *le Départ de l'engagé pour les chantiers*, les draveurs se promettent bien de ne pas être laissés pour compte à leur retour :

> On fera la réjouissance quand tout sera fini,
> Qu'on laissera la drave pour retourner au pays (16-7).

Cette « réjouissance » dont il est question est davantage explicitée dans d'autres textes :

> Et quand nous serons tous arrivés,
> Vous allez voir si on va *mouiller ça* (57-2).

De leur côté, les cageux de l'Outaouais songent à l'accueil qui leur sera réservé. Un peu à la manière des héros qui rentrent d'une croisade, ils s'imaginent déjà que la communauté entière, y compris les notables, se déplacera pour la circonstance. Ils espèrent qu'à cette occasion ils n'entreverront pas de larmes dans le regard de leur bien-aimée :

> Le curé et tout le monde
> Vont me serrer la main.
> Je compte que ma blonde
> N'aura pas l'œil chagrin[1].

Le printemps avec ses signes avant-coureurs promet la réalisation prochaine de rêves depuis longtemps caressés. Les jeunes filles participent aussi à l'euphorie de cette saison, telle *la Belle aimée d'un voyageur* qui reçoit le message du rossignol, annonciateur de la fin de la séparation et de l'amour retrouvé :

> Voilà le printemps qui va-t-arriver.
> J'entends le rossignol chanter, les voyageurs descendent.
> Cela me ramènera celui que mon cœur demande (55-1A).

LES DÉCEPTIONS

Ainsi donc, parmi les plaisirs anticipés, celui de retrouver sa blonde tourmente plus d'un jeune voyageur. Hélas ! à leur retour, quelques-uns seront attristés par une épreuve sentimentale. Comment le voyageur pouvait-il s'attendre à ne pas revoir la fille qu'il aime, après les promesses de fidélité mutuelle échangées au départ ? *Le Retour des chantiers — la Blonde mariée* évoque une situation qui laisse beaucoup d'amertume dans le cœur d'un voyageur trompé :

> — Bell', si c'est vrai que tu es mariée,
> Mes anneaux d'or donne-moi-les.
> J'aurai dans la mémoire,
> Pendant plusieurs-e années,
> Le souvenir d'une blonde
> Que mon cœur a tant aimée (58-16).

Tantôt la jeune fille essaie de justifier son comportement par la longue durée de l'attente, qui lui a fait douter des promesses de son amoureux :

> Oui, il est vrai dans le temps
> Que je t'avais pris pour amant.

---

[1] Coll. François Brassard, ms. nº 167. Chanté par Urbain Petit (71 ans), 5 août 1943, Strickland, Ontario, 4 c. (*Refrains de cage*).

> Tu m'avais dit de t'attendre
> L'espace d'un an et demi.
> Voilà deux ans qui s'est écoulé,
> Moi, je me suis mariée (58-24A).

Une autre chanson portant sur ce thème révèle que la belle n'est parfois pas la seule responsable du manquement à sa parole, car ses parents l'ont grandement incitée à oublier ses promesses :

> Elle s'est mariée sans m'en avaire bien parlé,
> Tous ces parents qui l'ont si bien conseillée[2].

Néanmoins, une autre fille fait preuve de réelle inconscience dans *le Retour des chantiers*, car elle a trouvé un *cavalier* qui faisait mieux l'affaire. Peut-être n'est-il pas un voyageur ?

> Dimanche au soir est arrivé,
> J'suis-t-allé voir ma p'tite frisée.
> Et elle me dit tout en entrant :
> — Mais je fréquente un autre amant (57-1).

Deux cas d'exception démontrent que le voyageur pouvait, outre les mésaventures sentimentales, affronter des déceptions d'ordre pécuniaire. En effet, *le Boss aux billets blancs* paie ses employés en billets d'échange remboursables plus tard dans l'année :

> Quand ça vient dans le printemps,
> L'bonhomme Clark paye en papier blanc (22-3).

Chez les forestiers, le salaire pouvait être versé avant le retour, à la toute fin de la saison ou encore lorsque le voyageur rentrait chez lui. Toutes sortes d'éventualités pouvant survenir, un brin d'insécurité régnait jusqu'au moment où le travailleur touchait son maigre salaire, péniblement gagné. La situation que décrit *Dans les chantiers nous hivernerons* est probablement un fait réel, quoique peu courant, qui mettait fin à bien des projets élaborés sur le chemin du retour :

> Et puis il descend à Québec,
> Souvent il fait un gros bec,
> Il demande à son bourgeois
> Qu'est assis là au comptoir :
> — Je voudrais bien être payé
> Pour le temps que j'ai donné !
> Le bourgeois qu'est en banqueroute
> Pour payement l'envoie fair' foutre (20-3).

---

[2] Henri JULIEN, « Chansonnier manuscrit », Québec, 1856, s. p., 8 c. (*Départ — Quand j'ai parti*).

Ces mauvaises expériences vécues par les voyageurs à leur retour perdent tout de même leur importance quand on les compare à la douleur des parents ou des femmes qui ne voient pas revenir leur fils, leur prétendant ou leur mari. De réjouissances anticipées, le retour se transforme alors en une tristesse profonde. Comme nous l'avons déjà vu, plus souvent qu'à son tour la mort retenait ainsi loin de sa famille un être attendu. De même le voyageur pouvait retrouver son milieu changé par la disparition d'un parent ou d'une autre personne chère.

L'ALCOOL

Les voyageurs de toutes les époques qui avaient la chance de revenir au bercail et de recouvrer leur paye se retrouvaient quelquefois sans le sou au bout de quelques semaines, et on n'ignore pas à quelle utilité leur argent avait servi. Tandis que les plus raisonnables regagnaient leur foyer avec empressement, d'autres appliquaient à la lettre la philosophie du bon voyageur, exprimée dans *Voilà ce qu'on aime quand on est voyageur* :

Faut boire avant d'mourir (61-12).

Ceux qui avaient l'argent en poche commençaient déjà la fête en cours de route. Les hôtels échelonnés sur le trajet des voyageurs remplissaient leur caisse aux dépens de certains qui dépensaient sans compter pour noyer les frustrations subies pendant l'hivernement :

Chez ma[da]m' Goudreau l'on arrêt'ra,
S'il y a-t-une *traite*, on la paiera (I-Q-8-15).

À moitié conscients de leur comportement, les raftsmen autant que les autres ne regardent pas à la dépense :

C'est d'l'argent qu'ils ont gagné ;
Quand ils en ont bien gagné,
Ils reviennent la dépenser
À l'hôtel de Jos Boulé (I-Q-8-13).

Quand on a ainsi les poches bien garnies, toutes sortes de bonnes raisons incitent à lever le coude :

Buvons, mes camarades, à la santé de Gouin,
Trois ou quatre rasades et donnons-lui la main (73-17).

On a parti puis on s'est en allé,
Su' Jean au port on a rentré.
On a pris quelques verres
Avec toute la *compagnée*,
À la santé de nos blondes
Que mon cœur a tant aimées (58-16).

Que l'on me verse un verr' de vin,
C'est pour saluer ma catin.
Après l'avoir abandonnée,
C'est à savoir si je l'aurai (7-5).

J'ai quelques piastres de gagnées,
Il faut retourner à la ville,
Il faut fêter les voyageurs (62-1).

Si l'on en juge d'après les chansons, les voyageurs tenaient d'ailleurs à conserver leur réputation de bons buveurs. Au risque d'y laisser toutes leurs économies, ils ne la remettaient pas en cause. De plus, ils aimaient laisser croire qu'ils disposaient de beaucoup d'argent :

Un bon voyageur à l'hôtel
Faut qu'il invite tout l'monde à boire (62-1).

Parmi les voyageurs, lui y a de bons enfants
Et qui ne mangent guère, mais qui boivent souvent (68-3A).

En cette matière, les conseils ne peuvent rivaliser avec l'expérience personnelle :

C'est à vous autr's mes jeunes garçons
Qui caressent la bouteille,
Vous devriez prendre exemple sur moi
Z-épargnez vos misères.
Pour mieux conserver votre argent,
Z-évitez les auberges,
C'est de pouvoir rester chez vous
Quand vous aurez des femmes (24-1).

Les parents surtout voudraient bien changer le comportement de leurs enfants ; ils ne peuvent que souffrir de les voir dépenser l'argent si précieux et se montrer aussi prodigues :

Les pères aussi les mères en crient vengeance
De voir que leurs enfants font d'la dépense.
Ils ont beau leur dire et leur défendre,
Le verre et la bouteille sont la dépense (6-1).

Sans vouloir exagérer outre mesure et conclure que tous les voyageurs commettaient les mêmes étourderies, les extraits de chansons sur ce thème sont si nombreux qu'ils laissent croire que plusieurs d'entre eux dépensaient ainsi, les yeux fermés, l'argent qu'ils avaient durement accumulé :

> J'ai tout' connu les auberges,
> Tout' mon argent y a passé (16-2).

> Tout *drouett'* su' Charl's Pagé
> C'est là qu'on va *s'casser* (50-1).

> En passant par Québec, il faut bien *s'mouiller l'bec*.
> Au bout de dix jours passés, on est encore cassé (24-34).

Il n'est donc pas étonnant que l'on rencontre comme refrain d'une chanson à boire les vers suivants, dans lesquels on associe « buveurs » et « voyageurs » :

> Les buveurs, les voyageurs
> Sont toujours de bonne humeur[3].

L'AMOUR ET LES RELATIONS FÉMININES

L'alcool ne constituait pourtant pas la seule faiblesse des voyageurs. Après une longue période de vie presque monastique, une présence féminine était ardemment désirée par la plupart d'entre eux :

> Ah ! le bonheur, vous le connaissez tous,
> Les femmes, les liqueurs,
> C'est ça qu'on aime quand on est voyageur (61-23).

Leurs préférences au sujet des femmes se manifestent dans la chanson des *Raftsmen* :

> Les Sauvagesses on les r'gard' pas,
> Les Canadiennes on les flatt'ra,
> Partant du haut mais jusqu'en bas (I-Q-8-15).

Les coureurs de bois et les voyageurs des pays d'en haut ne partageaient sans doute pas cette opinion, car ils ne semblaient pas tant se formaliser, dans des conditions qui, avouons-le, leur étaient plus favorables, loin du pays, de la religion et de la loi. Si les missionnaires et les bien-pensants leur reprochaient de débaucher

---

[3] Coll. Marc Gagné, AF, n° 563. Chanté par Émilienne Guay (50 ans), 4 juillet 1972, Saint-Sylvestre (Lotbinière), Québec, 6 c. (*Près de mon tonneau*).

les femmes et les filles des autochtones : « ils boivent de l'eau-de-vie quoiqu'elle coûte, et souvent ils débauchent les femmes et les filles des sauvages[4] », eux disaient qu'ils ne faisaient que s'adapter à des mœurs différentes. Chez les forestiers, les camps s'établissaient souvent à proximité des réserves indiennes ; cependant, les prêtres et les missionnaires se chargeaient de faire observer les règles de la morale chrétienne et surveillaient les indésirables de près. Donc, pour satisfaire leurs désirs charnels, dès leur retour, les voyageurs aux mœurs légères se rendaient à l'hôtel ou dans des maisons de mauvaise réputation. Plusieurs chansons, aussi vertes les unes que les autres, nous rendent compte des péripéties auxquelles ils s'exposaient :

> Avec l'argent qu'ils ont gagné
> Sont allés voir la mère Gauthier
> Et les grosses filles ont demandées.
> Ont pris du rhum à leur coucher
> Et leur gousset ont déchargé.
> Le médecin ont consulté (I-Q-8-9A).

Dans *les Raftsmen — les Maladies vénériennes*, si les belles filles ne coûtent pas cher puisque les voyageurs profitent du crédit, les conséquences de leur comportement — ou de leur sens de l'économie — leur serviront cependant de leçon :

> C'est en dravant su' l'bois carré,
> Des bell's filles on a *claquées*
> Tout à crédit comm' des maudits.
> [...]
> La vérole, oui je l'ai eue !
> *Chauss'piss'* cordée par su' l'marché.
> L'docteur La Plott' qui nous a soigné
> I' dit qu'faudrait qu'on aurait l'fouet' coupé,
> Aussi tout l'poil du cul arraché (67-1).

Dans une dernière chanson du même genre, un voyageur audacieux raconte son aventure. Il semble cette fois que le médecin passe aux actes :

> Tout droit au bordel, j'me suis-t-en allé,
> Une *sauc'pisse* j'ai-t-attrapée.
> Le bout d'la graine, ils me l'ont coupé (23-1).

Dans ces quelques couplets grivois, on constate une tendance moralisatrice de la chanson vis-à-vis des hommes qui se livrent à la débauche puisqu'ils

---

[4] *Mémoire historique de 1705 sur les mauvais effets de la réunion des castors dans une même main*, cité par J. Tailhan dans Nicolas PERROT, *Mémoire sur les mœurs, coustumes et rellıgion des sauvages de l'Amérique septentrionale*, p. 299.

connaissent de façon quasi automatique le châtiment de leurs actes. Mais si de telles transgressions ne se conforment pas aux mœurs admises, un bon voyageur ne doit pas pour autant dédaigner la compagnie féminine, il lui suffit d'être plus prudent :

> Prenons un petit coup, ménageons les sous,
> Aimons les demoiselles aux yeux doux.
> À l'âge de cinquante-cinq ans,
> Nous serons encore tout jeunes voyageurs (62-11).

Les comportements excessifs remettent en cause non seulement la santé et le portefeuille des voyageurs mais, bien davantage, le salut de leur âme. *Le Chrétien qui se détermine à voyager — le Bûcheron*, une chanson d'abord consacrée aux anciens coureurs de bois et qui s'est adaptée ensuite aux forestiers, tente de faire réfléchir le voyageur sur ces questions et l'assure qu'une bonne conduite est toujours récompensée. Une condition paraît essentielle à la réussite, et c'est d'éviter les occasions qui causeraient la perte du voyageur :

> Pauvre voyageur, que vas-tu faire
> Après avoir eu ton paiement ?
> Vas-tu dans ces infâmes villes ?
> Là, tu perdras âme et argent.
> Au lieu d'aller à la *cantine*,
> Va-t'en tout droit chez le banquier.
> Évite ce qui cause ta ruine,
> Tu en seras récompensé (5-12A).

Combien ont mis en pratique ces sages conseils ? Après avoir vécu des privations, bien des bûcherons prétendaient mieux faire profiter leur argent. Somme toute, il semble plus facile d'épargner son âme que son argent, puisqu'il faut bien se divertir un peu entre jeunes gens et courtiser les belles du village :

> M'en revenant des grands chantiers
> La veill' d'un dimanche,
> Sur mon chemin j'ai rencontré
> Trois filles en robe blanche.
> [...]
> Alors je leur-z-ai demandé
> Pour les am'ner en danse (59-1).

D'ailleurs, dans l'immédiat, son argent procure au voyageur un net avantage pour conquérir les cœurs : il peut multiplier les sorties et avec tous les présents qu'il a la possibilité d'offrir, il est beaucoup plus remarqué que le meilleur prétendant sans le sou :

Un dimanche au soir y avait un beau bal,
J'allai la d'mander pour aller danser.
Elle me fit réponse : — J'n'aime un autre que toi,
Mais c'est avec toi que j'irai danser (38-10).

J'lui ai acheté des beaux *pend'oreilles,*
Aussi des rubans avec des beaux gants.
Elle les a pris, mais elle n'a eu honte,
Suffit que ça venait d'un voyageur (38-7A).

Vêtus de leurs plus beaux atours, les « habits du dimanche (59-1) », les voyageurs suscitent la préférence des jeunes filles. La popularité dont ils jouissent les classe parfois au-dessus des gens du monde dans le cœur des demoiselles, comme nous le démontre ce couplet d'une version canadienne de *la Fille au cresson* :

Mon petit cœur en gage
N'est pas pour un baron,
C'est pour un voyageur
Qui a d'la barbe au menton[5].

LES VOYAGEURS ET LES HABITANTS

Si on préfère ainsi le voyageur à un baron, quelle place reste-t-il alors à l'habitant ? Dans une chanson, une jeune fille ne se gêne pas pour dire que l'habitant détient le dernier échelon social, et ce en recourant à une comparaison vraiment représentative d'une mentalité qui fait preuve de discrimination envers ceux qui se consacrent à l'agriculture :

À Saint'-Cécile, il y a-t-une brune,
Elle a les yeux brillants comme la lune.
Elle aim' les voyageurs par avantage,
Ell' dit qu'les habitants sont des Sauvages (6-1).

Ainsi considérés, les habitants s'effacent à l'arrivée des voyageurs qui leur enlèvent leurs blondes. Honteux, ils abdiquent devant le choix de celles-ci, non sans un soupçon d'envie, car autant les voyageurs charment les femmes, autant ils éveillent chez les sédentaires un désir de liberté[6] :

---

[5] Coll. père Germain Lemieux, AF, n° 200. Chanté par Ulric Goyette (78 ans), 1952, Sudbury, Ontario, 8 c. (*la Fille au cresson*).
[6] Voir Jack WARWICK, *l'Appel du Nord dans la littérature canadienne-française. Essai*, p. 32.

Voyez les jeunes filles, se disent entre eux autres :
— Les voyageurs qu'arrivent, chacun les nôtres.
Voyez les habitants, ils ont grand honte,
Les voyageurs qu'arrivent leur-z-ôtent leurs blondes (6-2).

En dernier recours, ils se contentent des filles qui, faute de séduire un voyageur, acceptent un habitant :

Avec vos *falbanas* vous serez la cause
Qu'un garçon d'habitant passera faut' d'autre (6-2).

De plus, l'habitant se verra contraint de subir de fâcheuses comparaisons qui ridiculisent son métier pourtant indispensable à la société. Ce couplet de la chanson *les Voyageurs et les Habitants* en fournit un bel exemple :

Voyez un habitant à son ouvrage,
Graissé de *marde* de vach' jusqu'au visage.
Voyez un voyageur à son ouvrage,
Plein de vivacité, plein de courage (6-2).

L'emprise qu'exercent les voyageurs sur la gent féminine produit à l'occasion de grands ravages dans le cœur des jeunes filles qui, amourachées, ne pourront pourtant pas les retenir auprès d'elles lorsque le temps de partir reviendra. Comme cela est déjà arrivé à plusieurs de leurs consœurs, elles souffriront dans l'attente et devront assumer les conséquences de leur choix :

Dans nos quartiers il y a d'la pitié,
Toutes les jeunes filles font que pleurer,
Il' pleurent leur cœur volage
De s'avoir laissé gagner.
Ils ont gardé pour gage
Un petit homme de chantier (II-H-45-7).

La peine est plus grande encore lorsque la jeune fille voit partir l'homme qui lui a fait perdre son « honneur » :

Ah ! oui, mon cœur est bien en peine
Depuis cinq ou six mois passés.
T'as gâté ma taille, t'as pâli mes couleurs ;
Et moi si jeune encore j'ai perdu mon honneur (II-H-45-10A).

Certains voyageurs ne s'embarrassaient pas facilement d'une femme et, à l'encontre du peu de considération dont ils font preuve à l'égard des habitants en leur enlevant leurs amies, ils compteront alors sur eux pour assumer leurs erreurs. La chanson de *la Fille délaissée* témoigne ainsi du mépris d'un voyageur qui refuse de prendre ses responsabilités, les reléguant à l'habitant qu'il croit stupide au point d'épouser la « première venue » :

La belle, si tu voulais m'y croire,
Dans ton pays tu resterais.
Tu trouveras peut-être quelqu'habitants nigauds
Qui aimeront peut-être avoir la vache avec le veau (II-H-45-7).

Les comparaisons entre voyageurs et habitants ne sont donc jamais à l'avantage de ces derniers ; nous avons peut-être là une preuve appuyant notre hypothèse que ce sont les voyageurs eux-mêmes qui composaient ces chansons qui parlent d'eux :

Ça prend qu'un voyageur pour avoir ton honneur,
Ça prend qu'un habitant pour avoir le restant[7].

Les parents ne sont pas sans savoir qu'il est dangereux pour leurs filles d'aimer des voyageurs. Mais ils n'ont que le pouvoir de conseiller et le devoir de surveiller :

C'est à vous autres mes jeunes filles,
Laissez-vous pas charmer
Par ces jeunes voyageurs.
Ils vous emmèneront
Dans des p'tits coins noirs.
C'est à vous autres mères de famille,
Prenez bien garde à ça.
Laissez pas sortir vos filles (II-N-18-5).

Les gens de ce métier exerçaient donc, dans leur propre pays, le même attrait qu'un étranger. D'ailleurs, ils avaient « vu du pays », goûté à la liberté, et vécu autre chose que la monotonie quotidienne. Réputés pour leur endurance exceptionnelle au travail qui leur faisait gagner beaucoup d'argent, ils représentaient pour les filles l'homme idéal, voire le héros. Aussi était-il souvent bien difficile pour elles de résister. Quelques-unes pourtant s'en méfient, car elles n'acceptent pas leurs principales faiblesses, l'alcool, les femmes et le voyage :

Et la jeun' fille qui le sam'di
Était fort bien aimable,
Me dit : — Va-t'en avec ton whisky (59-1).

Deux autres chansons qui ne font pas partie du répertoire des chansons de voyageurs, *le Mari que je voudrais* et *la Dizaine d'amants*, complètent dans le même sens ce portrait des hommes de métier :

---

[7]   Coll. Charles-Marius Barbeau, MN, n° 1902. Chanté par Ovide Soucy (65 ans), 1918, Saint-Antoine (Témiscouata), Québec, 3 c. (*la Fille qui se noie*).

> Je ne veux pas d'un voyageur,
> Rarement ils se font honneur,
> Ils flattent les Sauvagesses[8].

> J'aimerais le voyageur
> Car c'est un homme de bon cœur ;
> Mais toujours il est parti
> Dans une ville ou dans l'autre,
> Ce qui arrive en voyageant
> Il va voir les femmes des autres[9].

Un peu à l'image de ces jeunes femmes qui recherchent avant tout la sécurité et la stabilité dans leur union avec un homme, quelques jeunes hommes, souvent des fils d'habitants, travaillaient dans les bois pour gagner un peu d'argent dans l'espoir de s'établir ensuite dans une ferme. Leur tempérament les orientait vers une vie difficile mais moins dangereuse car, ils l'admettent eux-mêmes, il faut bien du courage pour être voyageur et tous ne sont pas friands d'une vie aussi aventureuse :

> Dans le cours du voyage,
> Il faut bien du courage.
> Vaut mieux être habitant ;
> On a moins de tourment.
> L'habitant sèm' du grain ;
> Dort du soir au matin.
> Sa femme en a bien soin (2-2F).

Après avoir vécu quelque temps cette vie difficile, ceux-ci, de retour au pays, n'agiront pas comme la plupart des voyageurs. Ils auront épargné leurs sous pour se marier et ne plus s'éloigner :

> Je veux m'y marier-e, la belle, à votre idée,
> Dans ces cruels voyages, la bell', je n'veux plus aller (10-1).

Le retour des voyageurs est donc une période de bouleversements. Toute la collectivité s'en trouve transformée, car ils amènent un renouveau dans les cœurs. Ceux qui rentrent chez eux font le bonheur de leurs blondes, de leurs femmes ou de leurs familles. Les autres, plus fêtards, modifient la vie sociale de la communauté ; autour d'une bouteille, ils renouent les vieilles amitiés ou en créent de nouvelles. D'un autre côté, la tristesse prend aussi sa place chez les femmes quand leurs hommes tardent à rentrer et dépensent leur argent sans se préoccuper

---

[8]   Coll. Carmen Roy, MN, n° 5360. Chanté par Angélique Parisé, Paspébiac (Bonaventure), Québec, 7 c. (*le Mari que je voudrais*).

[9]   Coll. Joseph-Thomas Le Blanc, ms. n° 1211. Version de Marie-Anne Pitre, Colette, Nouveau-Brunswick, 9 c. (*la Dizaine d'amants*).

d'elles et de leurs enfants. Cependant, ceux qui se livraient aux plus grandes folies étaient en général les célibataires. Jusqu'à un certain point les retours marquent une période de relâche et de défoulement collectif. La présence tant espérée de ces hommes bouleverse pour un temps la monotonie de la vie quotidienne.

Les chansons traitant de ce thème du retour nous révèlent certains traits de la personnalité et du caractère des voyageurs. Travailleurs inégalés, doués d'une endurance peu commune, ils affrontaient dans les bois les pires misères pour gagner leur vie. Au retour, beaucoup d'entre eux se conduisaient comme de véritables enfants n'ayant aucun contrôle d'eux-mêmes. Les privations terminées, ils se sentaient obligés de se livrer à des excès et, pour une période de bon temps, ils oubliaient d'un seul coup leur labeur et se sentaient prêts à recommencer un autre hiver. Au fond, bien des voyageurs et des forestiers aimaient profondément le genre de vie qu'ils menaient.

Les chansons populaires recueillies dans la tradition orale ou consignées dans des ouvrages du terroir nous livrent une riche documentation sur ces voyageurs canadiens qui jouèrent un rôle certain dans l'histoire de l'Amérique du Nord. Les textes chantés partagent les voyageurs en deux types distincts. Au début de la colonie française, les coureurs de bois, aussi nommés voyageurs des pays d'en haut, troquaient les fourrures avec les Indiens et assuraient le transport de la marchandise en canots d'écorce. Au XIXe siècle, alors que l'évolution des moyens de transport restreignait de plus en plus l'usage du canot, l'exploitation forestière de son côté nécessita la venue de nombreux travailleurs saisonniers, dans diverses régions du pays. Bon nombre de canotiers et d'habitants trouvèrent de nouveaux débouchés grâce à la richesse des forêts.

Ces derniers, les voyageurs forestiers, sont beaucoup mieux représentés dans les chansons que les coureurs de bois. Cependant, nous nous sommes intéressée à toutes les chansons afin de faire l'examen complet du répertoire et de montrer à la fois les divergences du métier et les caractères communs de ces hommes qui s'inscrivent dans une même tradition. Chaque groupe de chansons fournit une matière abondante qui pourrait être davantage approfondie à l'aide de disciplines telles que l'histoire, la littérature, la musique, la linguistique ou autres sciences connexes.

Quoi qu'il en soit, les chansons, à elles seules, tracent un portrait original et assez réaliste des voyageurs et des forestiers. Aussi les trois grands développements de notre étude ont-ils voulu d'abord correspondre aux principales étapes de la vie de voyageur, à partir de l'engagement jusqu'au retour, pour se subdiviser ensuite en une série de thèmes qui décrivent le métier et font part de la vie et des sentiments vécus par ces travailleurs exilés. Ainsi se dégage un portrait-robot des deux types de voyageurs. Les plus anciens, les voyageurs des pays d'en haut, louaient leurs services à des compagnies de traite des fourrures et gagnaient les contrées lointaines en canots d'écorce pour en revenir avec les précieuses peaux. Dans les contingents qui partaient de Lachine à chaque printemps, plusieurs jeunes gens, issus de classes sociales diverses, s'embarquaient par goût de l'aventure, avec l'espoir de gagner rapidement de l'argent. Après des adieux empreints de tristesse, surtout pour ceux qui quittaient leur famille pour la première fois, les voyageurs entreprenaient un long périple qui durait six mois, un an, et souvent plus. Pour eux, le travail commençait dès le départ des canots. Pendant plusieurs semaines, voire des mois, les journées s'écoulaient au fil de l'eau. Jusqu'à ce qu'ils aient atteint leur destination, le Grand-Portage, ou des régions encore plus éloignées, ils devaient affronter les caprices de l'eau et de la température et subir la fatigue des portages et de la marche. Occupés à naviguer du lever au coucher du jour, il leur fallait être aux aguets même dans les moments de repos, car ils connaissaient la fragilité de leurs embarcations et savaient qu'ils risquaient constamment leur vie. Chaque jour, ils se contentaient de leur ration quotidienne de fèves et de viande séchée avant de se reposer quelques heures sur le rivage, leur seul canot pour abri. Alors qu'ils devenaient de plus en plus coupés de la civilisation, sans aucun moyen de communication, la solitude et l'ennui occupaient leurs pensées. Ceux qui hivernaient dans les bois ou qui disposaient de temps libre, ayant atteint leur destination, chassaient leur ennui en s'enivrant, en jouant aux cartes ou en « corrompant » les femmes indiennes. Loin de toute surveillance religieuse et de toute loi, ils pouvaient donner libre cours à leurs passions. D'ailleurs, n'étaient-ils pas très souvent taxés de libertins et de débauchés ?

Comme les coureurs de bois, les forestiers étaient des engagés, offrant leurs services à une compagnie forestière ou à ses sous-traitants. Le métier ne laissait aucune place aux hommes fragiles ; les forestiers devaient être robustes, en pleine santé, travailleurs et endurants. Beaucoup de jeunes hommes, en général fils d'habitants, et de pères de famille acceptaient de s'éloigner ainsi des leurs pour gagner un salaire d'appoint pendant la saison morte. Chez les forestiers, le voyage ne constituait qu'une étape car, rendus dans les chantiers, ils étaient affectés à des tâches particulières pour la durée de leur engagement. Les bûcherons et les draveurs sont les principaux groupes de travailleurs représentant les forestiers. Les premiers s'exilaient de l'automne jusqu'au printemps pour faire la coupe du bois ; les draveurs, eux, du printemps à l'automne, lorsque les cours d'eau rendaient possible le flottage des billes ou la descente des cages de bois carré. Leurs journées étaient bien remplies, du matin au soir, beau temps, mauvais temps, par les froids les plus sévères ou les grandes chaleurs estivales. Malgré leur besogne routinière, ils devaient toujours être vigilants, éviter la chute d'un arbre, les blessures et surtout les noyades qui constituaient le pire danger pour les cageux et draveurs. Logés dans un camp de bois ou sous une tente, ils menaient une vie communautaire appréciée de plusieurs d'entre eux. Le travail quotidien accompli, ils prenaient ensemble le repas du soir, semblable à tous les autres, et échangeaient leurs propos avant de se reposer. Les conditions de vie n'étaient pas toujours des plus agréables, chacun trouvant à se plaindre du manque de confort, de l'alimentation, de l'hygiène et des patrons qui les obligeaient à travailler même les jours de fêtes religieuses.

Pour tous les voyageurs, forestiers ou coureurs de bois, le retour était attendu avec impatience, comme un moment de grande libération. Tous espéraient vivement retrouver leurs familles, leurs blondes, leurs amis. Certains réagissaient alors aux frustrations subies pendant de longs mois en se livrant à des comportements abusifs et en dilapidant leur argent péniblement gagné en toutes sortes de futilités, au risque même du salut de leur âme, et malgré les mises en garde de la religion.

Ce portrait des voyageurs qui se dégage de la chanson populaire diffère de celui véhiculé par les littérateurs ou les historiens, puisque ici c'est l'homme qui, à travers des chansons de son cru, se livre tout entier et exprime ce qui le caractérise et lui tient à cœur. Cette vision de lui-même que nous communique le voyageur est certes empreinte de sentimentalité, mais elle a le mérite de provenir des hommes concernés et n'est pas une pure création imaginaire. Ainsi, le voyageur ne se perçoit pas comme « un fils déchu de race surhumaine » mais comme un homme conscient de ses forces et de ses faiblesses, qui vit son lot de misères.

Anthologie

1. Cadieux

Ernest GAGNON, *Chansons populaires du Canada,* p. 206.

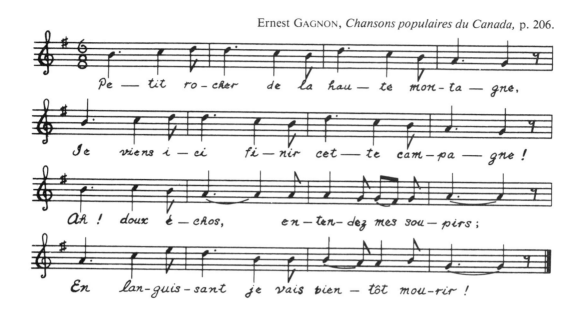

Pe — tit ro - cher de la hau — te mon - ta — gne,

Je viens i - ci fi - nir cet — te cam - pa — gne !

Ah ! doux é - chos, en - ten - dez mes sou — pirs ;

En lan - guis - sant je vais bien — tôt mou - rir !

Ernest GAGNON, *Chansons populaires du Canada,* p. 206.

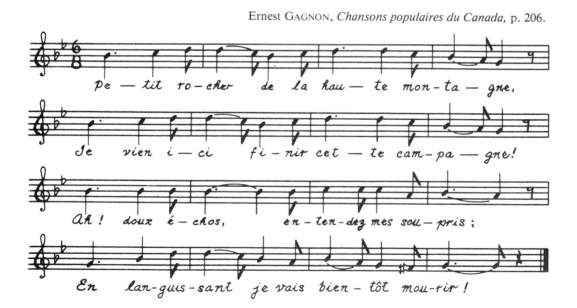

Pe — tit ro - cher de la hau — te mon - ta — gne,

Je vien i - ci fi - nir cet — te cam - pa — gne !

Ah ! doux é - chos, en - ten - dez mes sou — pris ;

En lan - guis - sant je vais bien - tôt mou - rir !

1

Petit-Rocher de la Haute Montagne,
Je viens finir ici cette campagne !
Ah ! doux échos, entendez mes soupirs,
En languissant, je vais bientôt mourir !

2

Petits oiseaux, vos douces harmonies,
Quand vous chantez, me rattachent à la vie[1] :
Ah ! si j'avais des ailes comme vous,
Je s'rais heureux avant qu'il fût deux jours !

3

Seul en ces bois que j'ai eu de soucis,
Pensant toujours à mes si chers amis ;
Je demandais : Hélas ! sont-ils noyés ?
Les Iroquois les auraient-ils tués ?

4

Un de ces jours que m'étant éloigné,
En revenant je vis une fumée ;
Je me suis dit : Ah ! Grand Dieu ! qu'est ceci ?
Les Iroquois m'ont-ils pris mon logis ?

5

Je me suis mis un peu à l'embassade,
Afin de voir si c'était embuscade ;
Alors je vis trois visages français,
M'ont mis le cœur d'une trop grande joie !

6

Mes genoux plient, ma faible voix s'arrête,
Je tombe... Hélas ! à partir ils s'apprêtent :
Je reste seul... Pas un qui me console,
Quand la mort vient par un si grand désole[2] !

---

1. Variante des deux premiers vers de ce couplet publiée par Hubert LA RUE, « les Chansons populaires et historiques du Canada », dans *le Foyer canadien*, Québec, vol. 1, 1863, p. 371, 9 c. :

   Petits oiseaux, dedans vos charmants nids,
   Vous qui chantez pendant que je gémis.

2. « Quand la mort vient faire un si grand désole ». Variante chantée le 6 juin 1959 par Mme Pierre
   V. Robichaud, Neguac, Nouveau-Brunswick, 7 c. (coll. Anselme Chiasson, MN-A-328).

Un loup hurlant vint près de ma cabane
Voir si mon feu n'avait plus de boucane[3] ;
Je lui ai dit : Retire-toi d'ici ;
Car, par ma foi, je perc'rai ton habit !

8

Un noir corbeau, volant à l'aventure,
Vient se percher tout près de ma toiture :
Je lui ai dit : Mangeur de chair humaine,
Va-t'en chercher autre viande que mienne.

9

Va-t'en là-bas, dans ces bois et marais,
Tu trouveras plusieurs corps iroquois ;
Tu trouveras des chair's aussi des os ;
Va-t'en plus loin laisse-moi en repos[4] !

10

Rossignolet, va dire à ma maîtresse,
À mes enfants qu'un adieu je leur laisse,
Que j'ai gardé mon amour et ma foi,
Et désormais faut renoncer à moi !

11

C'est donc ici que le mond' m'abandonne,
Mais j'ai secours en vous Sauveur des hommes !
Très Sainte Vierge, ah ! m'abandonnez pas,
Permettez-moi d'mourir entre vos bras !

---

[3] Autre variante publiée par La Rue :

Il me disait : — Je sens ton corps qui est malade.

Parmi les textes recueillis dans la tradition orale, la version chantée par Octave Miville, de Saint-Joachim-de-Tourelle (Gaspé), dans la collection Carmen Roy, ms. n° 101, présente une variante qui s'apparente à celle de La Rue :

Est venu voir si mon corps est malade.

[4] Variante publiée par La Rue :

Mange ton saoul, et laisse-moi en repos.

Texte de Joseph-Charles Taché, *Forestiers et Voyageurs*, p. 166-167 ; la première édition est de 1863. Les deux variantes mélodiques sont publiées dans Ernest Gagnon, *Chansons populaires du Canada,* p. 206.

Nombre de versions : 37.

Nous reproduisons ci-dessous une autre variante mélodique, chantée le 1er novembre 1950 par Eustache Noël, de Pointe-Canot, île de Shippagan, Nouveau-Brunswick, 6 c. (coll. Luc Lacourcière, AF, n° 1043) :

Coll. Luc Lacourcière, AF, n° 1043.

La chanson et la légende de Cadieux ont suscité l'intérêt de nombreux chercheurs. Plusieurs études intéressantes, tant du point de vue historique que littéraire et musical, éclairent le sujet, en particulier celles de : Louvigny Testard de Montigny, dans *Mémoires et Comptes rendus de la Société royale du Canada*, 3e série, vol. 47, juin 1953 [1954], section 1, p. 1-32 ; Charles-Marius Barbeau, dans *Journal of American Folklore*, Philadelphie, vol. 67, n° 264 (édition canadienne), avril-juin 1954, p. 163-183 ; Conrad Laforte, dans *Dictionnaire des œuvres littéraires du Québec*, t. I, p. 133-134.

2. *Le Voyage, c'est un mariage*

Marius BARBEAU, dans *The Beaver*, outfit 273, juin 1942, p. 19.

Ah! c'est un ma-ri-a—ge Que dé-pou—ser le voy-a—ge. Je plains qui s'y en-ga—ge. Sans y être in-vi-té. Le-vé tôt couché tard Il faut su-bir son sort S'ex-po-ser à la mort.

1

Ah ! c'est un mariage
Que d'épouser le voyage. } (*bis*)
Je plains qui s'y engage
Sans y être invité.
Levé tôt, couché tard,
Il faut subir son sort,
S'exposer à la mort.

2

Dans le cours du voyage,
Exposé aux naufrages ; } (*bis*)
Le corps trempé dans l'eau,
Éveillé par les oiseaux,
Nous n'avons de repos
Ni le jour ni la nuit.
N'y a que de l'ennui.

3

Dans le cours du voyage,
Exposé aux orages ;
Préoccupé du temps,
Battu de tous les vents...
Ah ! je vous dis, mes frères,
Personne, sur la terre,
Endure tant de misère[1].

} (*bis*)

4

Dans le cours du voyage,
Il faut bien du courage.
Vaut mieux être habitant ;
On a moins de tourment.
L'habitant sèm' du grain ;
Dort du soir au matin.
Sa femme en a bien soin.

} (*bis*)

5

Ah ! c'est un mariage
Que d'épouser le voyage.
Moi, j'attends la journée,
Jour de mon arrivée.
Jamais plus je n'irai
Dans ces pays damnés
Pour tant m'y ennuyer.

} (*bis*)

Texte de Charles-Marius BARBEAU, *Alouette !* p. 92-93. Texte revu. La musique est celle publiée par Barbeau dans *The Beaver*, outfit 273, juin 1942, p. 19.

Nombre de versions : 2.

---

[1] Variante des trois derniers vers du 3e couplet :

Y passer le rest' de la nuit
Sur les roches et les gravois.
Grand Dieu, que c'est de valeur
Que d'être voyageur !

Coll. Édouard-Zotique Massicotte, MN, n° 874. Chanté par Vincent-Ferrier de Repentigny (60 ans), 1917, Saint-Timothée (Beauharnois), Québec. La version Massicotte donne huit vers à ce couplet.

3. *La Plainte du coureur de bois*

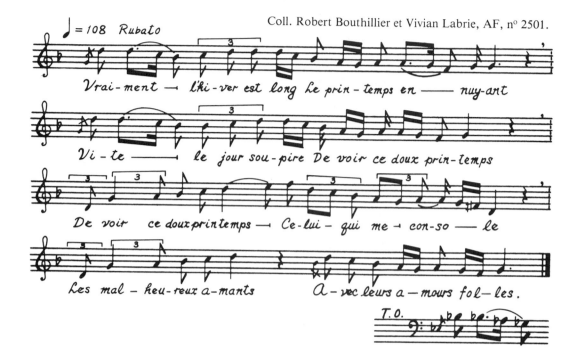

Coll. Robert Bouthillier et Vivian Labrie, AF, n° 2501.

♩ = 108 Rubato

Vrai-ment ⌒ l'hi-ver est long Le prin-temps en ⌒ nuy-ant

Vi-te ⌒ le jour sou-pire De voir ce doux prin-temps

De voir ce doux printemps ⌒ Ce-lui-qui me ⌒ con-so ⌒ le

Les mal-heu-reux a-mants A-vec leurs a-mours fol-les.

T.O.

Texte critique

1

Le six de mai l'année dernière,
Là-haut j'suis engagé   (*bis*)
Pour faire un long voyage ;
Aller aux pays hauts
Parmi tous les Sauvages.

2

Ah ! que l'hiver est long[1],
Que l'temps est ennuyant !
Nuit et jour mon cœur soupire
De voir le doux printemps.
Le beau et doux printemps,
Celui qui reconsole
Les malheureux amants
Avec leurs amours folles.

---

[1] Le mot « hiver » est généralement employé au féminin dans les versions.

3

Le printemps tout aimable,
Voici le mois d'avril,
Il faut mettre les voiles
Pour aller dans mon pays.
Aller dans mon pays,
La ville de Montréal.
Oui j'irai voir ma mie,
Elle est la plus aimable[2].

4

Je regrette mon père,
Ma mère pareillement,
Mes oncles aussi mes tantes,
Aussi le cœur de ma Clorie
Que j'aime plus que moi-même.
Oui, j'irai la revoir   (*bis*)
Je le pense de même.

5

Qui a fait la chanson
C'était trois jeunes garçons.
C'est en hissant les voiles,
La chantant tout au long.
Elle est bien véritable,
Adieu ! méchant pays,
Adieu ! tous les Sauvages,
Adieu ! les grandes misères.

La version mélodique transcrite fut chantée en août 1977 par Onésime Brideau (64 ans), Saint-Irénée (Gloucester), Nouveau-Brunswick (coll. Robert Bouthillier et Vivian Labrie, AF, n° 2501). Cette chanson a été endisquée sur *Acadie et Québec*, RCA Victor LCP-1020, 1959, face A, n° 6, 3 c.

Nombre de versions : 17.

---

[2]   Variante publiée par Charles-Marius BARBEAU dans *Romancero du Canada*, p. 209-210 :

Pour revenir dans mon pays
Au coin de Saint-Sulpice.
J'irai saluer ma mie
Qui est la plus jolie.

4. *Le Chrétien qui se détermine à voyager*

Coll. Roger Matton et Félix-Antoine Savard, AF, n° 19.

Quand tu se — ras — dans un — por — tag' — pauvre è-tran-

ger — La sueur te cou — l'ra du — vi — sag' pauvre en-ga-

gé — Pense à Jé — sus pense à Ma — rie — pense en-core

à bien d'au — tres Pense à Jé — sus — por-tant sa

croix — en mon-tant le Cal — vai — re.

T.O.

1

Quand un chrétien se détermine à voyager,
Faut bien penser qu'il se destine à des dangers.
Mille fois à ses yeux la mort, par son image,
Mille fois il maudit son sort dans le cours du voyage.

2

Ami, veux-tu voyager sur l'onde de tous les vents ?
Les flots et la tempête grondent cruellement.
Les vagues changent tous les jours, et il est écrit :
Que l'image de ton retour est l'image de ta vie.

3

Quand tu seras sur ces traverses, pauvre affligé,
Un coup de vent vient qui t'exerce avec danger.
Prenant et poussant ton aviron contre la lame,
Tu es ici près du démon, qui guette ta pauvre âme.

4

Quand tu seras sur le rivage, las de nager,
Si tu veux faire un bon usage de ce danger,
Va prier Dieu dévotement, avec Marie.
Mais promets-lui sincèrement de réformer ta vie.

5

Si, le soir, l'essaim de mouches pique trop fort,
Dans un berceau tu te couches, pense à la mort.
Apprends que ce petit berceau te fait comprendre
Que c'est l'image du tombeau, où ton corps doit se rendre.

6

Si les maringouins te réveillent de leurs chansons,
Ou te chatouillent l'oreille de leurs aiguillons,
Apprends, cher voyageur, alors, que c'est le diable
Qui chante tout autour de ton corps pour avoir ta pauvre âme.

7

Quand tu seras dans ces rapides très dangereux,
Ah ! prie la Vierge Marie, fais-lui des vœux.
Alors lance-toi dans ces flots avec hardiesse,
Et puis dirige ton canot avec beaucoup d'adresse.

8

Quand tu seras dans les portages, pauvre engagé,
Les sueurs te couleront du visage, pauvre affligé.
Loin de jurer, si tu me crois, dans ta colère,
Pense à Jésus portant sa croix, il a monté au Calvaire.

9

Ami, veux-tu marcher par terre, dans ces grands bois,
Les Sauvages te feront la guerre, en vrais sournois.
Si tu veux braver leur fureur, sans plus attendre,
Prie alors de tout ton cœur, ton ange de te défendre.

Texte de Hubert LA RUE, dans *le Foyer canadien*, Québec, vol. 1, 1863, p. 372-373. Mélodie chantée le 9 juillet 1957 par Mme Georges Légère (44 ans), Paquetville (Gloucester), Nouveau-Brunswick, 3 c. (coll. Roger Matton et Félix-Antoine Savard, AF, n° 19).

Nombre de versions : 31.

Timbre : *les Pèlerins de Saint-Jacques-de-Compostelle* (voir Jean-Baptiste WECKERLIN, *Chansons populaires du pays de France*, vol. 1, p. 16-19).

La version publiée par La Rue est l'une des plus anciennes qui nous soient parvenues et également la plus complète. Cependant, un autre texte recueilli dans la tradition orale en juin 1920, chanté par Joseph-Albert Richard (70 ans), de Montréal, qui l'avait appris de son père vers 1865, nous fournit les variantes les plus intéressantes de cette chanson (coll. Édouard-Zotique Massicotte, MN, n° 2874) :

1

Faut-il sur ces rochers sauvages finir nos jours ;
Entreprendre des si longs voyages d'un si long cours.
Prête l'oreille à ma voix afin d'apprendre
Combien faudra porter de croix, comment il faut les prendre.

4

Quand tu seras dans les bourrasques d'un commandant
Qui jure et sacre comme un Basque grinçant des dents,
De l'imiter garde-toi-z-en, prends patience,
Prie le Seigneur dévotement pour qu'il fasse pénitence.

6

Voilà le vent avec l'orage tout à la fois
Qui vous jettent sur le rivage, hommes et bourgeois,
Tirant, poussant ton aviron contre la lame,
Te *détentionnent* du démon pour sauver ta pauvre âme.

8

Si le soleil chauffe ta tête un peu trop fort,
Pour fumer la pipe tu t'arrêtes, pense d'abord,
Viendra le temps où les pécheurs dans les abîmes
Brûleront éternellement pour expier leurs crimes.

5.   *Le Chrétien qui se détermine à voyager — le Bûcheron*

Coll. Émile Descoteaux, AF-CJB, n° 1.

U — ne gros—siè-re nour-ri-tu — re Ain-

si qu'un chan-tier pour a——bri Par-lons donc mais

de la cell'qui en-du——re Ain—si que nos très chers a-

mis Sur la drave il va fal-loir des—cen——

dre Mar——cher sur les longs et bien fort Il—va fal-

loir-e en-tre-pren——dre Bra——ver les

flots aus-si la mort .

1

Un voyageur qui s'détermine
À s'éloigner pour voyager,
Dieu du ciel, il se destine
À braver les plus grands dangers.
Vierge Marie, ô tendre Mère,
Soyez son guide et son soutien ;
Secourez-le dans ses misères,
Conduisez-le dans son chemin.

2

Il quitte sa pauvre famille,
Il embrasse ses vieux parents.
Dans ses yeux une larme brille :
— Adieu ! je pars, c'est pour longtemps.
Tant de peines et de fatigues
Dans ces forêts bien éloignées,
Dans ces forêts, là, au lointain,
Dans ces bois où l'on fait chantier.

3

Armé d'une pesante hache,
Il donn' des coups bien vigoureux.
Il bûche, il frappe sans relâche,
L'écho en résonne en tous lieux.
À quels dangers qu'il-e s'expose.
L'arbre le menace en tombant.
Il faut donc penser à la mort
Ainsi qu'à nos bien chers parents.

4

Une grossière nourriture,
Un pauvre chantier pour abri.
Parlons de tout ce qu'il endure.
Les poux veulent lui ravir la vie.
Dessus la drave il va descendre,
Marcher dans l'eau, ramer bien fort.
Aussi va falloir entreprendre
Braver les flots aussi la mort.

5

Pauvr' voyageur, que vas-tu faire
Après avoir eu ton paiement ?
Vas-tu dans ces infâmes villes ?
Là, tu perdras âme et argent.
Au lieu d'aller à la cantine,
Va-t'en tout droit chez le banquier.
Évite ce qui cause ta ruine,
Tu en seras récompensé.

Texte critique établi par Édouard-Zotique MASSICOTTE, « la Vie des chantiers », dans *Mémoires et Comptes rendus de la Société royale du Canada*, 3ᵉ série, vol. 16, mai 1922, section 1, p. 28-29. La mélodie présentée fut chantée le 5 avril 1959 par Abraham Cantin (85 ans), Rivière-du-Milieu (Champlain), Québec, 4 c. (coll. Émile Descoteaux, AF-CJB, nᵒ 1).

Nombre de versions : 21.

6. *Les Voyageurs et les Habitants*

Coll. Édouard-Zotique Massicotte, MN, n° 842.

Relevé musical de Donald Deschênes.

1

À Saint'-Cécile il y a du plaisir,
On fêt' la Saint'-Cath'rin' quand on arrive.
On y fréquent' ces bals aussi ces danses,
Le verre et la bouteille sont la dépense.

2

À Saint'-Cécile il y a-t-une brune,
Elle a les yeux brillants comme la lune.
Elle aim' les voyageurs par avantage,
Ell' dit qu'les habitants sont des Sauvages.

3

Les pères aussi les mères en crient vengeance
De voir que leurs enfants font d'la dépense.
Ils ont beau leur dire et leur défendre,
Le verre et la bouteille sont la dépense.

Chanté par Vincent-Ferrier de Repentigny (60 ans), 1917, Saint-Timothée (Beauharnois), Québec (coll. Édouard-Zotique Massicotte, MN, n° 842).

Nombre de versions : 2.

Autre texte de la même collection, MN, n° 1087, chanté par Joseph Rousselle (45
ans), 1917, Saint-Denis (Kamouraska), Québec. Appris de Louis Bois à Saint-
Romuald en 1892 :

1

C'est dans Chicoutimi il y'a-t-une brune,
Elle a les yeux plus brillants que la lune ;
Elle aime ces voyageurs par avantage,
Ell' dit que les habitants sont des Sauvages.

2

Vous voyez les habitants dans les villages,
Avec ces jeunes filles, grand avantage.
Ils parcourent les bals et vont aux danses,
Celui qui mang' d'l'avoine paie les dépenses.

3

Voyez les jeunes filles, se disent entre eux autres :
— Les voyageurs qu'arrivent, chacun les nôtres.
Voyez les habitants, ils ont grand honte,
Les voyageurs qu'arrivent leur-z-ôtent leurs blondes.

4

Vous autr's mes jeunes filles,
Vous vous fardez pour être belles ;
Avec vos falbanas vous serez la cause
Qu'un garçon d'habitant passera faut' d'autre.

5

Voyez un voyageur dans un hôtel,
Avec un cigare fume very well !
Voyez un habitant dans sa cuisine,
Avec une pipe de cormier fume de la verrine.

Voyez un voyageur de bonne mine,
S'promène sur les trottoirs en belles bottes fines.
Voyez un habitant à sa culture,
Chaussé d'bott's de bœuf que les pieds y'en jurent.

7

Voyez un habitant à son ouvrage,
Graissé de marde de vach' jusqu'au visage.
Voyez un voyageur à son ouvrage,
Plein de vivacité, plein de courage.

7. *Les Voyageurs sont tous rassemblés*

Coll. Michel Boucher, AF, nº 254.

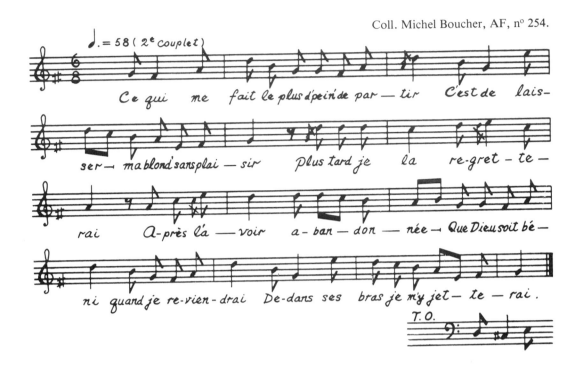

♩. = 58 (2ᵉ couplet)

Ce qui me fait le plus d'peine de par — tir C'est de laisser — ma blond' sans plai — sir Plus tard je la re-gret-te —
rai A-près l'a — voir a-ban-don — née — Que Dieu soit bé —
ni quand je re-vien-drai De-dans ses bras je m'y jet — te — rai.

T.O.

1

Voilà l'automne qui vient d'arriver,
Nos voyageurs vont s'y rassembler.
Pas grand argent à dépenser,
L'argent est rar' là où c'qu'on est.
Faut donc partir, il faut donc s'en aller
Là où c'qu'on pourra bien en gagner.

Ce qui me fait le plus d'pein' de partir
C'est de laisser ma blond' sans plaisir ;
Plus tard je la regretterai
Après l'avoir abandonnée[1].
Que Dieu soit béni quand je reviendrai,
Dedans ses bras je m'y jetterai.

3

— Adieu cher père, il faut donc embarquer.
Adieu chèr' mère, il faut donc se laisser.
Les larmes m'y tombent[2] des yeux,
Prêt'-moi ton mouchoir blanc si tu veux
Pour essuyer les larm's qui tomb'nt de mes yeux ;
C'est donc ce soir qu'il faut se dire adieu.

Chanté le 26 février 1966 par Laurent Poulin (53 ans), Saint-Benjamin (Dorchester), Québec (coll. Michel Boucher, AF, n° 254).

Nombre de versions : 15.

---

[1] Variante des quatre premiers vers de ce couplet, chantée le 28 novembre 1964 par Laurent Frenette (83 ans), Notre-Dame-des-Anges (Portneuf), Québec (coll. Denise Rodrigue et Lucille Bergeron, AF, n° 7) :

Ce qui me fait plus de peine de partir
C'est de quitter une amie de plaisir.
Peut-être je le regretterai
C'est de l'avoir abandonnée.

Autre variante de ces vers, chantée en 1917 par Vincent-Ferrier de Repentigny, Saint-Timothée (Beauharnois), Québec (coll. Édouard-Zotique Massicotte, MN, n° 839) :

Que l'on me verse un verr' de vin,
C'est pour saluer ma catin.
Après l'avoir abandonnée,
C'est à savoir si je l'aurai.

[2] Chanté « tomba ».

152   La version chantée en 1958 par Georges Prud'homme (60 ans), Cache Bay, Ontario (coll. père Germain Lemieux, n° 1180), présente une variante mélodique intéressante :

Coll. père Germain Lemieux, n° 1180.

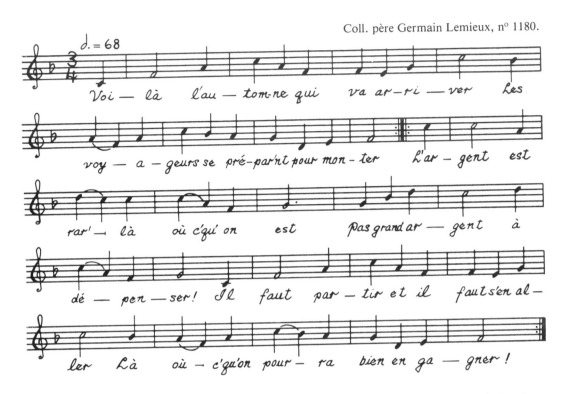

Voi — là l'au — tom-ne qui va ar—ri — ver Les
voy — a — geurs se pré-par'nt pour mon — ter L'ar — gent est
rar' — là où c'qu' on est Pas grand ar — gent à
dé — pen — ser! Il faut par — tir et il faut s'en al—
ler Là où — c'qu'on pour — ra bien en ga — gner !

Relevé musical de Germain Lemieux.

8. *Le Départ pour le bois carré*

1

La voiture à la porte, la valise embarquée,
Or, adieu donc, chère femme, on va donc se laisser.

2

À chaque pas j'éloigne de ma chère moitié[1],
Je prie la Sainte Vierge de venir la reconsoler.

3

Voilà qu'on arrive à Kingston, Kingston de Barnabé[2],
Aux soins de monsieur Seton, nous somm's tous[3] engagés.

4

Le lendemain je pars pour monter aux chantiers[4],
Ils m'ont mis à l'ouvrage, à fair' du bois carré.

5

Là-haut dessus[5] ces côtes, où je pensais[6] souvent
À notre chère femme, mes deux petits enfants.

6

Ah ! cruelle destinée, mon ennui est durant !
Si jamais je redescends, jamais j'y monterai.

7

Le beau mois de juillet, nous voilà arrivés,
Arrivons à Québec, on va être payés.

---

[1] Le texte manuscrit orthographie « moiquié ».
[2] Il s'agit probablement d'un lieu précis où l'on faisait l'exploitation forestière, dans la région de Kingston ; le nom, sans doute celui d'une baie, ayant été transformé ou déformé par les voyageurs francophones, l'endroit est difficilement localisable.
[3] Orthographié « tout' ».
[4] Orthographié « chanquier ».
[5] Orthographié « dessur ».
[6] Orthographié « pensèr' ».

8

Il faut laisser cette cage et tous ces bons amis.
Un jour, comme je l'espère, se verra en paradis.

9

— Ah ! bonjour donc, ma femme, comment t'y portes-tu ?
J'ai fait un bon hiver[7], comment as-tu vécu ?

10

Ah ! cesse donc tes larmes, cesse donc tes pleurs !
Ah ! Dieu par sa bonne grâce a su me ramener !   (*bis*)

Chanté par Georges Langlois, 1923, Port-Daniel (Bonaventure), Québec (coll. Charles-Marius Barbeau, ms. n° 1491). « J'ai appris ça de vieux voyageurs à Ottawa. Je pense que c'était d'un Ouellet, un vieux voyageur. Ça fait 22 ans que je l'ai apprise. »

Nombre de versions : 1.

---

[7]   Au féminin : « un' bonne hiver ».

9. *Le Départ pour les cages*

Coll. Robert Bouthillier et Vivian Labrie, AF, nᵒ 3233.

1

Or, adieu donc, chère Adéline,
Je pars demain il est grand temps.
En attendant, que je te dise
Quelques mots bien-z-importants :
Cett' misérable bouteille
Qu'ell' m'entraîn' dans l'embarras,
Qu'ell' m'entraîn' dans la misère ;
C'est la vie d'ces voyageurs.

2

C'est en passant par Grande-Anse[1],
Là-z-on y boit d'ce cher bon vin
[...]
À la santé de nos maîtresses,
À la santé de nos catins,
À la santé d'la seul' qu'on aime,
Buvons tous[2] nos verres en main.

Chanté par Mme Suzanne Brideau (77 ans), 18 septembre 1977, Saint-Isidore (Gloucester), Nouveau-Brunswick (coll. Robert Bouthillier et Vivian Labrie, AF, n° 3233).

Nombre de versions : 5.

---

[1]   On retrouve une localité de ce nom en Mauricie (Québec) et une autre dans le comté de Gloucester (Nouveau-Brunswick). Selon les versions, on note quelques variantes : Bactonne (Bytown) ou Roxton.

[2]   Prononcé « toute ».

1

— Adieu donc, chère Orméline,
Me voilà sur mon départ ;
Je m'en vais[3] dans la misère,
Je m'en vais dans l'embarras.
Je pars et je te quitte,
Je pars : il est déjà tard.

2

— Dieu du ciel ! est-il possible
Que tu partes si promptement !
Les voiles ne sont point mises,
Retarde un petit moment.
Attends donc que je te dise
Un mot de mes sentiments.

3

Quand vous êtes dessus[4] ces cages,
Vous êtes sujets au combat
Par un air de vent contraire
Qui vous cause de l'embarras,
Qui vous cause de la misère
À guider le voyageur.

4

C'est en passant par Bactonne[5]
Qu'on y boit du fort bon vin.
À la santé de ma mie,
À la santé de Catin,
À la santé de tout's nos blondes,
Prenons tous nos verres en main.

Chanté par Narcisse Papillon (52 ans), 1917, Les Écureuils (Portneuf), Québec (coll. père Archange Godbout, ms. n° 1).

---

[3] Orthographié « va » dans ce vers et le suivant.
[4] Le manuscrit porte « dessur ».
[5] Bytown.

10. *Retour des cages et Départ*

Coll. Carmen Roy, MN, n° 6621.

Quand nous som-mes ren-dus — e les blondes a-vons quit-tées On i-rait donc les voir — e si elles ont chan-gé d'i — dée — Bon — soir ma-de-moi-sel — le com — ment vous por-tez — vous ? J'ai fait un' bonne hi — ver — e cell' — là qu'en pen-sez — vous ?

Relevé musical de Donald Deschênes.

1

[...]
Si nous avions en gages, comm' nous les espérions,
Descendez[1] sur les cages comm' des vaillants garçons.

2

Quand nous sommes rendus-e, les blondes avons quittées.
On irait donc les voir-e si elles ont changé d'idée.
— Bonsoir, mademoiselle, comment vous portez-vous ?
J'ai fait un bon[2] hiver-e, cell'-là, qu'en pensez-vous ?

---

[1]   Probablement « descendrions ».
[2]   La chanteuse dit « une bonne ».

Je veux m'y marier-e, la belle, à votre idée,
Dans ces cruels voyages, la bell', je n'veux plus aller.
Combien de fois, ma chère, je me suis-t-ennuyé
En passant les dimanches, moi tout seul à jongler.

4

Cruels, ces jeunes gens qui aiment à voyager ;
Ils me soufflent à l'oreille : — Venez-t-avecque moi.
Or, adieu père et mère, frères, sœurs, parents, amis ;
Je pars pour les voyages, peut-êtr' c'est pour deux ans.

5

Je vous laiss'rai pour gage mes beaux[3] habillements.
Essuyez votre visage, chèr' mèr', pleurez point tant.
En m'y donnant la main-e elle m'a bien recommandé :
— Oublie pas tes prières, fais-les, mon cher enfant.

Chanté en 1951 par Mme Pierre E. Arbour (75 ans), Percé (Gaspé), Québec (coll. Carmen Roy, MN, n° 6621).

Nombre de versions : 1.

Timbre : *Je mets ma confiance* (cantique connu).

---

[3] La chanteuse dit « mes bell's ».

11. *Le Départ pour les chantiers des hauts d'Ottawa*

Carmen ROY, *la Littérature orale en Gaspésie*, p. 273.

1

Je pars demain pour les hauts d'Ottawa
De la dle la de de la
Dle la la,
— Des nouvell's, t'enverras
De la dle la de de la
Dle la la,
Ton p'tit cœur soupirera,
De la dle la de de la
Dle la la.

2

Quand tu seras là-bas, bien éloigné,
À moi, tu penseras,
De joie, tu sauteras.

3

Quand tu seras bien haut sur ces montagnes,
Des nouvell's, t'enverras,
Mon p'tit cœur en rira.

Texte et mélodie de Carmen Roy, *la Littérature orale en Gaspésie*, p. 273.

Nombre de versions : 3.

12. *Le Jeune Voyageur inconsolable*

Coll. Michel Boucher, AF, n° 200.

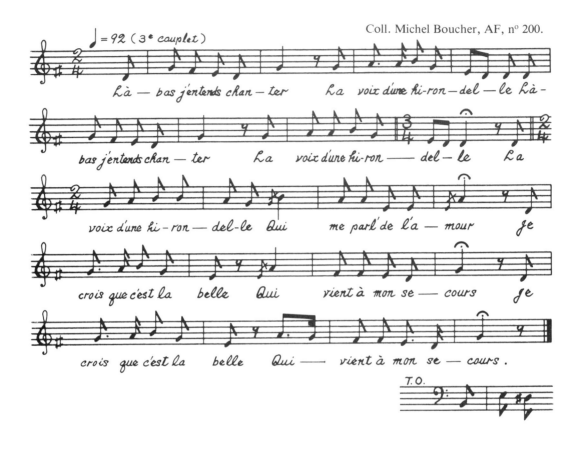

Là — bas j'entends chan — ter La voix d'une hi-ron-del — le Là-
bas j'entends chan — ter La voix d'une hi-ron — del — le La
voix d'une hi-ron — del-le Qui me parl' de l'a — mour Je
crois que c'est la belle Qui vient à mon se — cours Je
crois que c'est la belle Qui — vient à mon se — cours.

T.O.

1

Ce sont trois jeun's garçons
Partis pour les voyages ;   } (*bis*)
Partis pour les voyages,
Sur ces îl's sont allés,
En regrettant la belle,   } (*bis*)
Son petit cœur aimé[1].

---

[1] Le premier couplet présente plusieurs variantes intéressantes :

Nous étions trois jeun's garçons
Qui partaient pour les chantiers ;
On allait voir nos blondes
Pour y faire nos adieux.
— Adieu charmante blonde
Il faut donc se laisser.

2

Le plus jeune des trois
Regrett' beaucoup la sienne ;   } *(bis)*
Regrett' beaucoup la sienne
Qui ne fait que pleurer,
Tout le long du voyage
Sans pouvoir se r'consoler[2].   } *(bis)*

3

Là-bas, j'entends chanter
La voix d'une hirondelle ;   } *(bis)*
La voix d'une hirondelle
Qui me parl' de l'amour.
Je crois que c'est la belle
Qui vient à mon secours.   } *(bis)*

4

Ah ! toi, belle hirondelle,
Porte-moi sur tes ailes ;   } *(bis)*
Porte-moi sur tes ailes
Que je puiss' m'envoler.
Sur les genoux d'la belle
J'irai me reposer.   } *(bis)*

Chanté le 20 septembre 1958 par Mme Henri Savoie (80 ans), Paquetville (Gloucester), Nouveau-Brunswick, 4 c. (coll. Dominique Gauthier, AF, n° 701).
Autre variante :

> Ce sont trois jeunes frères
> Partant pour un voyage ;
> Partant pour un voyage
> Dans ces pays éloignés
> En quittant leur maîtresse
> Le cœur bien attristé.

Version communiquée par Mme Jos A. Haché, Val-Doucet, Nouveau-Brunswick, 5 c. Recueillie par *la Voix d'Évangéline* (coll. Joseph-Thomas Le Blanc, ms. n° 125).

[2] Dans deux versions manuscrites, un couplet additionnel apparaît entre les couplets 2 et 3 :

> Grand Dieu c'est de valeur
> De s'y voir éloigné d'elle.
> Que le temps est durable
> Quand on est éloigné,
> Quand on est sur ces îles
> Il faut bien y rester.

5

Si j'étais hirondelle,
Si je savais voler, } *(bis)*
Auprès de ma bien-aimée
J'irais me reposer ;
Je lui conterais mes peines
Et mes tourments[3]. } *(bis)*

Chanté le 27 décembre 1965 par Mathias Rodrigue (73 ans), Sainte-Germaine (Dorchester), Québec (coll. Michel Boucher, AF, n° 200).

Nombre de versions : 69.

Les versions canadiennes du *Jeune Voyageur inconsolable* développent le motif de l'hirondelle, mais celles de France servent, dans la plupart des cas, d'introduction au *Retour du soldat : sa blonde morte*. Nous proposons, à titre de comparaison, une version publiée par Paul OLIVIER, *les Chansons de métiers*, p. 14-15 :

Paul OLIVIER, *les Chansons de métiers*, p. 14.

Sont trois jeu-nes gar — çons — Qui par-tent pour ces î — les Qui par-tent pour ces î — les Sont trois jeu — nes gar-çons Re-gret-tant leurs maî — tres — ses leurs pe — tits cœurs mi — gnons.

Extrait du « Cahier de chansons » de Mlle Blanche-Irène Dallaire (née en 1923), de Saint-François, île d'Orléans (Montmorency), Québec, f. 128.

[3] Ce couplet provient de la collection Joseph-Thomas Le Blanc, ms. n° 125.

1

Sont trois jeunes garçons
Qui partent pour ces îles ;
Qui partent pour ces îles ;
Sont trois jeunes garçons,
Regrettant leurs maîtresses,
Leurs petits cœurs mignons.

2

Le plus jeune des trois
Regrett' beaucoup la sienne
Regrett' beaucoup la sienne
Sans pouvoir la quitter.
Le long de la rivière
S'en va la consoler.

3

— Ah ! que faites-vous là,
Fillette abandonnée ?
— Ah ! j'attends la réponse
De mon fidèle amant
Qu'est parti dans ces îles
Rejoindr' son régiment.

4

Arrivant dans ces îles,
Dedans ces îl's infâmes,
I'm'prit un mal de tête
Et un point de côté.
J'croyais que dans ces îles
Il nous faudrait rester.

5

Le commandant nous dit :
— Enfants, prenez courage !
Enfants, prenez courage !
En France nous irons
Rejoindre nos maîtresses,
Nos petits cœurs mignons.

6

Quand j'entendais chanter
La voix d'une hirondelle
La voix d'une hirondelle
Qui me parlait d'amour,
Je croyais voir Adèle
Venant à mon secours.

7

En arrivant à Lyon,
Lyon la jolie ville,
Je demandais Adèle.
Adèl' n'est pas ici.
Son corps repose en terre,
Son âme en paradis.

8

Que maudit soit le sort,
Le sort de nos armées,
Le sort de nos armées,
Aussi de nos combats.
Ma bonne amie est morte
Comme un vaillant soldat.

13. *La Vie dans les chantiers*

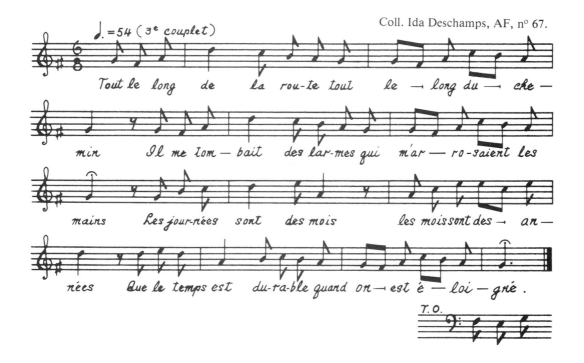

Coll. Ida Deschamps, AF, n° 67.

Tout le long de la rou-te tout le long du chemin Il me tom — bait des lar-mes qui m'ar — ro-saient les
mains Les jour-nées sont des mois les mois sont des — années Que le temps est du-ra-ble quand on — est è — loi-gné.

1

Le vingt-cinq de septembre[1], le temps est douloureux[2].
A bien fallu partir-e pour ces bois ténébreux ;
A bien fallu partir le temps était arrivé,
Pour aller sur ces îles, dans ces nouveaux chantiers[3].

2

Le lendemain matin je grèye tout mon butin.
En regardant ma femme, tous mes petits enfants,
Je ne disais pas grand-chos' mais j'en pensais pas moins.
Mes yeux fondaient en larmes, mon cœur s'en va mourant.

---

[1] Selon les versions, la montée a lieu le 25 septembre, le 25 mars, le 15 mars ou le 22 septembre.
[2] Prononcé « douleureux ».
[3] Dans cette chanson, il n'est pas toujours question des chantiers, mais des « bois éloignés » ou des « pays étrangers ». Ainsi, dans la moitié des versions, on note la variante suivante :

Là-bas dedans ces plaines, dans ces bois éloignés.

3

Tout le long de la route, tout le long du chemin,
Il me tombait des larmes qui m'arrosaient les mains[4].
Les journées sont des mois, les mois sont des années ;
Que le temps est durable quand on est éloigné.

4

Le temps le plus passable, c'est du matin au soir[5]
Toujours en espérance, toujours de se revoir.
Autour de ma cabane, autour de mes chaudrons,
En *rattisant* la braise, en passant le tison[6].

5

Qui fait la chansonnette, c'est moi sur le pavé ;
Il me tombait des larmes qui m'arrosaient les pieds.
La peine me tourment', je ne peux plus chanter.
Au retour du voyage je vous la chanterai[7].

Chanté le 3 juin 1967 par Albert Morin (49 ans), Saint-Arsène (Rivière-du-Loup), Québec (coll. Ida Deschamps, AF, n° 67).

Nombre de versions : 13.

---

[4] Variante chantée en 1927 par Mme Léliose Chatel (veuve Célestin Boyer) (72 ans). Apprise à Valleyfield (Beauharnois), Québec, 5 c. (coll. Édouard-Zotique Massicotte, ms. n° 246) :

Tout le long de ma route j'avais pas grand' façon,
Il me tombait des larmes sur le bas du menton.

[5] Le chanteur dit : « du soir au matin » ; cependant, dans la plupart des versions, on chante « du matin au soir » pour respecter l'assonance avec le mot « revoir » à la fin du vers suivant.

[6] Le participe présent « rattisant » peut être remplacé, selon les variantes, par « tisonnant » ou « attisant ». Pour la dernière partie du vers, on note des variantes telles : « en poussant les tisons », « en virant les tisons », « remuant les tisons », « repoussant les tisons », « ramassant les tisons », « en brassant les tisons ».

[7] La version chantée le 6 août 1943 par Urbain Petit (72 ans), Strickland, Ontario (coll. François Brassard, ms. n° 200), comporte un 6e couplet, en guise de conclusion :

Adieu donc, tout le monde, c'est le dernier couplet !
Adieu, je vais partir-e, adieu, c'est pour jamais !
Adieu, ma pauvre femme, puisqu'il faut se laisser !
La faut' de votre mère, si on est mariés.

14. Le Vingt-cinq mars

P. É. Prévost, *Chansons canadiennes*, p. 1-2.

On va par-tir le vingt-cinq de Mars pour s'en al-ler en chan-tier A-vec deux de mes ca-ma-ra-des qui sont deux bons as-so-ciés On va mon-ter dans la haute Mas-ka là ïous qu'on va tra-vail-ler Par ma foi si le bois res-te j'cré qu'on s'ra pas pay-és.

(3e Couplet)

Qu'a fai-te la chan-son-net-te c'est un homm' qu'a voy-a-gé En tra-vail-lant au pied de son criqu' en pen-sant à Jé-sus-Christ.

1

On va partir le vingt-cinq de Mars[1], pour s'en aller en chantier
Avec deux de mes camarades, qui sont deux bons associés.
On va monter dans la haute Maska, là y où c'qu'on va travailler[2],
Par ma foi si le bois reste, j'crois[3] qu'on s'ra pas payés.

2

J'crois que *mam'zelle* Adèle, elle pourrait[4] fair' mon bonheur ;
Elle pourrait bien fair' mon esclavage, j'en ai bien[5] peur à mon cœur.
Du temps que j'allais la voir, j'y goûtais un plaisir bien doux,
Avec elle, avec ell' j'avais du plaisir et de l'amour.

3

Qui a fait[6] la chansonnette, c'est un homm' qu'a voyagé,
En travaillant au pied d'son crique, en passant à Jésus-Christ.

Texte et mélodie de P. É. Prévost, *Chansons canadiennes*, p. 1-2.

Nombre de versions : 3.

---

[1] Orthographié dans le texte « Mors ».
[2] Orthographié « ious qu'on va travailler ».
[3] Orthographié « j'cré » (dans ce vers comme dans le suivant).
[4] Orthographié « a pourra » (dans ce vers comme dans le suivant).
[5] Orthographié « ben » à deux reprises dans ce vers.
[6] Orthographié « Qu'a faite ».

1

Il faut partir le quinze de mars-e pour monter dans les chantiers,
Avec deux d'mes camarades et ce sont vos associés.
Mais rendu par les terr's, l'esclave[7] là, fallut bien travailler.
Les provisions sont si chères je crois bien qu'on s'ra pas payé.

2

Du temps qu'j'allais voir mad'moiselle Adèle, je croyais fair' son
        bonheur.
Là, j'ai fait son esclavage, là, j'ai connu son horreur.
Du temps qu'j'allais la voir chez elle, je goûtais du bon vin doux,
Avec ell' j'avais du plaisir-e, du plaisir et de l'amour.

3

— Laisse-moi faire, mon père, laisse-moi fair' s'il vous plaît !
Si mon amant n'est point riche, c'est moi qui aura d'la poix.
J'étais mieux de prendr' de même que de prendr' du terrain sablé ;
Dans le vent et la poussière le gravois nous crève les yeux.

4

La chanson a été faite par des homm's qui ont[8] voyagé,
À la tête de la *slaille* en drivant ce bois carré,   (*bis*)
La chanson a été faite en pensant à Jésus-Christ.

Chanté par Mme Émile Castillou (30 ans), juillet 1975, Ottawa, Ontario (coll.
Richard Gauthier, MN-GAU-45-106).

---

[7] Mot difficilement compréhensible sur la bande sonore.
[8] La chanteuse dit « qui a ».

15. *Adieu mes bons parents !*

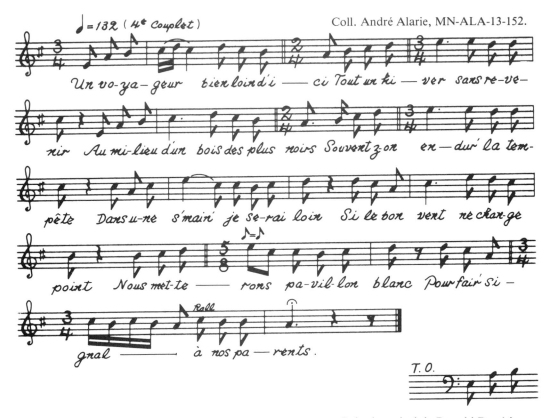

♩ = 132 (4ᵉ Couplet)

Coll. André Alarie, MN-ALA-13-152.

Un vo-ya-geur bien loin d'i — ci Tout un hi — ver sans re-ve-
nir Au mi-lieu d'un bois des plus noirs Souvent z'on en — dur' la tempête Dans u-ne s'main' je se-rai loin Si le bon vent ne chan-ge
point Nous met-te — rons pa-vil-lon blanc Pour fair' si —
gnal — à nos pa — rents.

T.O.

Relevé musical de Donald Deschênes.

1

— Adieu donc tous mes bons parents !
Je viens pour vous dire en passant
Avant que de m'éloigner de vous,
J'aimerais à vous y voir tous.
Je viens pour vous recommander
Dans cet hiver, priez pour moi.
Lorsque je serai éloigné
Dans un chantier à tous dangers.

— Toi, mon amant, tu vas partir ;
Moi, je vais vivr' dans l'ennui.
Toujours pour toi en attendant,
Je resterai fill' languissante.
Quel déplaisir de voir partir
Celui qu'on a toujours chéri !
Après nous être fréquentés
Six mois passés, faut s'y laisser.

3

Dis-moi avant que d'embarquer :
L'endroit où vas-tu dans l'chantier ?
Si c'est dans un bois inconnu,
Combien de temps y seras-tu ?
— Le souvenir de mon retour
Annoncera nos plus beaux jours.
Dès que l'printemps s'ra commencé,
Annonc'ra mon arrivée.

4

Un voyageur bien loin d'ici
Tout un hiver sans revenir,
Au milieu d'un bois des plus noirs
Souvent-z-on endur' la tempête.
Dans une s'main' je serai loin
Si le bon vent ne change point.
Nous mettrons[1] pavillon blanc,
Pour fair' signal à nos parents.

Chanté en 1946 par Francis Turcotte (80 ans), Saints-Anges (Beauce), Québec (coll. André Alarie, MN-ALA-13-152).

Nombre de versions : 1.

---

[1]   Le chanteur dit « metterons ».

16. *Le Départ de l'engagé pour les chantiers*

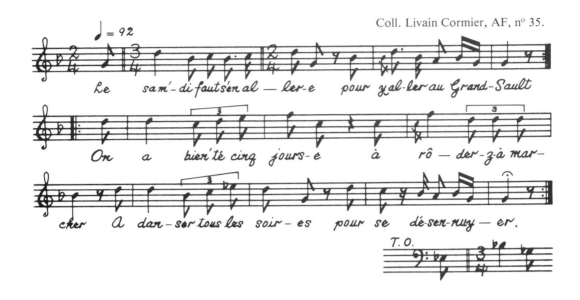

Coll. Livain Cormier, AF, nº 35.

Texte critique[1]
(premier type)

1

Me voilà sur mon départ pour changer de pays.
J'entreprends un voyag' de soucis et d'ennuis.
Adieu père, adieu mère, frères et sœurs et parents,
Pensez au voyageur qui s'ra longtemps absent.

---

[1] Le titre *le Départ de l'engagé pour les chantiers* regroupe deux chansons types qui ont les mêmes motifs mais des scénarios, des formes et des mélodies qui diffèrent. Dans le premier type de versions du *Départ de l'engagé pour les chantiers,* les versions gaspésiennes et acadiennes présentent un scénario différent des autres versions québécoises en ce qui concerne le trajet effectué. Dans le texte critique, nous avons essayé de reconstituer ce trajet en ne faisant pas de distinction entre les versions. Cependant, il se peut que la version critique comporte plus de couplets que la version originale de la chanson, les noms de lieux pouvant être adaptés par les chanteurs provenant de diverses régions. Ainsi, les couplets 3 et 4 de notre version pourraient être une adaptation du couplet 5 ou vice versa. Les versions étant toutes fragmentaires, nous avons préféré présenter un texte qui reflétait la plupart des variantes.

2

J'aurai dans la mémoir' mes parents, mes amis,
Aussi ma très chèr' blonde, sujet de mes ennuis[2].
Je te laiss'rai pour gage un mouchoir de soie blanc
Pour essuyer tes larm's, chèr' blond', pleure point tant.

3

Il faut laisser Newport, c'est un fort beau canton.
Par un dimanche au soir fallut donner la main,
Fallut donner la main, embarquer lundi matin.
Il fallut prendr' le boat pour monter à Dalhousie.

4

Arrivé à Dalhousie, il fallut débarquer ;
Il fallut prendr' les chars pour monter à Campbellton.
Arrivé à Campbellton, il fallut débarquer,
Il fallut changer d'chars pour monter à Ottawa.

5

Arrivant à Lachin', là c'est un beau canton,
On embarque en steamboat pour monter Carillon.
Arrivé à cett' pass', faut changer d'vaisseau,
On embarque en railroad pour monter le Long-Sault.

6

Arrivé à Bytown, a fallu débarquer.
On rentr' dedans la vill' pour se fair' pensionner[3].
On a bien été cinq jours à rôder, à marcher,
À danser tous les soirs pour se désennuyer.

---

[2] Variante de la collection Marièle Cormier, AF, n° 76 :

   Et ma charmante blonde serait mon désennui.

[3] Quelques variantes de ces vers :

   Arrivé à Ottawa, il fallut pensionner
   Su' monsieur Jim Labau qui tient des gros chantiers
      (coll. Carmen Roy, MN, n° 5805)

   ou

   Chez monsieur Jim Arbour
      (coll. Carmen Roy, MN, n° 5329).

7

Le lundi faut partir pour aller s'engager
Chez les messieurs Gilmour qui font de grands chantiers.
Le mardi faut partir pour monter au chantier
Dans la boue, dans la neige, notr' butin tout glacé.

8

On a bien été quinze jours à rouler, à marcher,
À travailler des slides, billots ou bois carrés.
On f'ra la réjouissanc' quand tout sera fini,
Qu'on laissera la drave pour r'tourner au pays.

La mélodie reproduite fut chantée en 1958 par Alex Landry (78 ans), Maisonnette (Gloucester), Nouveau-Brunswick (coll. Livain Cormier, AF, n° 35).

Nombre de versions : 12.

Timbre : *Départ pour les îles* (voir père Anselme CHIASSON et frère Daniel BOUDREAU, *Chansons d'Acadie*, vol. 3, p. 17).

Texte critique
(deuxième type)

1

Le vingt-cinquièm' de novembre, à Ottawa, j'm'suis engagé ;
Engagé sur cette rivièr', c'qu'on appell' la rivière enragée.
Nous partîmes pour un voyage en canot sur la Gatineau,
Bien plus souvent les pieds par terre et la charge sur le dos[4].

---

4   Variante du premier couplet chantée en 1973 par Léonidas Poitras (71 ans), Dupuy (Abitibi), Québec (coll. Marc Vaugeois, MN-VAU-16-4 à 16-7) :

Ah ! c'est par un vingt-huit de mars qu'la Wégamac m'a-t-engagé
Engagé sur cette rivière, ce qu'on appelle la rivière enragée
Engagé sur cette rivière en canot sur la Wistanno
Et plus souvent mes pieds par terre et mon *pack-sac* dessus mon dos.

Là, pensions à notr' jeune âge, nous l'avions si mal passé,
À courir les auberges, notre argent avions dépensé.
Quand on vient prendr' le portage, ah ! tous ces hommes bien
     démontés,
Le canot sur une épaule et l'aviron de l'autr' côté.

3

Quand nous fûmes dessus ces lacs, de lac en lac jusqu'au camp,
C'èst ici qu'est la *destine*, qu'il faut bâtir mes enfants.
On a bâti une caban', ce qu'on appelle un chantier,
Un chantier en épinette, en bois rond, non point carré[5].

4

Que chacun y prenn' sa place, c'est ici qu'on va coucher.
On va dormir sur la paillass' de branch's qu'il faut rapailler.
Mettons-y cent fois des branches, mais des branches de sapin ;
Pour mieux reposer à notre aise, les plus grosses en-dessous des reins.

5

La chanson a été composée par un gars de ces chantiers.
La misère des trente années l'avait un jour fait-e passer[6]
Dans l'plus dur de sa misèr' dans ces bois bien éloignés,
En pensant à sa vie d'jeuness' qu'il avait si mal passée.

6

Ah ! si parfois je m'en retourne au pays d'où ce que je viens,
Je ferai de moi un homme et non un bon à rien.
À cett' fin j'irai à la confesse, afin d'y faire ma religion ;
Je promets à ma p'tit' femme, j'abandonnerai la boisson.

---

[5]   Variante de la collection Livain Cormier, AF, n° 38 :

       Avec d'l'épinette ronde, c'était pas du bois carré.

[6]   Autre variante de la collection Cormier :

       Le soir au son de la musique, c'était pour se désennuyer.

17. *Le Départ pour les chantiers de la Côte-Nord*

Coll. Luc Lacourcière, AF, n° 572.

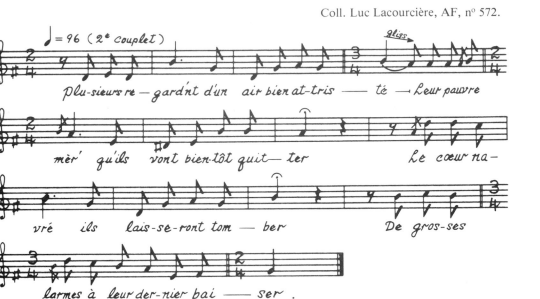

plu-sieurs re — gard'nt d'un air bien at-tris — té — Leur pauvre

mèr' qu'ils vont bien-tôt quit — ter   Le cœur na-

vré ils lais-se-ront tom — ber   De gros-ses

larmes à leur der-nier bai — ser .

T.O.

1

Midi sonnait au clocher du village,
Sur un bateau on voit tous les bagages.
C'est le départ des chantiers éloignés,
Sur la Côt'-Nord a fallu s'en aller.

2

Plusieurs regard'nt d'un air bien attristé
Leur pauvre mèr' qu'ils vont bientôt quitter.
Le cœur navré, ils laisseront tomber
De grosses larmes à leur dernier baiser.

3

Bonne maman, priez pour votre enfant
Qui va au loin gagner votre soutien.
Le fils aîné sera récompensé
De ses misèr's là-bas dans les chantiers.

Le dur labeur est enfin terminé,
Dans nos familles on doit s'en retourner.
Je suis heureux et j'ai le cœur content,
Près d'mes parents et cell' que j'aime tant.

Chanté par Lauréat Perron, septembre 1948, Isle-aux-Coudres (Charlevoix), Québec (coll. Luc Lacourcière, AF, n° 572).

Nombre de versions : 2.

18. *Le Départ pour les chantiers de Tremblay*

Coll. Félix-Antoine Savard et Roger Matton, AF, n° 52.

Wal-fred- Trem — blay — c't'un bon- gar — çon pourtouts ses tra-vail-
lants Al-bair' Ga — gnon notr'con — trac — teur N'est pas un d'ses meilleurs Vous autr's qui êt's jeun's vo — ya-geurs Vous al — lez → au chantier.

1

Venez écouter jeunes gens[1]
Une leçon pour tous.
J'espèr' que vous ferez attention.
Oh ! écoutez attentiv'ment,
J'ai composé cette chanson
La veill' d'un Jour de l'an.

2

À mon départ de Tracadie
Un' pein' fallait subir ;
C'est en laissant mes chers parents,
Pèr', mère, frères et sœurs,
Tout en leur faisant mes adieux
J'avais les larmes aux yeux.

---

[1]   Prononcé « gensses ».

3

Rendu sur le plan de Chelsea[2],
Là fallut débarquer.
Je me voyais bien éloigné
De tous[3] mes bons amis,
Et aussi de me voir ici
Dans un pays étranger.

4

Au surintendant j'me suis présenté
Pour me faire engager.
Le surintendant m'a répondu :
— Va travailler su' l'fer.
J'ai travaillé pendant trois mois
Presque nuit et le jour.

5

Après ces trois mois écoulés,
Là fallait voyager.
Je me suis fait un associé,
C'est en laissant Chelsea ;
Là, on s'est dit on va monter
Sur les moissons du Ouest.

6

Après tout's les moissons finies
Fallait s'en retourner ;
S'en retourner à Montréal
Pour se faire engager.
Là, on s'est dit on va monter
Sur l'îl' d'Anticosti.

7

A fallu prendre le vaisseau
Pour traverser sur l'île.
Pendant six jours de traversée,
Quel voyag' languissant,
N'ayant presque rien à manger
Pendant six jours de temps.

---

2   Chelsea, le long de la Gatineau, au nord de Hull.
3   Prononcé « toutes ».

8

Rendu sur l'îl' d'Anticosti,
Fallut passer un' nuit,
En attendant au lendemain
Afin de prendr' le train
Pour s'en aller au lac Canard[4]
Dans l'chantier des Tremblay.

9

Wilfrid Tremblay c't'un bon garçon
Pour tous ses travaillants ;
Alex Gagnon, notr' contracteur,
C'n'est pas un d'ses meilleurs.
Vous autr's qui êt's jeun's voyageurs,
Exemptez-vous d'ces contracteurs.

10

Vous autr's qui êt's jeun's voyageurs
Qui allez au chantier,
N'allez jamais vous exiler
Sur des îles éloignées
Car les nouvell's de nos parents
Ne vienn'nt pas très souvent.

11

La chanson a été composée
C'est par Édouard Benoît.
Elle a été accompagnée
C'est par son associé.
Tout en pensant à mes parents,
J'compose la chanson.

Chanté le 26 septembre 1976 par Édouard Benoît, Tracadie (Gloucester), Nouveau-Brunswick (coll. Robert Bouthillier et Vivian Labrie, AF, n° 1832). M. Benoît dit être l'auteur de la chanson. La mélodie accompagnant ce texte est tirée de la collection Félix-Antoine Savard et Roger Matton, AF, n° 52, et fut chantée le 17 juillet 1957 par Azade Benoît (48 ans), Sheila (Gloucester), Nouveau-Brunswick, 7 c.

Nombre de versions : 9.

---

4   Le « lac Canard » pourrait bien être « à la Canard », en parlant de la rivière aux Canards située à l'est de l'île d'Anticosti.

19. *Les Promesses des amants au départ*

Coll. Robert Bouthillier et Vivian Labrie, AF, n° 3572.

La bell' mon cœur s'en — ga-ge à moi — pen-se-ras — tu ? De tes bel — les pro — mes-ses que tu m'as — fait's tant de fois Au re — tour de mon vo — ya-ge la bell'oui — je — t'en prie Mais quand je re-vien-de — rai-e je se-rai ton ma-ri.

1

Voilà l'automn' qu'arrive, plusieurs jeunes garçons
Qui s'en vont[1] pour un voyage pour être aussi longtemps.
Quand c'que je serai parti-e un[2] autre amant viendra.   (*bis*)

2

Je pars pour un voyage pour être aussi longtemps.
[...]
Quand c'que je serai parti-e un autre amant viendra.
Aurais-tu[3] le cœur assez volage pour lui tendre les bras ?

---

[1]   Prononcé « va ».
[2]   La chanteuse dit « une autre amant ».
[3]   Prononcé « aurait-il ».

La bell', mon cœur s'engage, à moi penseras-tu ?
De tes belles promesses que tu m'as fait's tant de fois.
Au retour de mon voyage, la belle, oui je t'en prie,
Mais quand je reviendrai-e[4] je serai ton mari.

Chanté par Mme Alvina Brideau (54 ans), 1ᵉʳ octobre 1977, Saint-Irénée (Gloucester), Nouveau-Brunswick (coll. Robert Bouthillier et Vivian Labrie, AF, n° 3572).

Nombre de versions : 5.

Autre texte :

1

Voilà l'automne qui arrive, luy a plusieurs jeunes gens
Qui partent pour ces voyages, six mois, au plus un an.
Qu'il me coûte de partir, partir les larmes aux yeux,
Sans le dire à ma maîtresse, sans lui dire adieu !

2

Que ce départ m'y coûte, m'y paraît ennuyeux !
Que ce voyage pénible m'y paraît gros aux yeux !
Je serai pas sitôt parti, un autre amant viendra.
Serez-vous assez volage de lui tendre les bras ?

3

Si tu luy as qu'un cœur, tu penseras qu'à moi ;
Si tu luy es fidèle autant moi comme toi,
Sois-moi donc toujours fidèle, je le serai aussi ;
Au retour de mon voyage, je serai ton mari.

Chanté par Mme William St-Pierre (née Alméda Larochelle), Laurierville (Mégantic), Québec (coll. Charles-Marius Barbeau et Marie-Rose Turcot, ms. n° 1697).

---

[4]   Prononcé « revienderai ».

20. *Dans les chantiers nous hivernerons*

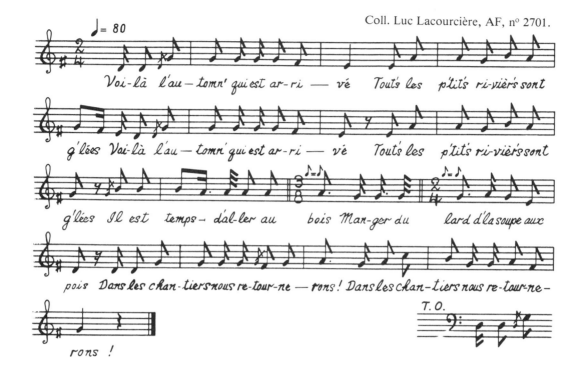

Coll. Luc Lacourcière, AF, n° 2701.

1

Voici l'hiver arrivé,
Les rivières sont gelées ;   } (*bis*)
C'est le temps d'aller au bois
Manger du lard et des pois[1].

Dans les chantiers nous hivernerons !   (*bis*)

---

[1] Variantes de ce couplet recueillies dans la tradition orale :

Voici l'hiver arrivé
Où les voyageurs vont monter.
Nous n'irons plus voir nos blondes
Comm' nous l'avons fait l'hiver passé.

Chanté le 4 janvier 1967 par Ethelbert Thibault (86 ans), Sainte-Anne-des-Monts (Gaspé), Québec (coll. Francis Pelletier, AF, n° 23).

V'là l'hiver qui va-t-arriver.
Tous les voyageurs vont monter
Le canot dessus le dos,
Ça leur cassera pas les os.

Noté et communiqué par Benjamin Sulte (coll. Charles-Marius Barbeau, ms. n° 1279).

2

Pauvr' voyageur que t'as d'la misère !
Souvent tu couches par terre ;
À la pluie, au mauvais temps,
À la rigueur de tous les temps[2] !

} (*bis*)

3

Quand tu arrives à Québec,
Souvent tu fais un gros bec.
Tu vas trouver ton bourgeois
Qu'est là assis à son comptoir.

} (*bis*)

4

— Je voudrais être payé
Pour le temps que j'ai donné.
Quand l'bourgeois est en banqu'route,
Il te renvoie manger des croûtes[3].

} (*bis*)

5

Monsieur Dufroi c'est un bon bourgeois,
Mais il n'nous donn' pas grand monnaie.
On travaille bien tout l'hiver ;
Au printemps on se trouv' *clair*[4] !

} (*bis*)

6

Quand tu retourn's chez ton père,
Aussi pour revoir ta mère ;
Le bonhomme est à la porte,
La bonn' femme fait la gargote.

} (*bis*)

---

[2] Parodie de ce couplet chantée en 1916 par Edouard Hovington (89 ans), Tadoussac (Saguenay), Québec (coll. Charles-Marius Barbeau, MN, n° 464) :

   À Corbillon t'as d'la misère
   Souvent tu couches par terre ;
   Souvent tu couches à la pluie
   Souvent à l'abri d'un billot.

[3] Autre variante de la collection Barbeau, ms. n° 1279 :

   Le bourgeois qu'est en banqueroute
   Pour payement l'envoie fair' foutre.

[4] Ce couplet est cité en variante par Ernest Gagnon.

— Ah ! bonjour donc, mon cher enfant !
Nous apport's-tu bien de l'argent ?   } (*bis*)
— Que l'diable emport' les chantiers !
Jamais d'ma vie j'y r'tournerai[5].

8

Quand ça vient sur le printemps,
Chacun craint le mauvais temps ;   } (*bis*)
On est fatigué du pain,
Pour du lard on n'en a point.

Dans les chantiers, ah ! n'hivernerons plus !   (*bis*)

Texte tiré d'Ernest GAGNON, *Chansons populaires du Canada*, p. 101-103. Texte revu. Le 6ᵉ couplet est une variante citée par Gagnon et empruntée de Joseph-Charles TACHÉ, *Forestiers et Voyageurs*, p. 24. La mélodie provient d'un texte de tradition orale chanté le 2 septembre 1955 par Justimien Basque (80 ans), Tracadie (Gloucester), Nouveau-Brunswick (coll. Luc Lacourcière, AF, nº 2701).

Nombre de versions : 30.

---

[5]   La version communiquée par Benjamin Sulte (voir note 1) comprend un couplet supplémentaire qui s'intercale entre le 7ᵉ et le 8ᵉ couplet de la version Gagnon :

> Si t'avais suis [suivi] mes conseils
> T'aurais pas la larme à l'œil,
> T'aurais été sur l'Assomption
> Pour Scallan et pour Leprohon.

188 La version publiée par *la Lyre canadienne* [...], 4ᵉ éd., Québec, 1886, p. 21-22, diffère de celle de Gagnon. Elle comporte trois couplets : le premier apparaît occasionnellement dans les versions recueillies dans le peuple ; le second se retrouve dans *le Chrétien qui se détermine à voyager*, tandis que le dernier constitue, à quelques variantes près, l'introduction de la plupart des versions de *Dans les chantiers nous hivernerons* :

1

À Bytown c'est un' joli' place
Où il s'ramass' bien d'la crasse,
Où il y a des jolies filles
Et aussi des jolis garçons.

Dans les chantiers nous hivernerons !

2

Nous avons sauté le Long-Sault,
Nous l'avons sauté tout d'un morceau.
Ah ! que l'hiver est longue !

Dans les chantiers nous hivernerons !   (*bis*)

3

Vl'à l'automne qu'est arrivé,
Tous les voyageurs vont monter.
Nous n'irons plus voir nos blondes.

Dans les chantiers nous hivernerons !   (*bis*)

21. *Le Bûcheron du Canada*

1

Quand on voit sur sa monture
Un pistolet, un lasso,
On s'imagin' l'aventure
Du cow-boy au grand chapeau.
Quand on voit les épinettes,
Les haches, aussi le buck saw,
On r'connaît sous sa casquette
Le bûcheron du Canada.

Ah oui ! il est vraiment capable,
Ce Canadien, le bûcheron.
Ah oui ! il est infatigable,
Bon travailleur et gai luron.

2

De bon matin il se lève
Et prend un bon déjeuner
De crêpes ou bien de bonn's fèves,
Grand spécial du cuisinier.
Il est d'bonne heure à l'ouvrage,
Dès sept heures il est au bois[1].
Il faut avoir du courage
Et ce gars-là n'en manqu' pas.

---

[1] Variante des vers 5 et 6 du 2ᵉ couplet, chantée par Mme Aurèle Russell, en 1962, à Newcastle
(Northumberland), Nouveau-Brunswick (coll. Louise Manny, MN-MAN-27-90) :

Il n'a pas peur de l'ouvrage
À sept heures il est au bois.

3

Et pour finir la journée,
Il cause avec ses copains.
Il parl' de sa bien-aimée
Qu'il épous'ra l'printemps prochain[2].
À neuf heures la cloche sonne,
De se coucher il est temps.
Pour un' bonn' nuit ils s'endorment,
Demain il n'en f'ra autant.

Chanté en 1973 par Armand Mongeon (43 ans), Buckingham (Papineau), Québec (coll. Laflamme, Sabourin, Soucy, MN-LA/SA/SO-14-153).

Nombre de versions : 2.

---

[2] Dans la version Manny, variante des quatre premiers vers du 3e couplet :

Pour terminer la soirée
À causer avec ses copains,
Disant que sa bien-aimée
L'épousera l'printemps prochain.

22. *Le Boss aux billets blancs*

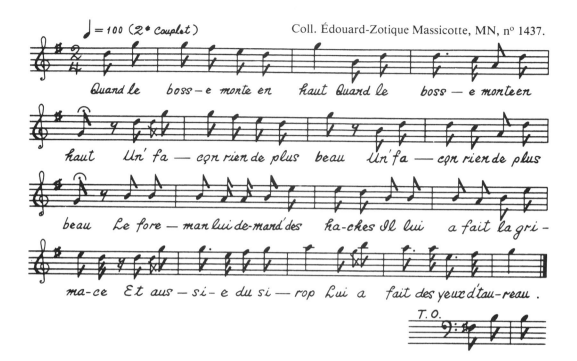

Coll. Édouard-Zotique Massicotte, MN, n° 1437.

Quand le boss-e monte en haut Quand le boss — e monteen haut Un' fa — con rien de plus beau Un'fa — con rien de plus beau Le fore — man lui de-mand'des ha-ches Il lui a fait la gri-ma-ce Et aus — si-e du si—rop Lui a fait des yeux d'tau-reau.

T. O.

1

Monsieur Dickson, c'est un bon garçon.   (*bis*)
Un jour en r'v'nant des prisons   (*bis*)
Il n'avait pas grand argent,
Il est monté au Fils du Grand[1].
C'était pour y fair' chantier,
Croyant pas de nous payer.

2

Quand le boss-e monte en haut,   (*bis*)
Un' façon rien de plus beau,   (*bis*)
Le foreman lui demand' des haches,
Il lui a fait la grimace ;
Et aussi-e du sirop,
Lui a fait[2] des yeux d'taureau.

---

[1] Rivière Fildegrand qui prend sa source dans le lac du Fils (près de la grande rivière Dumoine) et se déverse dans la rivière des Outaouais.

[2] Prononcé « fa ».

3

Le cook a voulu parler[3] (*bis*)
À propos du manger. (*bis*)
Il lui dit : — Mon petit noir,
Mêle-toi de tes affaires.
Je t'y casserai la face,
Des cooks comme toi j'en ai domptés !

4

Quand ça vient, mais au printemps, (*bis*)
Il nous fit des billets blancs. (*bis*)
Billets blancs, barbouillés noir,
Pour payer dans l'autre hiver.
Il peut se les fourrer dans l'cul,
Pour moi je n'y reviendrai plus[4].

Chanté par Louis-Honoré Cantin, 1917-1918, Saint-Romuald (Lévis), Québec. Chanson apprise de son père à Hawkesbury vers 1886 (coll. Édouard-Zotique Massicotte, MN, n° 1437).

Nombre de versions : 3.

Timbre : *Marie Calumet* (voir P. É. Prévost, *Chansons canadiennes*, p. 22).

---

[3] Variante du 3e couplet :

Ah ! quand Gibson vient au chantier
L'cook a voulu licher.
Il lui a dit : — Le petit noir-e,
Mêle-toi de ton affaire.
Je t'y ferai *péter* le nez,
Des cooks comme toi j'en ai domptés !

Chanté en 1960 par Jules Legros (75 ans), Masham-Mills (Gatineau), Québec, 5 c. (coll. Carmen Roy, MN-ROY-385-1293).

[4] La version chantée par Jules Legros (coll. Carmen Roy, MN-ROY-385-1293) comporte le 5e couplet suivant :

— Et ah ! tais-toi là, mon beau drôle,
Tu vas coucher dans l'*black hole*.
Tu vas passer le dimanche
Sans n'y voir ni oncl's ni tantes.
Tu vas passer la journée
Sans aucune *tôle* à dépenser.

23. *La Première Année dans les chantiers*

1

La première année que j'ai monté,   (*bis*)
C'était pour les Booz[1] dans le haut d'Whitney.
Aujourd'hui tu m'invites, puis[2] la *saprée* glace,
Ces maudits Booz, puis d'la mard' de vache
Qu'a'té[3] chiée dans les chars.

> *Tiens-toi[4] bon, perruque, perruque,*
> *Tiens-toi bon, perruque, morpion.*

2

C'était pour les Booz dans le haut d'Whitney ;   (*bis*)
Notre foreman c'était Rècliffe.
Aujourd'hui tu m'invites, puis la saprée glace,
Maudits foremen, puis d'la mard' de vache
Qu'a'té chiée dans les chars.

3

Notre foreman c'était Rècliffe ;   (*bis*)
J'ai fait trois mois, puis j'ai jumpé.
Aujourd'hui tu m'invites, puis la saprée glace,
Maudit *jumpage*, puis d'la mard' de vache
Qu'a'té chiée dans les chars.

4

J'ai fait trois mois, puis j'ai jumpé ;   (*bis*)
Tout droit au bordel j'me suis-t-en allé.
Aujourd'hui tu m'invites, puis la saprée glace,
Maudit bordel, puis d'la mard' de vache
Qu'a'té chiée dans les chars.

---

[1]   Probablement un patronyme déformé par les voyageurs.
[2]   Toujours prononcé « pis » par le chanteur.
[3]   Qui a été.
[4]   Prononcé « quiens-toé ».

5

Tout droit au bordel j'me suis-t-en allé,   (*bis*)
Une sauc'pisse j'ai-t-attrapée.
Aujourd'hui tu m'invites, puis la saprée glace,
Maudite sauc'pisse, puis d'la mard' de vache
Qu'a'té chiée dans les chars.

6

Une sauc'pisse j'ai-t-attrapée,   (*bis*)
Le bout d'la graine, ils me l'ont coupé.
Aujourd'hui tu m'invites, puis la saprée glace,
Maudit coupage, puis d'la mard' de vache
Qu'a'té chiée dans les chars.

Chanté en 1957 par Antoine Castonguay, Rivière-à-Claude (Gaspé), Québec (coll. Carmen Roy, MN-ROY-80-701).

Nombre de versions : 1.

24. *La Misère dans les chantiers*

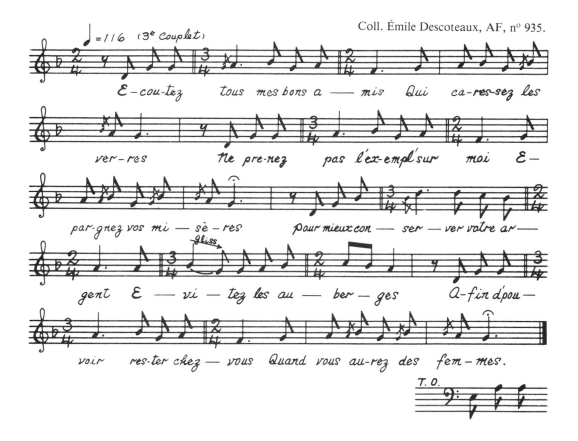

Coll. Émile Descoteaux, AF, n° 935.

**Texte critique
(premier type)**

1

Écoutez, tous mes bons amis
Qui vivez à votre aise,
Je vais vous chanter le récit
De nos plus grand's misères,
Qu'on peut avoir dans les chantiers
Pendant de longs hivers-e
À travailler, à s'ennuyer,
Par des froids bien sévères.

2

Pour travailler dans les chantiers,
Il faut laisser nos femmes[1].
Il faut laisser par derrièr' soi
Ce qu'on a de plus cher-e ;
Nos p'tits enfants pareillement
Qui sont près de leur mère,
Qui prient l'bon Dieu soir et matin
Pour leur malheureux père.

3

Étant rendu dans ces grands bois,
Faut travailler sans cesse.
Faut travailler l'jour d'la Toussaint
Et tous les jours de fête,
Le Jour de l'an pareillement
Car le maîtr' le réclame[2].
Si Dieu n'a pas pitié de moi,
Je crains pour ma pauvre âme.

4

C'est par un dimanche au matin
Dans une année nouvelle,
J'étais couché sur du sapin
Pour dissiper mes peines.
J'ai composé cette chanson
En pensant à ma femme
Qui était seule à la maison
Attendant d'mes nouvelles.

---

[1] Variantes des deux premiers vers du 2ᵉ couplet :

> Il faut partir pour le chantier
> Il faut quitter nos femmes
>   (coll. Jean-Claude Marquis, AF, nᵒ 70)

> Il faut partir pour dans ces bois
> Il faut quitter nos belles
>   (coll. Charles-Marius Barbeau, ms. nᵒ 964).

[2] « Le foreman nous réclame » apparaît dans un bon nombre de versions.

C'est en finissant ma chanson
Quand mêm' que c'est dimanche,
Il faut que j'lave mon butin
Avant qu'les poux me mangent.
Considérez, mes bons amis,
Que c'est un' vie étrange
De se voir laver son butin
Le saint jour du dimanche.

6

C'est à vous autr's mes bons amis
Qui caressez les verres,
Ne prenez pas exempl' sur moi,
Épargnez vos misères.
Pour mieux conserver votre argent[3]
Évitez les auberges,
Afin d'pouvoir rester chez vous
Quand vous aurez des femmes.

7

Le *composeur* de cett' chanson
A bien versé des larmes.
Je n'ose pas vous dir' son nom
Croyant d'lui faire outrage.
Voilà ma chanson qu'est finie,
Passez-moi la bouteille
Que je salue la compagnie,
En saluant la belle[4].

---

[3] Quelques variantes :

Dépensez donc pas votre argent
(coll. Marc Gagné, AF, n° 1066)

Ménagez donc tout votre argent
(coll. Michèle Bélanger, AF, n° 44)

Ramassez donc tout votre argent
(coll. Laflamme, Sabourin, Soucy, MN-LA/SA/SO-6-60).

[4] Variante de ce couplet :

Qui a composé la chanson,
C'est un homm' du village.
J'ai pas osé vous dir' le nom

La mélodie provient de la collection Émile Descoteaux, AF, n° 935. Elle fut chantée le 10 décembre 1961 par Omer Descoteaux (43 ans), Saint-Sévère (Saint-Maurice), Québec.

Nombre de versions : 41.

La Misère dans les chantiers regroupe deux types de versions très semblables par leurs thèmes mais de formule strophique différente. Le second type comporte moins de versions que le premier. En voici un texte, chanté le 26 septembre 1959, par Arthur Daigneault (35 ans), Saint-Théodore-d'Acton (Bagot), Québec (coll. Conrad Laforte, AF, n° 691) :

(deuxième type)

1

Écoutez, mes amis, ce que j'vais vous chanter ;
C'est une petite chanson en montant dans le chantier[5].
Je vais vous raconter tout ce qu'il m'est arrivé
Que toutes les grandes misères qui se passent dans les chantiers.

2

C'est pour John Murdoch que nous sommes montés.
C'est pour Oscar Duchaineau que nous sommes engagés[6].
I'a bien fallu marcher cinq ou six milles à pied,
Pour être bon voyageur faut faire ça avant de manger.

Croyant lui faire outrage.
C'est en pensant au temps passé,
Au temps que je regrette,
Avoir l'argent qu'j'ai dépensé
J'vous paierais la traite.

Chanté le 9 août 1966 par Alphédor Boislard (49 ans), Sainte-Anastasie (Mégantic), Québec (coll. François Morin, AF, n° 32).

[5] Variante de ce vers :

La chanson du voyageur, montant dans les chantiers
(coll. Helen Creighton, MN-CR-123-1426).

[6] Variantes des deux premiers vers de ce couplet :

C'est pour la compagnie Brothers que nous sommes engagés ;
C'est pour un p'tit jobber que nous sommes montés
(coll. Ida Deschamps, AF, n° 96)

3

Une fois rendu au camp, c'est pas drôle de voir ça.
Les beds y sont en planches et les matelas en branches.
Quand vient pour se coucher, les poux veulent nous manger.
Faut bien les endurer, on n'a pas d'argent d'gagné.

4

Mais quand vient le dimanche, il faut bien se laver.
Laver aussi notre linge, aussi le raccommoder.
S'il vient une femme pour racc'mmoder mon linge,
Peut-être que le dimanche j'pourrai me reposer.

5

Quand vient le Jour de l'an, le plus beau jour de l'année,
Tous mes parents s'réjouissent et moi j'suis renfermé.
J'travaillais les larmes aux yeux, nous autres on est pas mieux[7],
Couchés sur nos sapins, on pense à nos catins.

6

Quand vient le printemps, on a le cœur content
D'avoir de l'argent de gagné pour pouvoir se reposer.
C't'en passant par Québec faut bien se mouiller le bec.
Au bout de trois jours passés, on est encore cassé.

7

La chanson composée par moi, jeune voyageur
Assis su' l'pied d'mon bed, ayant d'la peine au cœur.
Mon nom c'est Arthur Daigneault, vous l'savez tous mon nom,
Je préfère bien ces petites filles que ces maudits chaudrons[8].

C'est en passant par Rimouski qu'on s'est fait engager ;
C'est pour l'Anticosti a bien fallu monter
      (coll. Helen Creighton, MN-CR-123-1426).

[7] Variante :

Le show boy les larmes aux yeux, nous autres on est pas mieux
      (coll. Ida Deschamps, AF, n° 96).

[8] Dans certaines régions, on donne le sobriquet de « chaudron » à un entrepreneur qui paye mal ses employés.

25. Le Chantier aux États-Unis

Coll. Livain Cormier, AF, n° 24.

Jour a—près jour nous al—lons-t-à l'ou—

vrage A tous les jours sans ja-mais nous las—ser

Mais a—près quel——que temps de dur ou—

vrage Nous com—men—çons à —— ê—tre fa—ti—

gués Voi-là bien—tôt les— jours de fêt' qu'ar—

ri —— vent Il faut pas—ser ces—

beaux jours au chan—tier Oh Dieu! qu'c'est trist' quand

on pense à l'é—glise A nos— pa—rents

qui —— y vont pour pri—er.

T.O.

1

Nous somm's partis, ces jeunes voyageurs,
Nous somm's partis pour les États-Unis,
Sans dire adieu à nos pères, à nos mères,
Sans dire adieu aux parents, aux amis.
Nous sommes allés rencontrer la misère
Dans ces chantiers des pays étrangers[1].
Oh ! adieu donc, beau villag' de Lamèque[2] !
Oh ! adieu donc, notre joli pays !

2

Les chars nous mèn'nt quarant'-cinq milles à l'heure,
Quarant'-cinq mill's, sans jamais modérer.
Pendant vingt heur's nous marchons sans relâche
Pour arriver à notre destinée.
En arrivant à cett' ville étrangère,
Tout aussitôt nous nous sommes engagés
À un monsieur du nom d'Aimé Springer,
Pour ces chantiers où nous devons bûcher.

3

En arrivant à sa pauvre cabane,
En arrivant à ce triste chantier,
Thomas Corbett, le boss, rouvr' la waguine
Et il nous donn' des hach's pour amancher
En nous disant : — Après cet ouvrag' fait-e,
Vous irez dans les grands chemins travailler.
Et lui, il va trouver ses autres hommes
Sans nous offrir un' bouchée à manger.

4

Jour après jour, nous allons-t-à l'ouvrage,
À tous les jours sans jamais nous lasser.
Mais après quelque temps de dur ouvrage
Nous commençons à être fatigués.
Voilà bientôt les jours de fêt' qu'arrivent,
Il faut passer ces beaux jours au chantier.
Oh Dieu ! qu'c'est trist' quand on pense à l'église,
À nos parents qui y vont pour prier.

---

[1] Prononcé « étrangères ».
[2] Village du Nouveau-Brunswick.

5

Quand par un jour un de notre brav' gang
Tombit malade, il lui faut s'en aller.
Chacun notr' tour on lui porte un message
Et tous chagrins de se voir séparés :
— Fais mes respects à ceux de ma famille,
Tu iras voir ma très chèr' bien-aimée,
Tu lui diras qu'après ce dur hiver
Que j'espèr' que je la reverrai[3].

6

Bientôt hélas ! finira[4] le skidage,
Il nous faudra encor' recommencer.
Nous ne somm's pas las[5] de notre esclavage,
Il nous faudra que nous chargions les sleighs.
Il nous faudra remuer le cant-hook-e,
Lever bien fort sur ces pesants billots ;
Il nous faudra travailler dans la neige
Et dans la pluie comm' tant qu'il fera beau.

7

Bientôt hélas ! finira le mois d'mars
Et le printemps, bientôt il fera beau.
Le beau soleil consumera[6] la neige
Et nous aurons fini nos durs travaux.
Nous retourn'rons au villag' de Lamèque
Voir nos parents, aussi nos bien-aimées.
Nous retourn'rons à notre beau village
Et tous ensembl' nous passerons l'été.

Chanté par Lucien Noël, 27 février 1958, Allardville (Gloucester), Nouveau-Brunswick (coll. Livain Cormier, AF, n° 24).

Nombre de versions : 2.

---

[3] Prononcé « revoirai ».
[4] Prononcé « fenira ».
[5] Le chanteur dit « lasse ».
[6] Prononcé « consommera ».

26. *Le Chantier de la Nouvelle-Écosse*

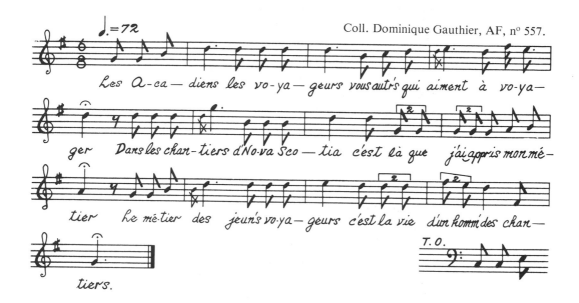

Coll. Dominique Gauthier, AF, n° 557.

Les A-ca — diens les vo-ya — geurs vous autr's qui aiment à vo-ya —
ger Dans les chan-tiers d'No-va Sco — tia c'est là que j'ai appris mon mé —
tier Le mé-tier des jeun's vo-ya — geurs c'est la vie d'un homm' des chan —
tiers.

1

Les Acadiens, les voyageurs, vous autr's qui aiment à voyager,
Dans les chantiers d'Nova Scotia[1], c'est là que j'ai appris mon métier.
Le métier des jeun's voyageurs, c'est la vie d'un homm' des chantiers.

2

En l'année dix-neuf cent dix-sept, à Clearwater[2] j'ai travaillé,
Dans les chantiers d'monsieur Lacombe[3], jobber de grand' renommée.
Dans l'mois d'juillet, c'qui est arrivé, l'mal de chantier nous a r'pogné.

3

Il fait pas chaud, le ch'min est beau, de bonne heur' nous sommes
        arrivé
Dans les chantiers d'monsieur Lacombe, jobber de grand' renommée.
Il nous dit : — Demain matin à l'ouvrag' je vous class'rai.

---

[1] Nouvelle-Écosse.
[2] La Nouvelle-Écosse compte au moins sept cours d'eau portant ce nom ; tous se situent dans la
    partie sud-ouest de la péninsule.
[3] Prononcé « Lacambe ».

4

Le lendemain de grand matin faut pas dir' j'claque dans les mains[4],
Couper cent trent' billots par jour et les ébrancher,
Quand le soir est arrivé, on est content d's'reposer.

5

Quand c'est venu pour s'coucher, sur des pans de mouss' sommes
    allongé[5].
On a commencé à entendr' des bruits sourds semblables à des coups de
    canon.
On avait mangé du pain assez sûr, ça pouvait pas faire autrement.

6

Il y en a un de parmi nous qu'il a fini d'marcher dans la boue ;
Il s'est fait venir des pilules, se mit agent du docteur Moro[6].
Il a passé l'hiver entier[7] à nouer des brides et des *cordeaux*.

7

Allez donc voir dans l'écurie, c'est un' vraie pitié de voir c'la !
Des bouts[8] de broche, des wires, des bouts de cord' pour fair'
    les att'lages.
À moins d'un bon fouet de broche on fera pas un gros halage.

Chanté par Léandre Savoie (50 ans), 5 février 1955, Évangéline (Gloucester),
Nouveau-Brunswick (coll. Dominique Gauthier, AF, nº 557).

Nombre de versions : 1.

---

[4] Il n'y a pas de temps à perdre, même pas pour se frapper dans les mains et se réchauffer.
[5] Prononcé « élongés ».
[6] Marque de commerce de pilules laxatives et qui soulageaient le foie.
[7] Le chanteur dit « entière ».
[8] Le « t » est prononcé.

27. *Le Chantier sur l'île d'Anticosti*

Coll. Luc Lacourcière, AF, n° 2486.

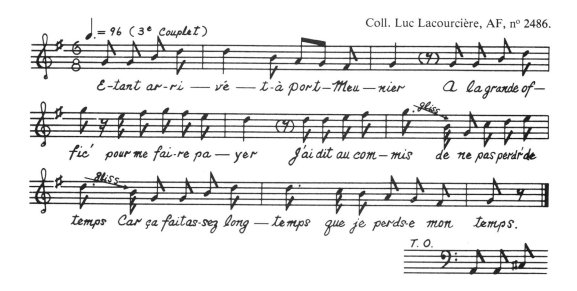

E-tant ar-ri — vé — t-à port-Meu—nier a la grande of-fic' pour me fai-re pa — yer j'ai dit au com-mis de ne pas perdr'de temps Car ça fait as-sez long — temps que je perds-e mon temps.

T. O.

1

Étant arrivé sur l'îl' d'Anticosti,
Je me suis-t-engagé pour aller bûcher.
On a bûché dans la *track* tout l'été,
On a bien confiance à la bunch de Côté[1].

2

Maintenant me voilà décidé de jumper,
Su' l'derrièr' d'un *truck*, je vous dis, j'ai *flyé*.
J'ai 'té à l'offic' donner ma notice
Et aussi mon temps au plus *saint-sacrement*.

3

Étant arrivé-t-à Port-Meunier[2],
À la grande offic' pour me faire payer,
J'ai dit au commis de ne pas perdr' de temps
Car ça fait assez longtemps que je perds-e mon temps.

---

[1] Si dans cette version le mot « bunch » désigne un groupe d'hommes, la « bunch de Côté » pour-rait être le groupe d'employés d'un dénommé Côté.
[2] Port-Menier se trouve sur la pointe ouest de l'île d'Anticosti.

4

Étant arrivé-t-à Port-Meunier,
À l'hôtel Labbé je me suis installé.
Avec un' Molson[3] j'ai *pris un p'tit coup*
En attendant le train pour m'en aller chez nous.

Chanté par Julien Mercier (21 ans), 12 juillet 1955, Saint-Raphaël-sur-Mer (Gloucester), Nouveau-Brunswick (coll. Luc Lacourcière, AF, n° 2486).

Nombre de versions : 2.

Timbre : *Sweet Betsy* (voir Alan LOMAX, *The Folk Songs of North America in the English Language*, p. 335).

Autre texte :

1

Je me suis-t-engagé pour l'île d'Anticosti,
Je me suis-t-engagé pour bûcher du pulp.
On a bûché dans la track tout[4] l'été,
Nous avions confiance dans la bunch du côté.

2

Maintenant, mes amis, je suis décidé de jumper.
À la p'tite office, je donne ma notice.
J'ai dit au commis de ne pas perdr' de temps,
Car ça fait assez longtemps que je perds le mien.

3

Maintenant, mes amis, je suis rendu à Gaspé ;
À l'hôtel Abbé je me suis-t-installé.
C'est avec une Molson, je prends un p'tit coup
En attendant l'train pour descendre chez nous.

---

[3] Marque de commerce d'une compagnie de bière.
[4] Prononcé « toute ».

Maintenant, mes amis, ma chanson est finie.
Elle a été composée par des gars d'Saint-Raphaël,
Il y a aussi mon frère que je n'veux pas oublier,
Quand il a vu la bunch, il s'est[5] découragé.

5

Maintenant, mes amis, j'ai un conseil à vous donner :
Je vous conseille de ne pas y aller,
Car, de moi, d'après c'que j'ai vu,
J'en ai vu-t-assez.

Chanté par Onias Ferron (18 ans), 1ᵉʳ août 1952, Saint-Raphaël-sur-Mer (Gloucester), Nouveau-Brunswick (coll. Luc Lacourcière, AF, nᵒ 1234).

---

[5]   Le chanteur dit « s'a ».

28. *Le Chantier au lac Noir*

1

C'est sur l'creek du lac Noir [1]
Nous nous somm's enrôlés
Comm' des jeun's militaires
Pour nous rafistoler.
Dorila puis Eugène
Qui sont les capitaines,
Il faut pas en parler,
Ça vous me comprenez.

2

Rendus sur le portage
Avec tout notr' bagage
On les a rencontrés,
Ça vous me comprenez.
Montez, mes chers amis,
Car nous somm's bien nourris ;
Nous somm's bien campés,
Ça, c'est pour hiverner.

3

Rendu au mois d'octobre,
Ah ! c'était pas mal *dull*.
Rendu au mois d'novembre,
Le camp voulait tout fendre.
C'était tell'ment *foulé*,
Le bois est tout bûché.
On fait rien qu'd'arriver,
Faut déjà s'en aller.

---

[1] Lac du comté de Charlevoix.

4

Parlons donc des cullers,
Ils sont pas d'bonne humeur !
Le bois est mal pilé,
Ils l'ont jusque striqué.
Le garde tout en rage
Trouv' qu'on fait des gros gages[2],
Il veut nous faire monter
L'bois sur des [...]

5

Un' chos' bien triste à voir,
Je m'en vais vous le dire,
On mang' notre gruau
Sans mettr' de lait d'taureau[3].
Après tout c'qu'on vous dit,
C'n'est pas d'l'économie,
Un' taxe sur les peaux
Épargnerait bien trente sous.

6

Parlons donc des avis
Posés par le commis :
Défens' d'entrer en d'dans
Sans êtr' bourré d'argent.
Quand vient l'temps du *réglage*,
T'as pas fait de gros gages.
Je crois qu'il t'reste rien,
Prends ta poch' puis va-t'en.

7

Dans la job à Desbiens,
Parlons-en pas trop souvent,
Ils ont bien des beaux chemins
Mais l'bois est mal bûché.
C'est Tit-Pierr' puis Sardine
Qui ont bûché tout l'temps.
Ils ont fait des bons gages
Mais travaill'nt cochonn'ment.

---

[2] Le mot « gages » est généralement féminisé dans les chansons.
[3] Lait en poudre ou en boîte, par opposition au lait frais.

8

Excusez ma chanson,
Si vous la comprenez
Car c'est un' bonn' leçon
Pour ceux qui m'écoutez.
J'ai personne à regret,
J'veux pas vous faire fâcher,
Mais si l'bonnet vous fait,
Tâchez d'vous l'renfoncer.

Chanté le 2 août 1955 par Alphonse Morneau (41 ans), Baie-des-Rochers (Charle-voix), Québec (coll. Luc Lacourcière, AF, n° 2607).

Nombre de versions : 1.

29. *Adieu Memramcook !*

1

Un soir, pensant à mes parents, composit une chanson.
C'est mon propr' sentiment qui l'a bien composée.
C'est de se voir si loin, c'est dans ces larmes[1],
C'est de s'voir éloigné de tous ses bons parents.
— Bons parents, bons amis, j'vous aimerai toujours,
Je vous aimerai toujours, jusqu'à la fin de mes jours.

2

Or, adieu donc Memramcook[2], oh ! je m'ennuie !
Moi qu'a toujours vi[3] dans la joie, m'voilà dans l'fond d'un bois.
Courag' mon petit cœur, tu auras du beau temps
Avec tous tes parents, qu'allons venir bientôt.

Recueilli par *la Voix d'Évangéline*, Moncton (Westmorland), Nouveau-Brunswick
(coll. Joseph-Thomas Le Blanc, MN, ms. n° 9860, ou AF, ms. n° 1095).

Nombre de versions : 1.

---

[1] Le texte porte « c'est dans ces lartes ». Il peut s'agir, croyons-nous, d'une distraction du copiste
en relevant le manuscrit.
[2] Ville du Nouveau-Brunswick, située près de Moncton.
[3] Vécu.

30. *Charles Savard écrasé par un arbre*

1

Écoutez bien l'histoire, jeunes gens qui voyagez,
Écoutez la complainte que je vais vous chanter.
Dans ces camps de chantier où l'on ne craint pas l'danger,
Cette mort peut vous frapper sans que vous en doutez.

2

C'était au mois décembre, en mil neuf cent trente-cinq,
C'était le cinq du mois, vers le milieu de la semaine,
Un homme de Saint-Ambroise[1], que bien des gens connaissent,
Vers les trois heures du soir, la mort vint le chercher.

3

Étant à son ouvrage comme tous les jours passés,
Ayant été averti qu'un arbre allait tomber,
D'après les apparences il eut pas le temps de reculer,
Un arbre de huit billots[2] sur le dos lui a tombé.

4

Hélas ! à l'instant même j'ai été appelé,
Par notre contremaître nommé Alfred Tremblay.
En arrivant à lui me dit : — Prends bien sur toi
Car une grande malchance vient de nous arriver.

5

Voyant son visage pâle, les traits tout retirés[3],
Je lui demande, hélas ! ce qui est arrivé.
Mais en baissant la vue, j'aperçois à mes pieds,
Tout baignant dans son sang, Charles Savard était mort.

6

Avec mes amis Gravel ainsi que Villeneuve
A fallu transporter à notre résidence.
Je vous dis que la chose est triste de voir un de nos amis
Ainsi défiguré, les membres tout cassés.

---

[1] Localité située près de la ville de Jonquière, au Saguenay.
[2] Huit longueurs de billes de bois.
[3] Tirés.

7

Jeunes gens qui voyagez dans l'*partage* de ces bois,
Passant sur le grand lac qu'on nomme le lac Bellemare[4],
Là-haut sur ces montagnes où est plantée une croix,
Faites donc une prière pour le repos de son âme.

8

La complainte chantée a été composée
Par un nommé Bélisle qu'était dans le même chantier.
Étant à son ouvrage tout près de l'accident,
Savard s'est fait frapper, de lui seulement qu'à cent pieds.

Texte communiqué par Gaston Bergeron le 8 février 1979. Complainte tirée d'un cahier manuscrit de chansons ayant appartenu à Nil Bergeron, Saint-Ambroise (Dubuc), Québec, vers 1935.

Nombre de versions : 1.

---

[4]   Dans la partie nord de la région du Lac-Saint-Jean.

214

31. *Le Cuisinier malpropre*

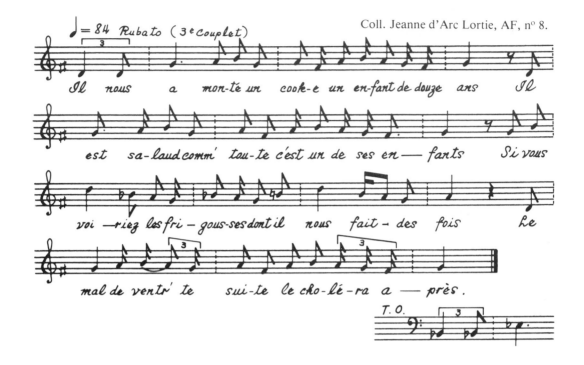

Coll. Jeanne d'Arc Lortie, AF, n° 8.

*Il nous a mon-té un cook-e un en-fant de douze ans Il
est sa-laud comm' tou-te c'est un de ses en — fants Si vous
voi — riez les fri — gous-ses dont il nous fait — des fois Le
mal de ventr' te sui-te le cho-lé-ra a — près.*

1

C'est Pierr' Deschên's des Hauteurs-e[1], je crois qu'vous l'connaissez.
A décidé c't hiver-e de faire un gros chantier.
Il a tout choisi ses hommes, mais du mieux qu'il a pu.
On est pas meilleur que d'autres, i' va rester l'nez dans l'cul.

2

— J'ai tout fait bûcher l'épinette que j'avais sur mon lot,
Sur la planche je n'en avais pas de gros, t'apprendras mon Isidore
Que ton culler a tout rapetissé mon bois.
Il a pris les huit[2] pour les sept et les sept pour les six[3].

---

[1] Selon un informateur, Les Hauteurs est un endroit dans le comté de Rimouski où il y eut des chantiers forestiers.

[2] Billes de huit pieds.

[3] Ce couplet provient de la collection Chrystian Bélanger et Claude Saint-Jean, AF, n° 16. Chanté par Paul-Émile Rioux (68 ans), 24 septembre 1971, Saint-Gabriel (Rimouski), Québec, 4 c.

Il nous a monté un cook-e, un enfant de douze ans ;
Il est salaud comm' tout-e[4], c'est un de ses enfants.
Si vous voiriez[5] les frigousses dont[6] il nous fait des fois,
Le mal de ventr' te suite[7], le choléra[8] après.

4

Un jour dit à sa femme : — J'ai des vrais bons garçons.
Ils mang'nt du pair' de truie, ils dis'nt que c'est bien bon[9],   (bis)
Mais ils trouv'nt qu'ça raboudine quand ça bouill' dans l'chaudron.

Chanté par Albert Malenfant (68 ans), 18 janvier 1963, Amqui (Matapédia), Québec (coll. Jeanne d'Arc Lortie, AF, n° 8).

Nombre de versions : 3.

Timbre : *les Cartes* (voir père Anselme CHIASSON et frère Daniel BOUDREAU, *Chansons d'Acadie*, vol. 2, p. 1).

---

[4]   Tout.
[5]   Voyiez.
[6]   Qu'il.
[7]   Tout de suite.
[8]   Prononcé « cholora ».
[9]   Variante de la collection Bélanger-Saint-Jean :

    Sont pas difficiles ils trouvent que tout est bon.

32. *Le Départ pour les chantiers*

♩ = 104 (4e Couplet)   Coll. Félix-Antoine Savard et Roger Matton, AF, n° 47.

Et l'on lui donne un' tap' su' l'fond Pis tant lui fait sauter l'bouchon Prends'ton verre — et moi le mien Et prends-y garde et tiens-la
bien Et bu-vons don' nous autr's nos gens Et bu-vons don' nous au —
tres.

1

Quand j'ai[1] parti de mon pays
Pour m'en aller au Lac-Saint-Jean,
Viens d'entreprendre un si long voyage
Et en pensant fair' des bons[2] gages[3].

Et buvons don' nous autr's nos gens,
Et buvons don' nous autres.

---

[1]   Le chanteur emploie l'auxiliaire avoir au lieu de l'auxiliaire être.

[2]   Le chanteur dit « bonn's gages ».

[3]   Variante du premier couplet chantée en 1941 par Louis-Philippe Ménard (27 ans), de Jonquière (Chicoutimi), Québec, et recueillie par François Brassard, AF, ms. n° 56, 3 c. :

Quand j'suis parti d'mon Canada
Pour m'en aller dans les États,
J'entrepris un si long voyage
En espérant fair' des bonn's gages.

Et l'on travaill' tout'[4] la semaine,
Et le sam'di on fait pas un' *cenne*.
On s'en retourne au petit logis,
La bonn' vieill' dit : — Veux-tu aller voir la *grocery*[5].
Et va t'coucher puis *bâdr'*-moi pas,
C'est-il pas qu'j'ai pas 'té payé.

3

Quand c'qu'on l'arrive[6] dans les chantiers,
Le boss nous d'mand' pour travailler ;
Il nous donne un' petite hache,
C'est pour swinger du manch' de hache.

4

Et l'on lui donne un' tap' su' l'fond,
Puis tiens[7] lui fait sauter l'bouchon.
Prends ton verre et moi le mien
Et prends-y garde et tiens-la bien[8].

Chanté le 17 juillet 1957 par Azade Benoît (48 ans), Tracadie (Gloucester), Nouveau-Brunswick (coll. Félix -Antoine Savard et Roger Matton, AF, n° 47).

Nombre de versions : 3.

Timbre : *Envoyons d'l'avant nos gens* (voir la mélodie reproduite dans cette anthologie à la chanson *le Retour des chantiers*).

---

[4] Prononcé « tout ».
[5] Variante du 2ᵉ couplet chantée le 24 juillet 1976 par Xavier Richard (61 ans), Moncton (Westmorland), Nouveau-Brunswick, 3 c. (coll. Robert Bouthillier et Vivian Labrie, AF, n° 1113) :

Z-on travaill' tout' la semaine,
Le sam'di z-on *clair'* pas un' cenne,
La bonn' femm' nous demand' pour d'la grocery.

[6] Tiré de la collection Bouthillier-Labrie, AF, n° 1113, déjà citée.
[7] Prononcé « pis tant ».
[8] La version déjà citée de la collection Brassard se termine comme suit :

C'qu'a [Celui qui a] composé la chanson
C'est Charles Chouinard, c't'un bon garçon.

33. Donnez-moi-z-en don' !

Coll. Luc Lacourcière, AF, n° 869.

J'vais vous par-ler d'nos p'tits job-bers

Ils sont par-fois trop la-men-ta-bles

Ils nous font l'ver pres-qu'à deux heures

Au-pa-ra-vant de pou-voir mettr' la ta—ble

Ils tournent ils piaill'nt c'est comm'des din—dons Le gru-au su'l'

poêl' qui est pris au fond Don-nez-moi-z-en don' du gru-au par mot—

tons Un'chaudronnée d'beans aus-si des cre—tons Donnez-moi-z en

don' du gru-au par mot—tons Le thé-pot su'l' poê-le qui est pris au

fond .

Relevé musical de Donald Deschênes.

Mes bons amis, c'est à bûcher
Que tout[1] le monde s'accorde,
Su' l'p'tit Sagu'nay tout en sacrant
Qu'les jobbers font *culler* la corde.
Philippe et puis[2] Tit-Douard sont par en arrière,
Ils rongent le bois, c'est comm' des vers-e.
Donnez-moi-z-en don', sept pieds sur un *cordon*,
Donnez-moi-z-en don', encore un bâton.　　　} (*bis*)

2

J'vais vous parler d'nos p'tits jobbers.
Ils sont parfois trop lamentables[3],
Ils nous font l'ver presqu'à deux heures,
Auparavant de pouvoir mettr' la table.
Ils tourn'nt, ils *piaill'nt*, c'est comm' des dindons,
Le gruau su' l'poêle qui est pris au fond.
Donnez-moi-z-en don', du gruau par mottons,
Une chaudronnée d'beans, aussi des cretons ;
Donnez-moi-z-en don', du gruau par mottons,
Le *thé-pot* su' l'poêle qui est pris au fond.

3

J'vais vous parler d'notr' institution
Qu'il représente notre campagne,
On se couche sur le balcon[4],
À douze pouces et d'mi du bavage ;
Quand le vent du nord *r'ssoud* par la fenêtre,
La boucane s'en r'tourne par la porte du poêle.
Donnez-moi-z-en don', douze pouces et d'mi du balcon,
Donnez-moi-z-en don', par les trous des glaçons,
On s'réveille la tête pris après l'plafond.

---

[1] Prononcé « toute ».
[2] Prononcé « pis ».
[3] La chanteuse dit « lamentales ».
[4] Lit fixé au mur, près du plafond.

J'vais vous parler d'nos petites femmes,
Ell's[5] sont parfois trop matinales,
Ell's nous font l'ver bien tôt matin,
Auparavant d'dir' leur prière.
Où ils sont-ils les uns, les autres,
Avez-vous trouvé du bois, vous autres ?
Donnez-moi-z-en don', sept pieds sur un cordon,
Donnez-moi-z-en don', encore un bâton,
Donnez-moi-z-en don', une tarte de cendrillon,
Donnez-moi-z-en don', encore un bâton.

Chanté par Mme Louis Côté, 30 octobre 1949, Saint-Hilarion (Charlevoix), Québec (coll. Luc Lacourcière, AF, n° 869).

Nombre de versions : 1.

Timbre : chanson populaire (voir P. CAPELLE, *la Clé du caveau* [...], air n° 63, p. 11).

---

[5] La chanteuse dit « ils », dans ce vers et le suivant.

34. *Épargnes et Dépenses des voyageurs*

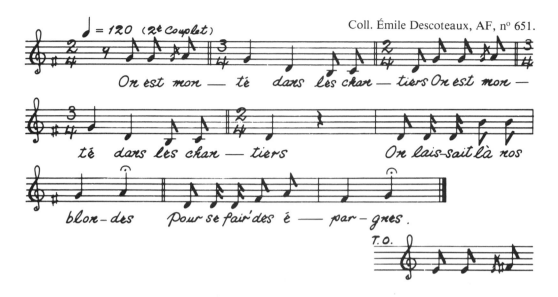

Coll. Émile Descoteaux, AF, n° 651.

On est mon — té dans les chan — tiers On est mon — té dans les chan — tiers On lais-sait là nos blon-des Pour se fair'des é — par-gnes.

T.O.

1

Chez nous nous étions trois garçons,   (*bis*)
Quand on allait voir les filles,
On payait nos dépenses.

2

On est monté dans les chantiers,   (*bis*)
On laissait là nos blondes
Pour se fair' des épargnes.

3

Tout le printemps on a dravé,   (*bis*)
On s'ennuyait d'nos blondes,
On avait hât' de r'descendre.

4

On a fait cent milles en canot,   (*bis*)
On sentait pas la fatigue,
On s'en allait voir nos filles.

5

En arrivant à Boucherville[1],   (*bis*)
Des cols[2] neufs on s'est achetés-e,
Au diabl' la dépense !

6

On a trinqué, on a chanté,   (*bis*)
Vive les bell's femmes !
Au diabl' les épargnes !

Chanté par Mme Charles Massicotte (née Aurore Grégoire) (52 ans), 23 mars 1962, Mont-Carmel (Champlain), Québec (coll. Émile Descoteaux, AF, n° 651).

Nombre de versions : 1.

Timbre : *le Galant sans argent* (voir MARIE-URSULE, *Civilisation traditionnelle des Lavalois*, p. 274).

---

[1]   Localité située à proximité de Montréal.
[2]   Il s'agit de cols amovibles.

35. Girard et Saint-Laurent

Coll. Carmen Roy, MN-ROY-257-105.

♩.=84 (3ᵉ Couplet) Rubato

Rem-pli d'fa-ti-gue de mi-sère

Suis re-tour-né bien len-te-ment

Di-sant au ciel u-ne pri-è-re

Au beau pa-tron des tra-vail-lants

-Bon saint Jo-seph ah Jé-sus! mon Maître

Faut-il que j'm'en r'tourne en che-min ?

Relevé musical de Donald Deschênes.

1

C'est dans l'année mil neuf cent trent'-deux,
Nous sommes allés sur d'autres cieux.
Ratchell *tombait* près d'un p'tit lac-e,
Au camp[1] Girard et Saint-Laurent.
Au son d'la cloche, du tic-tac-cle,
Il nous faut l'ver de grand matin.

---

[1] Le « p » est prononcé.

2

Ça, d'la travers', j'peux pas parler,
Car bien trop tard j'suis-t-arrivé.
Irons tout seul sur le portage
Cherchant d'l'ouvrag' pour l'lendemain.
Ils nous répond'nt pour tout partage :
— Faut t'en aller, les camps sont pleins.

3

Rempli d'fatigue, de misère,
Suis retourné[2] bien lentement,
Disant au ciel une prière
Au beau patron des travaillants :
— Bon saint Joseph, ah Jésus ! mon Maître,
Faut-il que j'm'en r'tourne en chemin ?

4

Un miracl' vient d's'accomplir
Dans le même instant, presque certain :
J'suis rentré dans un camp, su' l'portage,
C'était pour assouvir[3] ma faim.
Le cook il m'dit : — Prends donc l'portage,
Va t'engager sur[4] Saint-Laurent.

5

Car depuis c'temps-là j'travaille
Au petit jour, dans les broussailles.
Mais quand vient le temps du collage,
Là, ils nous en coup'nt vingt-quatr' pour cent.
J'ai jamais vu tant d'gaspillage.
J'crois qu'c'est la ruin' du vieux sapin.

---

[2] Chanté « rentourné ».
[3] Chanté « assouplir ».
[4] Chez.

6

Celui qu'a composé la chansonnette,
C'était un p'tit bûcheron d'épinettes.
Tout en composant sa chansonnette,
Lorsqu'ils vienn'nt lui dir' bien poliment :
— Chang'-toi d'can'çons, faudrait d'plus nets-e,
Les poux vont[5] t'manger tout vivant !

Chanté le 26 juin 1959 par Eugène Loiselle (54 ans), Longue-Pointe-de-Mingan (Saguenay), Québec (coll. Carmen Roy, MN-ROY-257-105).

Nombre de versions : 1.

Timbre : *les Cartes* (voir père Anselme CHIASSON et frère Daniel BOUDREAU, *Chansons d'Acadie*, vol. 2, p. 1).

---

[5] Le chanteur dit « va ».

36. *Le long de la Paugan*

1

C'est dans l'année mil neuf cent un,
C'tte année-là j'm'en souviendrai,   } (*bis*)
De la misère, oui, j'en ai vue,
Ah ! de l'ennui j'ai-t-éprouvé.
C'est dans l'mois d'août d'bonne heure,
Au chantier[1], oui, j'ai monté.

2

Oh ! parlons don' d'ces p'tits chantiers
Qui sont bâtis l'long d'la Pâgane[2].   } (*bis*)
C'est Pierr' Lemieux qu'est notre cook,
Ah ! l'hypocrit', vous l'connaissez,
Il est bon qu'à nous licher
Et en arrière nous mépriser.

3

Nous v'là rendus au jour d'la Toussaint,
Les ordres nous ont 'té donnés.   } (*bis*)
C'est par la port' de la conçarne,
Thomas nous a commandé :
— Oh ! oh ! mais là, vous allez travailler,
Un cinq piastr's va vous êtr' chargé.

4

Nous v'là rendus au temps de la drave
Et on ne fait plus qu's'accoter,   } (*bis*)
Mais on est pas une heure couchés,
Oh ! rien qu'un œil-e d'agrafé,
Aussitôt le foreman crie :
— Sur le loose faut embarquer.

---

[1] Prononcé « chanquier ».
[2] Chute Paugan, le long de la Gatineau, à mi-chemin entre Maniwaki et Hull.

Oh ! il y'en a-t-un qu'j'ai pas nommé,
Je voudrais pas l'oublier,
Mais c'est l'agent de la conçarne,
Le vieux damné, vous l'connaissez,
Les voyageurs l'ont maudit,
Le diable[3] va s'en réjouir.

} (*bis*)

Chanté en novembre 1959 par Jules Legros (73 ans), Sainte-Cécile-de-Masham (Gatineau), Québec (coll. Carmen Roy, MN-ROY-342-518).

Nombre de versions : 1.

Timbre : *la Fille tuée par sa mère* (coll. Luc Lacourcière, AF, nº 2466) (transcription musicale de Roger Matton dans Robert BOUTHILLIER, « Constantes et Variantes des formes musicales dans la transmission orale : recherche chez une famille de Traca-die, Nouveau-Brunswick », f. 258).

---

[3]   Prononcé « yable ».

37. *Le Chantier de Robinson*

Coll. Robert Bouthillier et Vivian Labrie, AF, n° 3336.

Relevé musical de Robert Bouthillier.

1

Les gens[1] de mon villag', venez pour écouter-e,
Venez pour écouter ce que j'vais[2] vous chanter ;
Un' chanson composée au campe à Robison-e,
Je l'ai bien composée le soir après souper.

---

[1] Prononcé « gensses ».
[2] Le chanteur dit plutôt « ça que j'vas ».

2

Je me suis marié le vingt-sept de septembre ;
La femme oh ! que j'ai pris, c'est un beau désennui.
C'est d'avoir épousé une si bonne femme,
Ce[3] qui m'caus' de l'ennui, c'est d'pouvoir la laisser.

3

Partir pour ces santiers où c'qu'on y voit qu'des arbres[4],
Où c'qu'on entend plus rien que les chants des oiseaux.
Il y en a qui l'dis'nt : — Le cook a-t-un' bonn' job-e.
Peut-êtr' qu'il' ont raison mais grand Dieu c'ennuyant[5] !

4

De passer la journée à boulanger la pâte,
À laver les chaudrons et brasser les tisons.
Ce qu'est l'plus malaisé, c'est d'avoir du bois sec-e,
On a que du bouleau que McLean a coupé.

5

En égard du manger un' chance à l'orignal-e.
Du sucre[6] y en a-t-assez dans un sac de papier.
Les foremen t-ils me dis'nt qu'ils brûl'nt tant d'allumettes,
Moi je n'en dis autant mais grand Dieu z-ils fumont !
Il y en a qui dorment[7] avec la pipe au bec-e,
Aussitôt réveillés, il faut encor' l'allumer.

6

Vous autr's mes jeunes gens qui[8] pensent au mariage,
Mariez-vous don' jamais, pour aller dans ces bois.
Ramassez votre argent, travaillez-r-à la ferme,
Fait's don' quelques façons, restez-r-à la maison.

---

[3] Prononcé « ça ».
[4] Prononcé « arbes ».
[5] C'est ennuyant.
[6] Prononcé « suc ».
[7] Le chanteur dit « qu'ils dorment ».
[8] Le chanteur dit « qu'ils pensent ».

Qui c'qu'a[9] composé la chanson,
C'est William dans sa *beurke*,
Les larm's lui coul'nt des yeux en pensant à chez eux.
Pens' à ses chers enfants[10] qu'il aim' plus que lui-même,
À ses petits[11] enfants qu'il aim' si tendrement.

Chanté le 22 septembre 1977 par Augustin Haché (77 ans), Rivière-du-Portage (Northumberland), Nouveau-Brunswick (coll. Robert Bouthillier et Vivian Labrie, AF, n° 3336).

Nombre de versions : 2.

---

[9] Qui est-ce qui a.
[10] « Cher enfants » est la liaison faite.
[11] « Petit enfants » est la liaison faite.

38. *Sur le right*

Coll. Robert Bouthillier et Vivian Labrie, AF, n° 607.

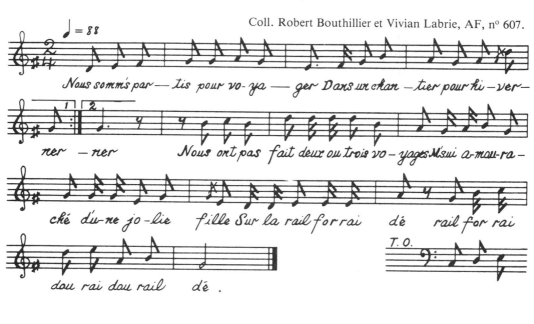

Nous somm's par — tis pour vo-ya — ger Dans un chan — tier pour hi — ver —

ner — ner Nous ont pas fait deux ou trois vo — yages M'sui a-mou-ra —

ché d'u-ne jo-lie fille Sur la rail for rai dé rail for rai

dou rai dou rail dé.

T. O.

Coll. Émile Descoteaux, AF, n° 405.

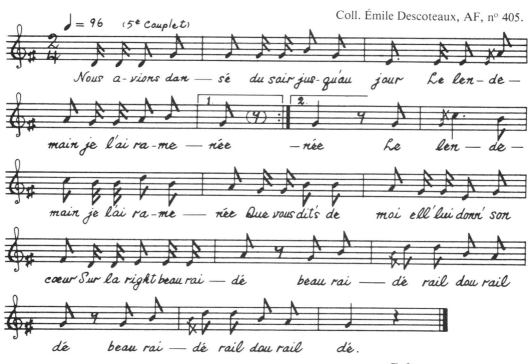

(5e Couplet)

Nous a-vions dan — sé du soir jus-qu'au jour Le len-de —

main je l'ai ra-me — rée — rée Le len-de —

main je l'ai ra-me — rée Que vous dit's de moi ell'lui donn' son

cœur Sur la right beau rai — dé beau rai — dé rail dou rail

dé beau rai — dé rail dou rail dé.

T. O.

1

C'est par un automn' nous avons monté[1]
Dans les chantiers c'est pour hiverner[2].   } (*bis*)
Je n'ai pas fait deux ou trois voyages,
J'me suis amouraché d'un' jolie fille[3].

Sur la right for a day, right for a day, right do, right da.

2

La premièr' fois que je l'ai vue[4],
Elle dansait avec sa *compagnie*,   } (*bis*)
Ses beaux yeux bleus, ses beaux ch'veux bouclés,
Ses beaux cheveux par-dessus ses épaules.

---

[1] Variantes de ce premier vers :

      Par un automn' j'me suis-t-engagé
          (coll. Édouard-Zotique Massicotte, MN, n° 1028)

      Voilà l'automne qu'est arrivé
          (coll. Édith Butler, AF, n° 48)

      La première année que j'ai voyagé
          (coll. Charles-Marius Barbeau, MN, n° 4474)

      Nous somm's partis pour voyager
          (coll. Robert Bouthillier et Vivian Labrie, AF, n° 607).

[2] Variante de ce vers :

      Les voyageurs vont s'en aller
          (coll. Édith Butler, AF, n° 48).

[3] Variantes du vers :

      Que j'ai fait rencontr' d'un' jolie p'tit' fille
          (coll. Carmen Roy, MN, n° 5258)

      Qu'une jeune fille m'a donné son cœur
          (coll. Charles-Marius Barbeau, MN, n° 4474).

[4] Variante :

      Le premier soir que je l'ai connue
          (coll. Édith Butler, AF, n° 48).

C'est au foreman j'me suis adressé,
À qui je contais tout's mes amitiés[5] :
— J'aime cett' jeune fill' plus que moi-même[6],
J'sais pas c'que j'donn'rais si c'était la mienne[7] !

} (*bis*)

4

Le foreman dit : — Mon petit fou,
Cette jeun' fill'-là n'est pas pour vous.
Quand son amant reviendra la voir,
Il la mariera, tu en seras clair[8].

} (*bis*)

5

J'lui ai acheté des beaux pend'oreilles,
Aussi des rubans et des beaux gants.
Ell' les a pris, elle n'a pas eu honte,
Suffit qu'ça venait d'un voyageur.

} (*bis*)

6

Un dimanche au soir, s'est fait un beau bal,
J'allai la d'mander pour venir danser[9].
Elle m'fit répons' : — J'aime un autr' que toi,
Mais c'est avec toi que j'irai danser.

} (*bis*)

---

[5] Variante notée dans plusieurs versions :

  À qui j'contais tous mes secrets.

[6] Variante :

  Oui, j'aime cett' fill' comm' j'aime mon cœur
    (coll. Émile Descoteaux, AF, n° 405).

[7] Variante :

  J'serais content si c'était la mienne
    (coll. Édouard-Zotique Massicotte, MN, n° 1028).

[8] Variante des deux derniers vers de ce couplet :

  Quand son amant reviendra de guerre
  Il la mariera avant qu'vous soyez clair
    (coll. Robert Bouthillier et Vivian Labrie, AF, n° 607).

[9] Variante des deux premiers vers de ce couplet :

  C'est par un beau soir que nous sommes invités
  Dans un gros bal pour aller danser
    (coll. Émile Descoteaux, AF, n° 405).

7

Nous avons dansé du soir jusqu'au jour [10].
Le lendemain je l'ai ramenée, } *(bis)*
J'ai 'té la r'conduir', j'l'ai embrassée.
Ell' m'a donné son cœur, que dit's-vous d'moi ?

8

Venez à moi tous ces voyageurs
Qui aiment les fill's plus que leur cœur. } *(bis)*
Aimez-les donc sans leur fair' de passe-droit,
Mais jusqu'au temps que vous en prendrez une.

Le texte critique a été établi à partir de huit versions de la chanson. La première version mélodique qui précède le texte fut chantée le 30 juillet 1975 par Henri Sonier (66 ans), Sheila (Gloucester), Nouveau-Brunswick, 5 c. (coll. Robert Bouthillier et Vivian Labrie, AF, n° 607). La seconde est de Victor Julien (71 ans) et le texte fut transcrit par Mme Fernand Julien (née Rose-Hélène Bergeron) (34 ans), 25 novembre 1961, Saint-Léon (Maskinongé), Québec, 5 c. (coll. Émile Descoteaux, AF, n° 405).

Nombre de versions : 10.

---

[10] Variante :

Mais quand le bal fut terminé
(coll. Charles-Marius Barbeau, MN, n° 4474).

39. *Les Chantiers en Gaspésie*

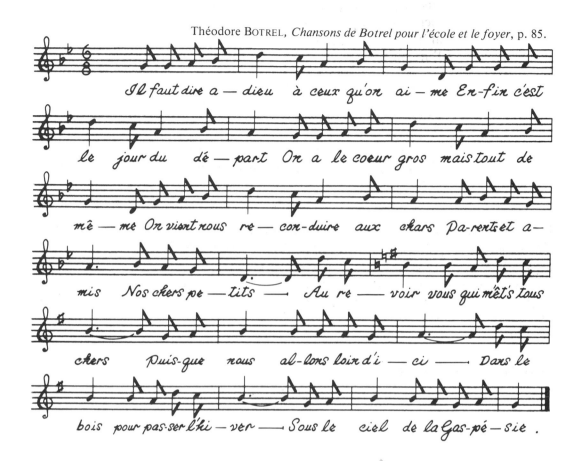

Théodore Botrel, *Chansons de Botrel pour l'école et le foyer*, p. 85.

1

Il faut dire adieu à ceux qu'on aime,
Enfin c'est le jour du départ.
On a le cœur gros mais tout de même
On vient nous reconduire aux chars.
Parents et amis,
Nos chers petits,
Au revoir vous qui m'êt's tous chers,
Puisque nous allons loin d'ici,
Dans le bois pour passer l'hiver
Sous le ciel de la Gaspésie.

2

Après trois jours en voyage
On est content d'arriver,
Et l'on débarque armes et bagages,
Chez Harrisson on est allé.
Avec les amis,
On se divertit ;
Nous sommes beaucoup de jobbers[1]
Des grands lacs de Chicoutimi,
Tous ici rendus à Chandler
Sous le ciel de la Gaspésie.

3

Ici l'on voit des beaux villages,
Les habitants ont l'air joyeux.
Ils ne changeraient pas leur place
Où il s'écoule des jours heureux.
Les gens de Gaspé
Sont hospitaliers,
Leur affection franche et sincère,
Avec eux nous sommes amis ;
On se regarde comme des frères[2]
Sous le ciel de la Gaspésie.

4

Mais enfin, quand le soir arrive,
On se repose de son labeur,
Et c'est avec une foi vive
Qu'on rend hommage au Créateur,
Se tenant bien droit
Pendant son chapelet.
Oh ! qu'elle est belle cette prière
Qu'on fait en famille ici[3],
À genoux au pied de la croix noire[4]
Sous le ciel de la Gaspésie.

---

[1] Variante chantée en 1951 par Prudent Delarosbil (74 ans), Paspébiac (Bonaventure), Québec, 5 c. (coll. Carmen Roy, MN, n° 6554) :

Nous sommes une bande de jobbers.

[2] Variante des vers 8 et 9 de ce couplet dans la collection Roy déjà citée, MN, n° 6554 :

Fait qu'entre eux ils sont tous amis,
Ils se r'gardent comme des frères.

[3] Les vers 7 et 8 de ce couplet sont également tirés de la collection Roy déjà citée, MN, n° 6554.

[4] Croix de tempérance ou de Chiniquy.

5

Lorsqu'on voit apparaître
Les jours heureux de la mission,
Ah ! qu'il est bienvenu le prêtre
Qui nous apporte le pardon.
Envoyé de Dieu
Pour faire des heureux,
Qu'il est consolant ce bon père
Qui donne l'eucharistie
À toutes ces âmes bien chères
Sous le ciel de la Gaspésie.

6

Mais lorsqu'à la fin de sa tâche
Le mois de mars est arrivé,
L'ouvrier qui dépose sa hache,
Il a le cœur à la gaieté.
Il chante en chemin
Des joyeux refrains
Et moi dans mon cœur bien sincère,
Je dis à mes amis d'ici :
— Oui, je reviendrai, je l'espère,
Sous le ciel de la Gaspésie.

Chanté en 1949 par Mme Édouard Fournier (70 ans), Manche-d'Épée (Gaspé), Québec (coll. Carmen Roy, MN, n° 5305).

Nombre de versions : 3.

Timbre : *la Paimpolaise*, musique de Théodore Botrel, dans *Chansons de Botrel pour l'école et le foyer*, p. 85.

40. *Les Jobbers de l'anse aux Foins*

Coll. François Brassard, ms. n° 289.

Les job-bers d'l'anse aux Foins ce sont tous des gens fins Les jeun's comm' les
vieux sont tous ra-mas — seux Ne lais — sez rien le long du che —
min Car s'il en passe un il le ra-mass'ra bien.

Relevé musical de François Brassard.

1

Les jobbers d'l'anse aux Foins[1], ce sont tous des gens fins.
Les jeun's comm' les vieux sont tous ramasseux.
Ne laissez rien le long du chemin,
Car s'il en passe un, il le ramass'ra bien.

2

Quand ils part'nt pour le chantier, il' ont tous des grands sleighs.
Quand ils couchent au dépôt, il' ont tout c'qu'il leur faut.
Tiens[2], voilà ici un quart de biscuits ;
D'un œil-e fier ils font sauter l'*couvert*.

---

[1] Située dans le comté de Chicoutimi.
[2] Prononcé « quiens ».

[...]
Quand ils vont à l'église, ce sont tous des Jésus,
Les mains jointes, la tête baissée.
Quand vient le sermon, ils commencent à ronfler.

Chanté par Ernest Maltais (71 ans), 6 novembre 1947, Chicoutimi (Chicoutimi), Québec (coll. François Brassard, ms. n° 289).

Nombre de versions : 1.

Timbre : *Sweet Betsy* (voir Alan LOMAX, *The Folk Songs of North America in the English Language*, p. 335).

41. *Là-haut dans les chantiers*

Coll. Émile Descoteaux, AF, n° 111.

1

Là-haut dans le chantier, c'est là que j'ai connu,
Malgré les pluies glaciales en décembr' j'me suis rendu.
C'était avec peines et misères que j'ai fait ce long voyage.
Ah ! que je suis loin de mon père et d'ma mère !
Ah ! que je suis loin de mon pays !

Mais rendu dans le chantier, c'est là que j'en ai connu,
Des peines et d'la misère et mêm' la maladie.
Mais de ces durs voyages, je m'en souviendrai longtemps.
Ah ! qu'tout cela me fait réfléchir-e
Car je suis loin de tous mes amis.

3

Après un' dur' journée d'ouvrage, le soir bien fatigué,
Dans un' tente de toile[1], tout trempe on se couchait.
Mais pour combl' de malheur-e, il nous fallait bâtir.
Ah ! c'est avec une main adroite
Que l'on a construit notre camp.

4

Mais le soir assis sur mon bed-e, à mes parents je pensais.
Mais pour me distraire, sur mes genoux j'écrivais.
C'était à ma mère chérie que j'écrivais ces mots :
— Oh ! chèr' maman, que c'est cruel ici !
Ah ! oui, je m'ennuie du foyer paternel !

5

Le soir pour notr' réconfort-e, on s'couchait sur un lit fait de branches ;
Avec le rest' du feuillage étaient faits nos oreillers.
Mais le matin pour récompense, nos chaussons étaient encor' tout
    trempes.
Oh ! qu'il nous fallait beaucoup de courage,
Oui, pour recommencer une autr' journée d'ouvrage !

6

Mais au milieu de la nuit, j'entends quelqu'un soupirer,
Et d'une oreill' fidèle, j'entends ce qui se passa.
Mais c'était la voix de Marcel qui disait dans son langage :
— Ah ! grand Dieu du ciel que je m'ennuie !
Ah ! je veux revoir ma chérie !

---

[1] Les hommes s'abritaient sous une tente pendant l'érection du camp.

7

Je me dis-t-en moi-même, il faut le consoler.
Je m'approch' de Marcel en lui disant ces mots :
— Qu'avez-vous donc Marcel ?
Qu'avez-vous à tant pleurer ?
— Ah ! si je pleur', c'est que je regrette,
Ah ! oui, je regrett' ma bien-aimée !

8

Mais console-toi Marcel, Dieu te récompensera ;
En ménage avec la belle, au printemps qu'tu marieras,
Et du bonheur avec elle tes amis te souhaiteront.
Ah ! ils te diront d'aimer la belle,
Ah ! car Dieu ne te l'défend pas !

Chanté par Mme Hervé Veillette (née Sara Descoteaux) (56 ans), 20 mars 1960, Sha-
winigan (Saint-Maurice), Québec (coll. Émile Descoteaux, AF, n° 111).

Nombre de versions : 1.

Timbre : *Là-haut sur ces montagnes* (voir Charles-Marius BARBEAU, *Romancero du Canada*, p. 163).

42.   La Nostalgie de l'engagé

Coll. Catherine Jolicœur, AF, nº 862.

♩. =132 (3ᵉ Couplet)

Oh! bu — vons donc chers ca — ma — rades Oh! bu — vons
donc de ce bon vin !   Oh! bu — vons
donc chers ca — ma — rades Oh! bu — vons donc de ce bon
vin ! Oh! bu — vons donc de ce bon vin ! A la santé de nos maî — tres — ses   Qui sont — bien
loin d'i-ci —   D'autres a — mants les ca — res — sent .

T.O.

Texte critique

1

Le dix de juin l'année dernière,
Hélas ! je me suis engagé,   } (bis)
Hélas ! je me suis engagé.
C'est pour faire un si long voyage.
Aller aux pays hauts,
C'est pour gagner des gages.

2

Mais quand on fut dans ces chantiers,
Sur ces montagn's bien éloignées,　　} (*bis*)
Sur ces montagn's bien éloignées,
Où c'qu'on ne vit que d'ermitage,
Mais dans un petit bois,
Là où nous gagnons gages.

3

Mais quand je pense à mes enfants,
Ma chère femm' que j'aimais tant,　　} (*bis*)
Ma chère femm' que j'aimais tant
Que j'ai laissée dans l'esclavage,
Mon cœur a du chagrin,
Mes yeux versent des larmes.

4

Tout garçon qui vit dans l'ennui
Ne peut jamais mieux s'adresser,　　} (*bis*)
Ne peut jamais mieux s'adresser
À la Saint' Vierge qui est si bonne,
Qu'il a toujours priée,
Toujours en espérance.

5

Oh ! buvons donc, mes chers amis,
Oh ! buvons donc de ce bon vin !　　} (*bis*)
Oh ! buvons donc de ce bon vin
À la santé de nos maîtresses !
Quand on est éloigné,
D'autres amants les caressent.

6

Qui a composé la chanson ?
C'est Pierre Lévesque, un beau garçon,　　} (*bis*)
C'est Pierre Lévesque, un beau garçon,
Assis sur les g'noux de sa belle,
En contant son chagrin
Qu'i' a eu dans son voyage.

La mélodie présentée avec la version critique provient de la collection Catherine Jolicœur, AF, n° 862. Chantée le 2 août 1964 par Mme Antoinette Godin (née Godin) (88 ans), Notre-Dame-des-Érables (Gloucester), Nouveau-Brunswick, 3 c.

Nombre de versions : 9.

43. *Le Frère mort de la fièvre*

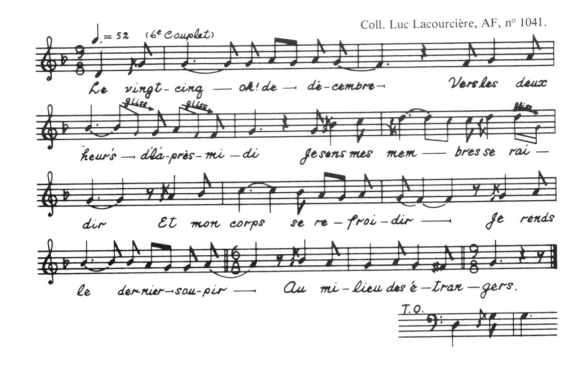

Coll. Luc Lacourcière, AF, n° 1041.

Le vingt-cinq — oh! de — dé-cembre — Vers les deux heur's — d'l'a-près-mi-di — Je sens mes mem — bres se rai-dir Et mon corps se re-froi-dir — Je rends le der-nier-sou-pir — Au mi-lieu des é-tran-gers.

Texte critique

1

Écoutez, mes chers amis,
Daignez écouter un peu
La complainte d'un jeune enfant
Qui se résigne à mourir
Dans un endroit solitaire,
Éloigné de ses chers parents.

2

Nous sommes partis trois jeunes frères,
Accompagnés de notre père,
Pour s'en aller travailler
Dans ces chantiers bien éloignés,
Pensant de revoir encore
Ma tendre mère que j'aimais tant.

3

Voilà le jour de Noël qu'arrive ;
Il faut donc aller se réjouir
Au milieu de sa famille.
Oh ! quelle joie, quel bonheur
De revoir ma très chère mère,
Que Dieu ne m'a pas permis !

4

La veille de notre départ,
Une fièvre s'empare de moi.
Un mal de tête si cruel
Que j'avais jamais ressenti
Me fait supplier mon père
D'attendre encore quelques jours.

5

Pensant que la Providence
Viendrait m'y rendre la santé,
Mon père s'empresse de partir
Avec mes deux autres frères.
Est-il possible père sans pitié
Oh ! ne m'abandonnez pas !

6

Me voilà donc délaissé
De tous parents, de tous amis.
Si j'avais donc le bonheur
De résister à la mort.
Oh ! quelle douce consolation
De mourir avec ses parents !

7

Je sens ma tête qui ouvre,
Je vois la mort qui approche.
Il faut donc quitter la terre
Dans cet âge si florissant,
Dans cette prison si cruelle,
Sur cette couche si malheureuse.

8

Je désirais un prêtre
Pour reconsoler mon âme,
Mais mon maître si cruel
Ne fait pas mine de m'entendre.
C'est à vous, cœur endurci,
Que Dieu en d'mandera compte.

9

C'est le vingt-cinq de décembre
Vers les deux heures d'l'après-midi,
Je sens mes membres se raidir
Et mon corps se refroidir.
Je rends le dernier soupir
Au milieu des étrangers.

10

Ils ont pris mes paupières closes,
Ils ont condamné mon corps
Pour l'envoyer au Millstream[1]
Rejoindre mes bons parents.
Priez pour mon âme en peine
Puisque mon corps est brisé.

11

Dix-huit ans, voilà mon âge !
J'avais beaucoup voyagé.
Je pensais que dans le monde
Que la mort ne pouvait rien,
Mais à présent par malheur
Me voilà donc décidé.

12

Consolez-vous, mes chers parents,
De la perte de votre enfant
Que vous pensiez de revoir
Triomphant et de bonheur.
Aujourd'hui vous recevez
Son corps pâle et sans vigueur.

---

[1] Ville du comté de Kings, au Nouveau-Brunswick.

Qui en a fait la complainte ?
Auguste Imbeau de Rogersville.
Il m'a demandé à sa mort
De lui faire une complainte
Pour témoigner à ses chers parents
La cruauté de ses souffrances.

La mélodie présentée avec le texte critique fut chantée le 1er novembre 1950 par Eustache Noël (44 ans), Pointe-Canot, île de Shippagan, Nouveau-Brunswick (coll. Luc Lacourcière, AF, n° 1041).

Nombre de versions : 32.

Timbre : *la Fille tuée par sa mère* (coll. Luc Lacourcière, AF, n° 2466) (transcription musicale de Roger Matton dans Robert BOUTHILLIER, « Constantes et Variantes des formes musicales dans la transmission orale : recherche chez une famille de Tracadie, Nouveau-Brunswick », f. 258).

250 Autre variante mélodique chantée le 14 juillet 1953 par Amédée Duguay (78 ans), Lamèque (Gloucester), Nouveau-Brunswick, 7 c. (coll. Luc Lacourcière et Félix-Antoine Savard, AF, n° 1352) :

Coll. Luc Lacourcière et Félix-Antoine Savard, AF, n° 1352.

Le jour de notre dé — part Une fièvr' s'em-par' de moi Un mal de têt' si cru-el Que j'a-vais ja — mais res-sen — ti Qu'est ve-nu — fi-nir — mes jours Au mi — lieu — des é — tran-gers.

44. *Parlons donc du gros jobber*

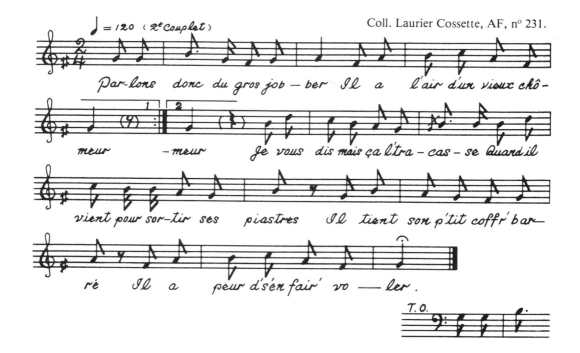

♩ = 120 (2ᵉ Couplet)

Coll. Laurier Cossette, AF, nᵒ 231.

Par-lons donc du gros job-ber Il a l'air d'un vieux chô-meur —meur Je vous dis mais ça l'tra-cas-se Quand il vient pour sor-tir ses piastres Il tient son p'tit coffr' bar-ré Il a peur d's'en fair' vo —ler.

T. O.

1

C'est à la station d'Sanmaur[1]
Que nous somm's tous débarqués. } (*bis*)
C'est dans une vieill' cabane,
Je sais pas quand je partirai
Pour aller bûcher du bois
Mais au mill' pieds[2].

2

Parlons donc du gros jobber,
Il a l'air d'un vieux chômeur. } (*bis*)
Je vous dis, mais ça l'tracasse
Quand il vient pour sortir ses piastres ;
Il tient son p'tit coffr' *barré*,
Il a peur d's'en fair' voler.

---

[1] Petite localité au nord de La Tuque.
[2] Bois servant à la construction.

3

Parlons donc du p'tit jobber, } (*bis*)
Il a l'air un peu meilleur.
Sa tall' de branches est moins forte
Puis[3] i'a l'air un peu moins croche ;
Mais quand il lui jump un gars,
Le gros vient en beau verrat.

4

Parlons donc de notr' foreman, } (*bis*)
C'est un moyen gibier d'savane.
I'a tout l'temps les ch'veux dans face
Et puis la fac' tout en grimaces.
Quand il vient nous montrer du bois,
Il march' vit' comme un verrat.

5

Parlons donc de notr' commis, } (*bis*)
I'a ses défauts lui aussi.
Quand ça vient l'temps d'aller à l'office,
Il vend cher comme un p'tit Juif.
Quand ça vient l'temps d'fair' *settler*,
Faut t'i sort's les doigts dans l'nez.

6

Parlons donc de notr' beau camp-e } (*bis*)
Avec nos beaux beds en planches,
Un bassin tout-e percé
Puis des couvert's[4] toutes r'prisées.
Je vous l'dis qu'en vérité
Qu'on pass' des bell's nuits à g'ler.

7

Parlons donc de notr' cookery, } (*bis*)
On est pas trop bien nourri.
Le matin, les beans pas cuites
Et puis l'midi pas d'pâtiss'ries.
Et avec tout's ces bell's rations
Un beau matin mais nous jump'rons.

---

[3] Le chanteur prononce « pis ».

[4] Prononcé « couvartes ».

Nombre de versions : 2.

Timbre : *les Corps de métier* (voir P. É. PRÉVOST, *Chansons canadiennes*, p. 86).

Autre texte :

1

Écoutez, j'vais vous chanter
Un' chanson j'viens d'composer.
Nous somm's rendus à Mattawin[5]
Dans un p'tit crousse de racoin.
J'ai commencé à *sciotter*,
Je sais pas quand j'descendrai. } (*bis*)

2

Parlons donc de notr' foreman,
C't'un moyen gibier d'savane.
I'a toujours les ch'veux dans face,
Le visag' tout en grimaces.
Quand i' vient nous montrer du bois,
I' march' vit' comme y'en a pas. } (*bis*)

3

Parlons donc de notr' commis,
Il a ses défauts lui si[6].
Quand il s'agit de l'office,
Il vend cher comme un *tord-vice*.
Quand vient l'temps de s'fair' régler,
Faut qu'i' s'ôt' les doigts dans l'nez. } (*bis*)

---

[5] Le long de la rivière Saint-Maurice, au sud de La Tuque.
[6] Aussi.

4

Parlons donc de nos beaux camps
Avec ces maudits beds de planches,
Les couvert's tout déchirées,
Les mat'las tout racc'mmodés.
J'vous assure en vérité
Qu'on pass' des bell's nuit-tes à g'ler. } (*bis*)

5

Parlons donc de notr' cookery,
On n'est pas très bien nourri.
Le matin, des beans pas cuites,
Le midi, pas d'pâtiss'ries.
Si ça continue sur cett' ration,
Un bon matin nous jumperons. } (*bis*)

6

Cett' chanson fut composée
Par Fernand Guay, jeun' voyageur.
Assis sur le pied d'mon bed,
En m'décrottant les orteils
Et en frappant du talon,
J'ai composé la chanson. } (*bis*)

Chanté par Fernand Guay (43 ans), 4 juillet 1972, Saint-Patrice-de-Beaurivage
(Lotbinière), Québec (coll. Marc Gagné, AF, n° 565).

45. *Le Madelineur engagé*

Coll. Jean-Claude Marquis, AF, n° 79.

1

Écoutez ma chanson qui a 'té composée,
Qui a 'té composée sur l'voyag' du vingt-cinq de mai.
On part-e le dimanch', ce qui nous donn' pas d'chance ;
Arrivés à Fox-Bay[1], on était pas mal rationnés[2].

---

[1] Situé sur la pointe est de l'île d'Anticosti.
[2] Prononcé « rantionnés ».

2

Coucher dessus[3] le sol, ça c'est pas mal cruel,
Manger du gros biscuit, ça c'est pas mal maudit.
Arrive à l'Anticos, c'est une maudit' négoce.
A fallu[4] débarquer chercher d'quoi-z-à manger. } (*bis*)

3

Arrive à la Point'-Noir'[5], les chars sont déraillés,
I'a bien[6] fallu monter tous et tous à pied[7].
Arrivés à quatre heur's, accablés de chaleur,
A bien fallu monter en haut, chacun notr' port'-manteau. } (*bis*)

4

Arrive à Clarke-City[8], pas de lit de paré,
l'allons trouver Willy pour avoir un' couchette ;
On s'en va quatr' par quatr', chacun 'vec notr' couverte[9]
Afin de s'préparer un lit pour se coucher. } (*bis*)

5

Du dimanche au soir jusqu'au lundi matin
Chacun s'aperçoit bien la misèr' qui s'en vient.
Travailler su' les whit' machin's[10] lorsqu'on attrap' la discipline.
À fin qu'la journée a passé on est tous bien *manqués*[11]. } (*bis*)

---

[3] Le chanteur dit « dessur ».
[4] Prononcé « foullu ».
[5] Pointe-Noire se situe à quelques milles de Sept-Îles, sur la Côte-Nord.
[6] Toujours prononcé « ben » dans cette chanson.
[7] Variante chantée le 22 juillet 1960 par Philippe Bénard, Îles-de-la-Madeleine, Québec (coll. père Anselme Chiasson, MN-A-765) :

    A bien fallu s'*greyer* et tous monter à pied.

[8] Clarke-City se trouve à une dizaine de milles de Pointe-Noire.
[9] Prononcé « couvarte ».
[10] Probablement des machines portant la marque de commerce White.
[11] Variante des deux derniers vers tirée de la collection Chiasson déjà citée, MN-A-765 :

    Je vous dis qu'dans la *tank* qu'on travaill' comm' des bêtes
    Ainsi qu'sur les *grinders* qu'on y versait d'la sueur.

6

Connaissez-vous Arsenault, ah ! qu'il nous pès' su' l'dos[12] !
Quand i'a gard' d'la minuit[13] qu'il nous prend dans nos lits,
Nous appell' par en arrière avec ses belles histoires.
Puis avec tout's ses *ment'ries* il nous a pour la nuit.

7

Connaissez-vous Hubert, avec ses belles histoires
Et avec tout's ses ment'ries qui nous en cont' l'ennui[14].
Il vient de sur la côt' c'est pour rir' de nous autres.
Il dit qu'des Mad'leineurs[15] qui peut n'avoir plusieurs.

8

Avant de terminer je vais bien vous souhaiter
Tous mes plus grands succès, tous mes plus grands désirs.
Grand Dieu qu'c'est-il possibl' d'avoir laissé les îles !
Que j'ai bien regretté la journée qu'j'm' suis-t-engagé[16] !   } (*bis*)

Chanté en septembre 1966 par Jean-Baptiste Bouffard (55 ans), Petite-Matane (Matane), Québec (coll. Jean-Claude Marquis, AF, n° 79).

Nombre de versions : 3.

Timbre : *les Amants séparés par le père et la mère* (voir Donald DESCHÊNES, *Excusez-la, recueil de chansons folkloriques*, p. 12 ; ou Marguerite et Raoul D'HARCOURT, *Chansons folkloriques françaises au Canada : leur langue musicale*, p. 266).

---

[12] La version recueillie par le père Anselme Chiasson, MN-A-765, donne un autre couplet :

> Ce fut par un midi qu'on en fut bien surpris,
> On vient nous annoncer qu'on va avoir le mois d'mai !
> Ne soyez pas inquiets sur votre premier *time-check*
> Mais travaillez tout l'temps et parlez pas de rien.

[13] Quand il a la garde de la minuit.

[14] Variante de la collection Chiasson, MN-A-765 :

> [...] il nous a pour la nuit.

[15] Gens des îles de la Madeleine, Madelinots.

[16] Variante de ce couplet tirée de la collection Chiasson, MN-A-765 :

> Avant de la finir je vais vous raconter
> Un mot de mes pensées et de mes plus grands désirs.
> Prions donc le bon Dieu pour qu'il nous protège
> De ne pas nous engager encore une autre année.

46. *Le Glas de la blonde de l'engagé*

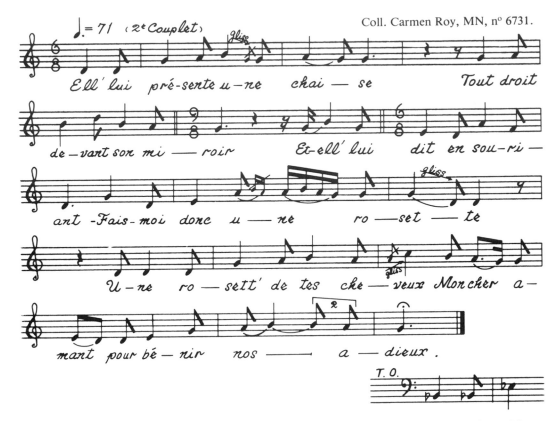

Coll. Carmen Roy, MN, n° 6731.

Ell' lui pré-sente u—ne chai — se Tout droit
de—vant son mi — roir Et-ell' lui dit en sou-ri —
ant -Fais-moi donc u — ne ro—set — te
U—ne ro —sett' de tes che—veux Mon cher a—
mant pour bé — nir nos ———— a — dieux.

Relevé musical de Donald Deschênes.

1

C'est un jeune homm' de la pointe,
Il va fair' ses engagements.
Il va partir de bon printemps
Pour s'en aller en voyage,
Laissant sa mignonne aux *alarmités*,
Le jour, en pleurant ses amours.

2

Ell' lui présente une chaise,
Tout droit devant son miroir.
Ell' lui dit en souriant :
— Fais-moi donc une rosette,
Une rosett' de tes cheveux,
Mon cher amant, pour bénir nos adieux.

3

Le galant qu'est fort adroit-e,
Tendrement, en souriant,
Lui mit un' bagu' d'or au doigt :
— Sois-moi donc toujours fidèle,
Je t'enverrai de mes nouvelles
Par un oiseau, le plumag' le plus beau.

4

Il fut pas rendu-t-en ville
Qu'il entendit les cloches sonner.
Il a pas pu s'en empêcher
De lui verser quelques larmes :
— C'est le glas de ma mignonne,
Dans ce beau jour, adieu donc nos amours !

Chanté en 1951 par Napoléon Poirier (79 ans), Saint-Siméon (Bonaventure), Québec (coll. Carmen Roy, MN, n° 6731).

Nombre de versions : 3.

Une autre version apprise vers 1880 par Vincent-Ferrier de Repentigny, Saint-Timothée (Beauharnois), Québec, présente un texte plus complet et démontrant que cette chanson se rapporte aux anciens voyageurs et coureurs de bois (coll. Édouard-Zotique Massicotte, MN, n° 824) :

1

Louis Ménard-e de la pointe,
Vient fair' son engagement.
Il faut partir de bon printemps
Pour aller au Grand-Portage[1].
Ma maîtresse qu'est *en alarme*,
Nuit et le jour qui pleure nos amours.

2

Son père qui lui raconte
Son adversité du nord,
Tout's les peines et tous les tourments
Que l'on endur' dans ce voyage :
— Il s'en ira sur la mer périlleuse,
Tu perdras ton amant.

3

Sa sœur qui est malicieuse
Pour lui causer du chagrin :
— Voilà donc ce doux printemps
Que les voyageurs s'appareillent.
Pour moi, je garde le mien
Ici autour, je le vois tous les jours.

4

Elle lui présente un' chaise
Tout auprès de son miroir :
— Ah ! toi qui as le cœur en joie,
Fais-moi donc ma belle couette,
Tu me mettras une rose à mes cheveux,
Qui fera nos adieux.

---

[1] Situé du côté ouest du lac Supérieur, porte d'entrée vers les pays d'en haut.

5

Son amant qui est fort tendre
Lui prit la main, lui a serrée :
— Un anneau que je te donne,
Sois-moi donc toujours fidèle,
Je t'enverrai[2] de mes nouvelles
Par un oiseau au plumag' le plus beau.

6

J'étais pas rendu en ville
J'entendu[3] le glas sonner,
Je ne pus m'empêcher
De y verser quelques larmes,
Ce sont les glas de ma maîtresse.
Quel triste jour ! Adieu donc mes amours !

---

[2] Prononcé « envoierai ».
[3] J'ai entendu.

47. *Le Bûcheron écrasé par un arbre*

Donald DESCHÊNES, *Excusez-la*, p. 12.

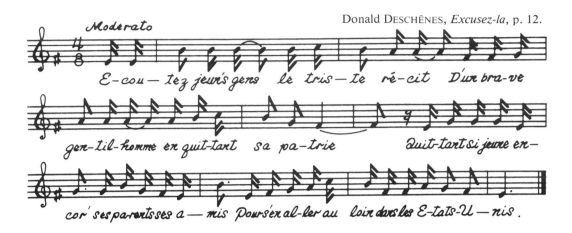

Relevé musical de Donald Deschênes.

Texte critique

1

Écoutez, jeunes gens, le triste récit
D'un brave jeune homme en quittant sa patrie,
Quittant si jeune encore ses parents attristés
Pour s'en aller au loin d'un[1] pays étranger.

2

Parti de chez lui, c'est pour s'en aller
Dans les États-Unis, c'est pour y travailler.
Mais ce brave jeune homme croyait pas rencontrer
La mort si cruelle qui lui est destinée.

3

Par un jour, hélas ! étant dans le bois,
En abattant un arbre il a fait un faux pas.
Mais ce brave jeune homme croyait bien d'éviter
La chute de cet arbre qui vient de l'écraser.

---

[1]   Dans un.

4

Il s'est écrié : — Mes très chers amis,
Venez, accourez vite car je m'en vais mourir !
Tous ses amis s'empressent et que virent-ils, hélas !
Cet aimable jeune homme presqu'à l'heure du trépas.

5

Son cousin Joseph se sent animé,
Se hâte et s'empresse, c'est pour le dégager.
Hélas ! quel spectacle de le voir ensanglanté,
Son corps est tout difforme, il est tout meurtrié[2].

6

Le prit dans ses bras, il l'a transporté[3]
Dans une petite camp' qui n'est pas éloignée.
Il est sans connaissance et il resta ainsi
Pendant trois jours entiers sans aucun signe de vie.

7

— Il faut, mes amis, oh ! vite aller qu'ri'[4]
Le docteur le plus proche et l'amener ici.
Et le docteur enfin, si longtemps désiré,
S'approche du malade, il est fort attristé.

8

Le docteur leur dit : — Oh ! je ne crois pas
Que ce brave jeune homme en meure de cela !
Mais souvent l'homme de science s'est bien souvent trompé
Car deux mois plus tard il est décédé.

9

Auprès de son lit son frère est assis,
Il lui dit : — Jérôme, tu crains bien de mourir ?
— Tout ce que je désire c'est avant de mourir
Voir mon père et ma mère qui m'avont tant chéri.

---

[2] Meurtri ; le « é » est voulu par l'assonance.
[3] Le transcripteur a écrit « le transporta ».
[4] Quérir.

10

— Jérôme, console-toi car tu ne peux pas
Voir ceux que tu désires, hélas ! résigne-toi.
Car ceux que tu veux voir sont éloignés d'ici,
Espère de les voir un jour en paradis.

11

— Puisqu'il faut, cher frère, se soumettre à mourir,
Tu transporteras mon corps c'est dans notre pays.
Mon corps dans la terre sainte désire d'être enterré
Avec tous mes parents qui m'avont tant chéri.

12

Il a bien souffri[5] pendant deux mois entiers
Sans pouvoir y revoir ce qu'il désirait tant.
On appela un prêtre, on alla pour le qu'ri'.
Il ne veut pas venir car c'est pas son pays.

13

Une lettre apprit à ses parents chéris
Que leur très cher enfant venait de mourir.
Quelle triste nouvelle pour une mère, hélas !
De voir son cher enfant qu'est passé au trépas.

14

Son désir enfin s'étant accompli,
À la suite de son frère il fut transporté chez lui.
Quelle journée de larmes pour ses parents chéris !
Voir leur fils agréable mort et enseveli !

15

Sa mère se jette à genoux : — Vierge, secourez-nous !
Prenez part à mes peines car je m'adresse à vous !
Prenez part à mes peines, priez votre cher Fils,
Que mon enfant jouisse de son saint paradis !

---

[5] Souffert.

Et mes bien jeunes gens, vous autres qui entendez
Le triste récit de cet infortuné,
Soyez bien sur vos gardes et soyez bien prudents
Car des malheurs semblables arrivent que trop souvent.

Le texte critique a été établi par Georges ARSENAULT dans « les Complaintes, mémoires d'événements tragiques survenus aux Acadiens de l'Île-du-Prince-Édouard », thèse de maîtrise, université Laval, Québec, mars 1979, f. 145-148. L'auteur ajoute ce commentaire à la suite de cette chanson qu'il nomme la complainte de Jérôme Maillet : « Jérôme Maillet est né dans la paroisse de Palmer Road le 16 mars 1870. Il était l'enfant cadet d'Anselme Maillet et de Françoise Arsenault. Il est mort à Bethel, Maine, le 5 avril 1892, à l'âge de 21 ans. La complainte fut composée par Laurent Doucette de St-Louis qui plus tard émigra à Rogersville dans le Nouveau-Brunswick. Il la composa sur un air de la chanson folklorique *Amants séparés par le père et la mère.* »

Nombre de versions : 22.

Timbre : *les Amants séparés par le père et la mère* (voir Donald DESCHÊNES, *Excusez-la, recueil de chansons folkloriques*, p. 12, ou Marguerite et Raoul D'HARCOURT, *Chansons folkloriques françaises au Canada : leur langue musicale*, p. 266).

48. *Estropié dans un chantier*

Coll. Luc Lacourcière, AF, n° 29.

Par un — beau ven — dre — di   j'ai bien man — qué mou —
rir   j'ai bien man — qué mou — ri — re   A —
vant — qu'il sait — mi — di —   j'ai bien man — qué mou —
rir   Bien loin de mes   a — mis.

T.O.

Coll. Russell Scott Young, AF, n° 430.

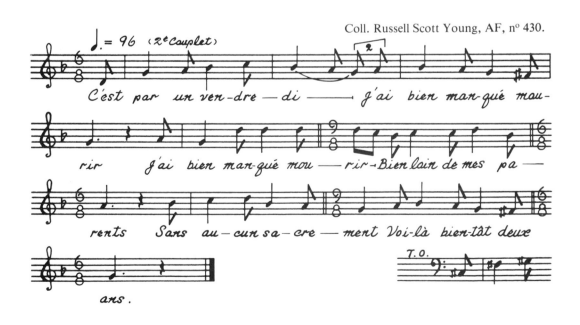

C'est par un ven — dre — di —   j'ai bien man — qué mou —
rir   j'ai bien man — qué mou — rir — Bien loin de mes pa —
rents   Sans au — cun sa — cre — ment Voi-là bien-tôt deux

T.O.

ans.

Texte critique

1

Vous, garçons de campagne,
Écoutez ma chanson,
Une chanson nouvelle,
Nouvell'ment composée,
Un jour dans un chantier,
Étant bien estropié.

2

Par un beau vendredi,
J'ai bien manqué mourir
Bien loin de mes amis,
Avant qu'il soit midi,
Sans aucun sacrement,
Voilà bientôt deux ans[1].

3

Si jamais je retourne
Au pays d'où je viens,
Je promets au bon Dieu,
À la Très Sainte Vierge,
Qu'à l'heur' d'mon arrivée,
Grand-mess' sera chantée.

---

[1]   Variante de ce couplet :

Malheur m'a-t-arrivé
À la plac' du haut Messie,
Que le bon Dieu bénisse
La plac' du haut Messie,
Où j'ai manqué mourir
Bien loin de mes amis !

Chanté le 7 août 1943 par Urbain Petit (71 ans), Strickland (Cochrane), Ontario, 4 c. (coll. François Brassard, ms. n° 172). Le chanteur signale que la place du haut Messie, « c'était en haut d'Ottawa, dans les chantiers ».
Autre variante (Hubert LA RUE, dans *le Foyer canadien,* Québec, vol. 1, 1863, p. 366, 4 c.) :

Malheur est arrivé
Au chantier d'Abacis
Que le bon Dieu bénisse
Le chantier d'Abacis
Où j'ai manqué mourir
Avant qu'il soit midi.

4

Grand-mess' sera chantée
Pour tous ces voyageurs
Qui sont dans la misère.
Grand Dieu il faut les voir,
Le printemps et l'été,
Tout le long d'une année !

5

On n'observ' pas les fêtes
Pour plaire à nos bourgeois,
Les fêtes ni les dimanches,
Le printemps en dravant.
Oh ! que c'est de valeur
Que d'être voyageur.

6

Tout homme fait son devoir
Et pourtant on le blesse ;
S'il perd une minute,
Encore il est blâmé.
On va lui fair' perdr' même
Le rest' de sa journée[2].

7

Qui en a fait la chanson,
C'est un joli garçon.
Ah ! c'est Hyacinthe Brisebois
Qui l'a faite et composée,
Un jour dans un chantier,
Étant bien estropié.

La première variante mélodique a été chantée en juin 1943 par Mme Charles Caron (née Anna Pelletier) (68 ans), Jonquière (Chicoutimi), Québec, 7 c. (coll. Luc Lacourcière, AF, nᵒ 29). La seconde provient de la collection Russell Scott Young, AF, nᵒ 430, et fut chantée le 27 août 1954 par Joseph Asselin, Saint-Charles (Belle-chasse), Québec, 5 c.

Nombre de versions : 25.

---

[2]   Variante tirée du texte de La Rue déjà cité :

Qu'il va être chargé
D'un' piastre par journée.

49. *Le Gelé*

Coll. Roger Reny, AF, n° 2.

♩ = 104 (4ᵉ Couplet)

Je cro-yais bien de fai-re rou-te sû ——— re

Lors -que j'é - tais tout à fait é-ga —— ré

Mar-chant cou — rant cri — ant à l'a-ven —— tu —— re

En peu de temps je fus bien é-loi — gné

Mais la fai-blesse é — tait dans tous mes mem — bres

La faim la soif vient bien se pré-sen — ter

A coups de poing en-fon-cés dans la gla —— ce

Sur un ruis — seau pour me dé-sal-té — rer.

T.O.

1

Vous, jeunes gens, qui vivez sur la terre
Dans les plaisirs et dans la liberté,
Sans y songer que la mort à toute heure,
Dans un instant pourrait bien vous frapper.
Préparez-vous à ce coup redoutable[1],
Vous ne pouvez jamais trop y penser[2].
Tout comme moi il est bien véritable,
Vous ne savez de quelle mort vous mourrez.

2

Tout comme vous, je pensais bien de même
Que de la mort j'en étais éloigné ;
Comptant hélas ! sur la vieillesse extrême,
Voilà un an que j'étais marié.
Déjà heureux, je croyais vivre encore,
Me promettant un heureux avenir.
Ma tendre épouse que j'aimais comme l'aurore
Ne sachant pas que je devais mourir.

3

Partant hélas ! avec une joie extrême,
Dès le matin qui était le jeudi,
Avec mon frère pour monter au Cinquième.
Par un chemin qu'a fait Firmin Marquis[3] ;
Me séparant de mon frère Joseph
Par un chemin qui devait me raccourcir,
Ne sachant pas que ce jour de tristesse
Était le jour que je devais mourir.

---

[1]   Plusieurs versions parlent de « loi redoutable » ou de « jour redoutable ».
[2]   La version chantée en 1946 par Wilfrid Boulay (48 ans), de Saint-Irénée (Matapédia), Québec
      (coll. Charles-Marius Barbeau, MN, n° 4577), donne une variante intéressante de ce vers :

      Vous ne pouvez jamais être aux aguets.
[3]   Variante de la collection Roger Reny, AF, n° 2 :

      Par un chemin qui a fait mon martyr.

4

Après avoir monté avec misère
Par un chemin que je pris pour appui,
Je me trouvais vis-à-vis de mon frère ;
Tout aussitôt, je lui jetai un cri.
N'entendant rien pour guider ma course,
Dedans le bois je me suis précipité
Pour traverser. Me servant de ma bouche,
Criant : — Mon frère, mon cher frère, aidez-moi[4] !

5

Je m'y croyais faire une route sûre
Lorsque j'étais tout à fait égaré.
Marchant, criant, courant à l'aventure,
En peu de temps je fus très éloigné.
La peur en moi sut bien trouver sa place,
La faim, la soif surent bien se présenter.
À coups de poing, j'ai enfoncé la glace
Sur un ruisseau pour me désaltérer.

6

La neige hélas ! que supportaient les arbres
Se déchargeait sur mon corps épuisé.
Jusqu'aux genoux enfoncé dans la neige,
Je devenais de plus en plus fatigué.
Le jour pour moi déclinait trop vite
Sans que je puisse retourner sur mes pas.
La nuit fatale fut pour moi si subite,
Dans sa noirceur me livra au trépas.

7

J'étais alors si troublé en moi-même,
Je ne savais de quel côté marcher.
J'ai bien passé auprès d'une cabane
Sans y daigner même la regarder.
J'ai bien monté de bocage en bocage
Lorsque la nuit était très avancée.
Les pleurs alors arrosèrent mon visage
Lorsque je vis mon trépas avancer.

---

[4]   Dans plusieurs versions, le mot « frère » est remplacé par « père ».

8

Je me suis cassé un lit de *sapinage*
Pour me coucher, croyant me reposer ;
Le froid alors vient glacer mon visage
Et me força de me faire lever.
Mais la faiblesse était dans tous mes membres,
C'est avec peine que je fis quelques pas.
Autour d'un arbre, je marchais bien sans charme,
Criant : — Seigneur, retardez mon trépas !

9

Adieu mon père, ma mère inconsolable,
Adieu Marie, mon épouse chérie !
C'est devant Dieu, ce juge redoutable,
Que ma pauvre âme doit s'anéantir.
Mon corps resta enfoncé dans la neige
Bien exposé à être dévoré.
Priez pour moi, mes amis de la terre,
Je vais mourir dans ce bois éloigné.

10

Le lendemain, son père se lamente,
Ne pouvant pas encore le retrouver.
En peu de temps le monde se rassemble
Prenant le bois chacun de leur côté.
La neige hélas ! qui tombait en abondance
Ne permit pas de chercher dans la nuit.
Le cinquième jour, ils ont eu plus de chance,
Ils l'ont trouvé tout gelé et sans vie.

11

On peut juger de la scène touchante
Lorsqu'il fallut le rentrer au logis.
Sa mère hélas ! tomba en défaillance,
Sa femme aussi jeta les plus hauts cris.
Cessez vos pleurs, parents inconsolables,
Un jour viendra qu'il faudra tous mourir.
C'est devant Dieu, ce juge inexorable,
Que nous devrons tous nous anéantir.

La mélodie reproduite est tirée de la collection Roger Reny, AF, n° 2, et fut chantée en juillet 1964 par Mme Marie-Louise Pomerleau, Saint-Prosper (Dorchester), Québec, 10 c. Le texte critique a été établi à partir de toutes les versions connues de la complainte. Pour des informations d'ordre historique, voir : Joseph-Désiré MICHAUD, *le Bic : les étapes d'une paroisse. Deuxième partie : Un siècle de vie paroissiale*, p. 218-219.

Nombre de versions : 14.

50. *La Chanson de Thobald*

Coll. Jean Du Berger, AF, n° 115.

Le len-de-main ma-tin D'bonne heur' sur le che—min A-
vec c'mau-dit col—lier On ap-pell'pas ça fê——ter Le len-de-main matin D'bonne heur' sur le che—min A—vec c'mau-dit collier On ap-pell'pas ça fê——ter Thé-o—bald l'a com-po-
sé Pour vous dir' la vé-ri-té Car nous les vo-ya-geurs Ne
faut pas ou-bli——er Bu-vons ri-ons chan——tons A la san-
té qu'il faut fê—ter Car nous les vo-ya—geurs On s'ré-jouit qu'un fois l'année Car nous les vo-ya—geurs On s'ré-jouit qu'un fois l'an-née.

T.O.

1

Voilà l'automne arrivé,
À l'offic' faut aller,
Chez monsieur Jack Adam,
C'est pour nous engager.

    (bis)

Théobald l'a composé
Pour vous dir' la vérité,
Car nous les voyageurs,
Ne faut pas oublier,
Buvons, rions, chantons,
À la santé qu'il faut fêter ;
Car nous les voyageurs,
On s'réjouit qu'une fois l'année.

    (bis)

2

L'engagement signé,
De l'air il faut tirer.
Pour un petit cinq piasses,
On a le cœur tout gai !

    (bis)

3

Rendus au dépôt,
Monsieur Jack est là,
Lui dit : — Mes bons garçons,
Vous allez embarquer.

    (bis)

4

Lorsqu'on monte en chaland,
On couch' su'[1] l'pèr' Parent.
On commenc' notr' misère,
Tout l'mond' couchait par terre.

    (bis)

5

Le lendemain matin,
D'bonne heur' sur le chemin
Avec c'maudit collier,
On appell' pas ça fêter.

    (bis)

---

[1] Chez.

6

À la Rivière-aux-Rats[2]
On a le taquet bas.
Monsieur Tom Dick est là,
Met nos canisses au cad'nas.

} (*bis*)

7

J'ai dit à mon ami :
— As-tu encor' du whisky ?
T'es mieux d'te dépêcher,
Tu vas te l'faire ôter[3].

} (*bis*)

8

L'hivernement fini,
La barb' tout' repoussée,
L'corps à moitié rongé
Comm' des bêtes à ferrer.

} (*bis*)

9

Quand on descend l'printemps,
On n'a pas beaucoup d'argent.
Tout droit[4] su' Charl's Pagé
C'est là qu'on va s'casser.

} (*bis*)

10

Quand on est bien cassé
On n'est pas démonté,
C'est encor' m'sieur Chevalier
Qui vient nous redresser.

} (*bis*)

---

[2] Localité située près de la ville de La Tuque, le long de la rivière Saint-Maurice.
[3] Variante chantée en 1954 par Adolphe Dion (72 ans), Astorville (Nipissing), Ontario (coll. père Germain Lemieux, n° 487) :

J'ai dit à mes amis :
— Si vous avez du whisky,
Tâchez d'vous précautionner,
Vos poch's vont êtr' visitées.

[4] Prononcé « drouette ».

La mélodie, le refrain et les couplets 1, 5, 6 et 7, chantés en 1963 par Lucien Juneau (44 ans), Shawinigan-Sud (Saint-Maurice), Québec, proviennent de la collection Jean Du Berger, AF, n° 115. Les couplets 2, 4, 8, 9 et 10 ont été chantés en 1954 par Adolphe Dion (72 ans), Astorville (Nipissing), Ontario (coll. père Germain Lemieux, n° 487). Le couplet 3, chanté en mars 1962 par Arthur Boisclair (63 ans), Shawinigan-Sud (Saint-Maurice), Québec, est tiré de la collection Émile Descoteaux, AF, n° 581.

Nombre de versions : 6.

51. *Le Drôle au chantier*

Coll. Marc Gagné, AF, n° 129.

Relevé musical de Marc Gagné.

1

Nous étions cinq, six beaux drôles,
Pas plus drôl's les uns qu'les autres,
Nous sommes *ambitionnés*
De monter aux chantiers[1].

2

Nous voilà sur notr' dépôt,
On a l'air des vrais *bingos*,
La poch' dessus le dos,
Renflés comm' des crapauds.

3

I' y'en a-t-un qui est pas bien[2] fin,
On l'envoye chercher du pain ;
Il s'amus' dans les rues,
Il nous apport'[3] du *gru*.

---

[1] Variante des deux derniers vers de ce couplet, chantée par Mme Joseph Cloutier (née Lydia Tondreau) (90 ans), East-Broughton (Beauce) (coll. Marc Gagné, AF, n° 1490) :

Nous sommes tous engagés
Pour hiverner-t-au chantier.

[2] Prononcé « ben ».
[3] Prononcé « emporte ».

4

La dame en a fait d'la galette
Qui n'était pas trop bien faite ;
Quand vient pour l'avaler,
A fallu taper du pied.

5

Excusez ma chanson
Que je viens de vous chanter.
Si ma chanson vous blesse,
Vous m'bais'rez les deux fesses.

6

Si ma chanson vous blesse,
Vous m'bais'rez les deux fesses ;
Si ma chanson vous bless' p'us,
Vous m'baiserez le « hum ».

Chanté par Louis Gilbert (72 ans), 11 juillet 1971, Saint-Jules (Beauce), Québec (coll. Marc Gagné, AF, n° 129).

Nombre de versions : 4.

Autre version :

1

Nous sommes au coin d'un' ville
Pas plus fins les uns qu'les autres ;
Nous sommes *aventionnés*
D'aller dans un chantier.

2

Arriv' dans un chantier
Qui était pas trop peiné,
La hach' tôt sur le dos,
Renflés[4] comm' des crapauds.

---

[4] Le chanteur dit « renflus ».

3

Ni cuiller, ni-z-assiette,
Ni couteau, ni fourchette,
Ni soucoupe et ni plat,
Ce n'était pas trop beau de voir c'la.

4

I' y'en avait un qui était pas bien fin,
On l'envoie chercher du pain ;
Se promèn' sur la rue,
Nous apport' qu'un peu d'gru.

5

A fallu fair' de la galette
Qu'était pas trop bien faite,
Mais quand il est v'nu pour la chier
A fallu taper du pied.

6

I' y'en avait un qu'il était *safe*,
Il a mangé d'la m'lasse ;
I' n'a[5] mangé si fort
Qu'i' a attrapé l'*débord*.

7

Les médecins sont rares
Pour guérir tous ces *chiards*.
Avant qu'on pût s'en trouver,
Monsieur eut le temps d'se chier.

8

Excusez ma chanson,
J'suis-t-un grossier polisson ;
Si ma chanson vous blesse,
Embrassez-moi les fesses.
Enfin, régalez-vous
Monsieur, léchez-moi le trou.

Chanté par Wilfrid Vachon (78 ans), 14 juillet 1972, Tring-Jonction (Beauce), Québec (coll. Marc Gagné, AF, n° 695).

---

5   Il en a.

52. *L'Histoire misérable d'un voyageur*

Coll. père Germain Lemieux, n° 1014.

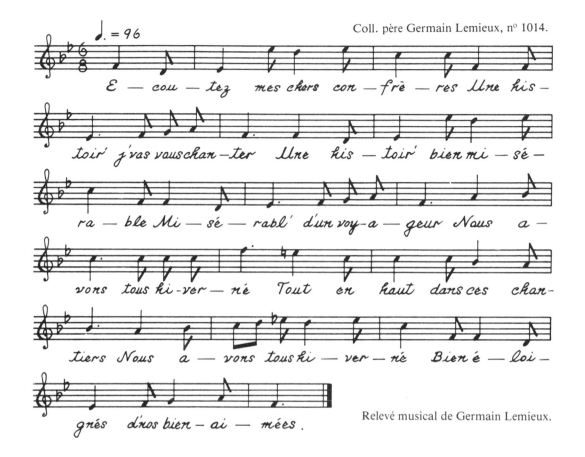

Relevé musical de Germain Lemieux.

1

Écoutez, mes chers confrères,
Une histoir' j'vas vous chanter.
Une histoir' bien misérable,
Misérabl', d'un voyageur.
Nous avons tous hiverné
Tout en haut dans ces chantiers.
Nous avons tous hiverné
Bien éloignés d'nos bien-aimées.

2

Ah ! notr' bourgeois, c'est un grand homme,
J'ai bien honte de vous l'nommer.
C'est un homme de six pieds
Qui n'est bon rien qu'à manger ;
Quand il revient du chantier,
Il mèn' le diabl' tout att'lé.

3

Oh ! notr' bourgeois s'appell' Tucker,
Il n'a pas d'harnais[1] ni *cutter*.
Quand il revient du chantier
Sur un' p'tit' sleigh empruntée,
Il a des jouaux gros comm' le poing
Qui mang'nt ni 'voin'[2] ni foin.
On les soigne avec des quarts
Qu'on voit les cercles, mais par en dehors.

4

Oh ! après qu'notr' journée-z-est faite,
Mais on s'en va mais-t-au chantier ;
On n'a seul'ment pas l'honneur
De l'y boire un' bonn' *dish* de thé.
On y mang' du vilain pain
Qui peut fair' mourir un chien.
Aussi du gros lard pourri
Qui peut fair' mourir l'Antéchri'[3].

---

[1] Le chanteur dit « harnois ».
[2] Avoine.
[3] Antéchrist.

5

Oh ! à la port' mais du chantier,
Du bois d'chauffage après bûcher ;
I' faisait un *frett'* du diable,
J'attrapai l'onglée aux pieds.
J'ai rentré pour m'y chauffer.
La chanson s'est composée,
S'est composée par un des meilleurs,
C'est un vrai vieux voyageur.
Il se nomme Vaillancourt,
On lui chante à son retour,
Quand i' reviendra d'Québec,
Il ira voir sa bien-aimée.

Chanté par Gédéon Savarie (58 ans), 1958, Hagar (Sudbury), Ontario (coll. père Germain Lemieux, n° 1014).

Nombre de versions : 1.

284

53. *Les Chantiers au Lac-Saint-Jean*

Coll. Jean-Claude Dupont, AF, n° 500.

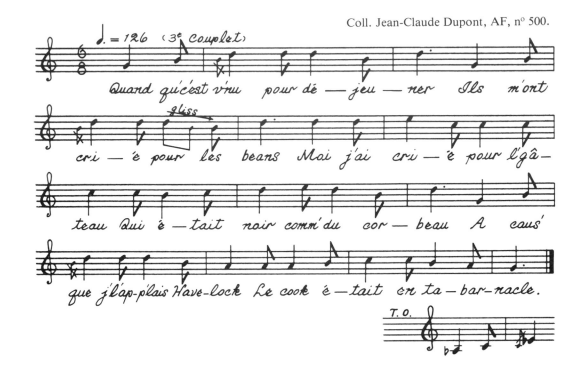

Quand qu'c'est v'nu pour dé — jeu — ner Ils m'ont
cri — 'e pour les beans Moi j'ai cri — 'e pour l'gâteau Qui è —tait noir comm'du cor — beau A caus'
que j'l'ap-plais Have-lock Le cook è —tait en ta-bar-nacle.

1

Si vous voulez travailler,
C't'au Lac-Saint-Jean faut qu'vous alliez ;
Vous aurez tout c'qu'vous voudrez,
Du bois pourri y'en a-t-assez.
Moi, j'vous dis que j'ai sacré
Avant d'pouvoir-e m'accoutumer.

2

L'lend'main matin, quand j'm'ai levé[1],
J'ai été pour déjeuner.
J'ai entré à l'écurie
En croyant qu'c'était la cookery.
Moi, j'vous dis que j'l'ai cherchée
Avant de pouvoir la trouver.

---

[1] Je me suis levé. L'informatrice emploie l'auxiliaire avoir au lieu de l'auxiliaire être.

3

Quand qu'c'est[2] v'nu pour déjeuner,
Ils m'ont crié pour les beans.
Moi, j'ai crié pour l'gâteau
Qui était noir comm' du corbeau.
À caus' que j'l'app'lais Havelock[3],
Le cook était en *tabarnacle*.

4

Il dit : — Toi, l'Nouveau-Brunswick[4],
Tu feras pas ça icite !
Là, il prit son tablier
Puis il commence à se moucher ;
Moi, j'vous dis qu'il était fâché,
Il avait la barb' bien allongée[5].

5

Au bout de deux semain's passées,
J'ai été me fair' settler.
Avec ci puis[6] avec ça
Y a quinz' piastr's qui me resta.
Là j'étais découragé ;
Qu'est-c'que j'vas faire pour m'en aller ?

6

Quand j'ai arriv'[7] à Québec,
J'ai été me mouiller l'bec.
Quand j'ai arrivé à Lévis,
Je filais comme un maudit.
Là, j'ai pris[8] pour Tracadie
Pour aller voir-e ma p'tit' chérie.

---

[2] Prononcé « quand qu'ça ».
[3] Localité située près de Moncton, Nouveau-Brunswick. Dans cette province, on désigne le cuisinier par le nom de l'endroit d'où il vient, et cette pratique se fait couramment entre rivaux. Prononciation anglaise.
[4] Cette chanson met probablement en scène deux hommes du Nouveau-Brunswick dont un seul est Acadien. Il traite son confrère de « Nouveau-Brunswick » en se référant à la partie de cette province qui n'est pas acadienne.
[5] Le chanteur dit « élongée ».
[6] Prononcé « pis ».
[7] Je suis arrivé.
[8] J'ai pris le train.

Chanté par Rose-Marie Babineau (21 ans), été 1966, Richibouctou Village (Kent), Nouveau-Brunswick (coll. Jean-Claude Dupont, AF, n° 500).

Nombre de versions : 1.

Timbre : *les Trois Camarades sans argent* (voir Pierre DAIGNAULT, *51 Chansons à répondre du répertoire de Pierre Daignault,* p. 35-36).

54. *Les Repas dans les chantiers*

Coll. Jean-Claude Marquis, AF, n° 75.

1

C'est au chantier où j'viens d'aller
On avait rien presqu'à manger,
D'la m'lass' puis[1] du pain pour saucer-e,
Des vieill's beans d'la s'main' passée,
Un petit cook tout barbouillé,
Des branch's d'épinett' dans nos assiettes,
Des branch's de sapin mêlées dans l'pain.

---

[1]   Prononcé « pis ».

2

Mais quand ça vient l'temps de dîner,
Mais notr' dîner fallait[2] l'traîner.
[...]
Un petit feu on s'allumait,
Juste à nous regarder, l'corps nous en craquait.
La fac' plein d'glac', ça dégouttait
Dans notre thé à plac' du lait.

3

Mais quand ça vient l'temps d'souper,
J'peux pas m'empêcher d'en parler,
Des beans sucrées, du lard salé,
On se sentait le ventr' gonflé.
Temps en temps une échappée
Pas trop bonne à respirer,
Surtout le soir quand on s'couchait,
Dans tous[3] les coins ça bombardait.

Chanté par Jean-Baptiste Bouffard (55 ans), janvier 1966, Petite-Matane (Matane), Québec (coll. Jean-Claude Marquis, AF, n° 75).

Nombre de versions : 1.

Timbre : *les Filles de Parthenay* (voir Conrad GAUTHIER, *Dans tous les cantons : 82 chansons du bon vieux temps,* p. 80 : *les Filles de Chambly*).

---

2   Prononcé « faullait ».
3   Prononcé « toutes ».

55. *La Belle aimée d'un voyageur*

Coll. Édouard-Zotique Massicotte, MN, n° 3136.

Dans les chan — tiers s'en est al — lé — Dans les chan — tiers s'en est al — lé Le bon — heur qu'il m'a lais — sé bien plus sou-vent je pleu — re S'il ne vient pas bien — tôt il fau-dra donc que je meu — re.

1

D'un voyageur je suis aimée,   (*bis*)
Il m'a donné son cœur aussi de belles[1] gages.
Cela n'me ramèn' pas celui que mon cœur demande.

2

Dans les chantiers s'en est allé,   (*bis*)
Le bonheur qu'il m'a laissé, bien plus souvent je pleure.
S'il ne vient pas bientôt, il faudra donc que je meure.

---

[1]   Dans la plupart des chansons, on donne ainsi le genre féminin au mot « gages ».

Voilà le printemps qui va-t-arriver,   (*bis*)
J'entends le rossignol chanter, les voyageurs descendent.
Cela me ramènera celui que mon cœur demande.

Chanté par Éphrem Dessureau (79 ans), 1921, Sainte-Geneviève-de-Batiscan (Champlain), Québec (coll. Édouard-Zotique Massicotte, MN, n° 3136).

Nombre de versions : 1.

56.   Le Bûcheron mort d'une maladie inconnue

Coll. Luc Lacourcière, AF, n° 2386.

E-tait-ce plus — pour cal-mer mes souf-fran-ces Cru-el-le nuit qu'il faut pas-ser sans bruit C'est en pen — sant à l'a-mie de l'en-fan-ce Pri-ant ma mèr' le tré-sor de ma vie C'est de me voir tout près de mon tré — pas Bien è-loi-gné de mes ten-dres pa — rents Ma bon — ne mè-re pour moi si chè — re Mais im-pos-sibl' d'as-sis-ter à mon tré-pas.

1

Venez entendre une triste complainte[1]
Fait' sur un homme âgé de vingt-cinq ans.
Tout comme nous, il vécut sur la terre
Aux plus beaux jours de l'âge et d'agrément.
Mais quand la mort fut décidée pour lui,
Il fut rendu au terme de sa vie.
— Adieu ma mère[2], adieu mes frères,
Je m'en vais dans le bois pour y mourir !

2

Dieu lui permet de raconter lui-même
Sa fin tragiqu', ses misèr's, ses tourments :
— Sans le savoir, j'ai parti de Sainte-Anne,
Malgré ma mère et ses vrais sentiments.
Sur mon chemin j'ai eu d'la peine au cœur.
S'il n'eût été[3] de mon cher compagnon,
Quelle torture[4], oh ! que j'endure,
Avant d'me donner le signalement.

3

J'étais enfin rendu au bout de mes forces,
Ma pauvre vie s'en allait doucement ;
Mon pauvre cœur battait de tout's ses forces
Dans ma poitrin' comptant les battements.
Mais quand le maîtr' m'a vu dans cet état,
Avec colèr' du camp il me chassa.
Sans ordonnance faite à l'avance,
Je me décide à quitter ce grabat.

---

[1] La version de 13 couplets communiquée par Michel J. L. Doiron, de Bas-Caraquet, Nouveau-Brunswick, à Joseph-Thomas Le Blanc (MN, ms. n° 9964, ou AF, ms. n° 1102), commence ainsi :

Venez entendre une vie triste,
Complainte faite sur un homme âgé de vingt-cinq ans.

[2] Le « e » est prononcé.
[3] Le chanteur dit « si eut n'éta ».
[4] Le « e » est prononcé.

4

Mais comment fair' si loin de la rivière,
Sans provisions, sans voiture et sans feu ?
Tout comme nous un ami et un frère
Sans le savoir voulait me soulager.
Hélas ! nous somm's partis tous les deux
Sans provisions, sans voiture et sans feu,
Quittant l'enfer-e avec son maître.
Bien tristement on a quitté ces lieux.

5

Mon compagnon, un homm' plein de courage,
Plein d'énergie, de vigueur, de santé,
Dans un parcours au milieu d'un bocage[5]
Trouve un moment de bien se reposer.
Mais tant j'étais trois fois épuisé,
De temps en temps fallait[6] se reposer.
Quel-e séjour-e dans le parcours-e,
Un mille ou deux nous faisons chaque jour.

6

Sur mon grabat, sur ma couche funeste,
Lorsque la mort a pas voulu de moi,
Mes yeux glacés se couvrent avec tristesse
Quand la noirceur se glisse dans le bois.
Mon pauvre cœur combattant à l'unisson
Avec mes membres sur la verte toison[7].
Oh ! sur le dur-e, sans couverture,
Et quelques jours aussi sans provisions.

---

[5] Variante chantée le 27 septembre 1977 par Antoine Arseneau (74 ans), Tracadie (Gloucester), Nouveau-Brunswick, 3 c. (coll. Robert Bouthillier et Vivian Labrie, AF, n° 3435) :

Dans le parcours au milieu d'un portage.

[6] Prononcé « faullait ».

[7] Les 5ᵉ et 6ᵉ vers de ce couplet sont empruntés à la collection Le Blanc déjà citée, MN, ms. n° 9964, ou AF, ms. n° 1102.

7

Était-ce plus pour calmer mes souffrances,
Cruelle nuit qu'il faut passer sans bruit.
C'est en pensant à l'amie de l'enfance,
Priant ma mèr', le trésor de ma vie.
C'est de me voir tout près de mon trépas,
Bien éloigné de mes tendres parents.
Ma bonne mère, pour moi si chère,
Mais impossibl' d'assister à mon trépas.

8

J'étais enfin rendu au bout de ma course
Dans un villag' tout plein de charité.
C'est en pensant sur ma dernière couche,
Pensant à Dieu et à l'éternité,
Pensant à Dieu et à tous mes parents,
Les ceux à qui j'avais tant d'agrément.
Oh ! triste mort-e, si jeune encore,
Tu nous emportes comme un *quêteux* passant.

9

Pour le bonheur et la paix de mon âme,
J'ai eu le prêtr', les derniers sacrements.
Dans mon villag' j'ai fait placer ma tombe
Avec la cendr' de quelqu'un d'mes parents.
Pour éprouver la peine et les chagrins,
Dieu veut qu'je meur' si loin de mes parents.
Oh ! cimetière, terre étrangère,
Priant pour lui le grand Dieu souverain.

10

Adieu Marie, adieu ma fiancée
Pour qui j'allais gagner un peu d'argent !
Dans le retour croyant de me marier-e,
Mais Dieu n'a bien su faire autrement[8].
Mais quelque temps avant de trépasser,
Je l'entendais près de moi soupirer.
Quelle douleur-e, mon pauvre cœur-e,
En ce moment où fallait trépasser !

---

[8] Dans la version Le Blanc, on note le vers :

Dieu a bien su me destiner autrement.

11

Mais là maint'nant je reprends mon courage,
Voyant mes frèr's, ceux que j'ai tant aimés,
Parler bien bas auprès de mon visage,
Serrant la main de ma chèr' fiancée.
C'est en faisant cet affront oubliable[9],
Croyant d'partir avec tous mes amis.
Trop de ravages pour mon courage,
J'ai trépassé dans la même nuit.

12

Voilà la fin de ma triste complainte
Que vous deviez tout bien considérer.
Apprenez-la, chantez-la sans crainte,
La fin tragiqu' d'un pauvre trépassé.
Mais plein de vie, aussi plein d'agrément,
Mais qu'il a bien souffert-e cependant.
Au cimetière, terre étrangère,
Priant pour lui le grand Dieu tout-puissant.

Chanté le 8 juillet 1955 par Maximin Poulin (38 ans), Sainte-Cécile (Gloucester),
Nouveau-Brunswick (coll. Luc Lacourcière, AF, n° 2386).

Nombre de versions : 5.

---

[9] « En me faisant des affronts au visage », selon la version Le Blanc.

La version de cette complainte chantée en 1951 par Mlle Angélique Parisé (79 ans), Paspébiac (Bonaventure), Québec, et recueillie par Carmen Roy, MN, n° 6751, comporte trois couplets de plus et de nombreuses variantes. Nous la citons donc intégralement :

1

Écoutez une triste complainte,
Dessus[10] un homme âgé de vingt-cinq ans.
Tout comme nous, a vécu sur la terre
Son plus beau temps, mais à l'âge de l'agrément.
Mais quand la mort a décidé pour lui,
Il était rendu au dernier temps de sa vie.
Adieu le père, aussi les frères,
Il s'en allait au bois pour y mourir !

2

Permettez-lui de raconter lui-même
Sa fin tragique, sa misère, ses tourments :
— Sans le savoir, j'ai parti de Sainte-Anne,
Malgré ma mère et son pressentiment.
Dans mon chemin, oh ! j'ai de la peine au cœur,
Sur cette drave, j'ai pensé à la mort.
Ah ! quelle torture, ah ! que j'endure
Avant de donner le signe de mort.

3

J'étais rendu mais au bout de mes forces
Lorsque ma vie s'en allait doucement.
Mon cœur battait, mais de toutes ses forces
Contre ma poitrine, comme des faux battements.
Mais quand la nuit-e m'a vu dans cet état
Avec colère ell' me chassa.
Son ordonnance faite à l'avance
M'a décidé de laisser ce grabat.

---

[10] Tout au long du texte, la chanteuse dit « dessur ».

Que faut-il faire, mais le long de la rivière,
Mais sans parents, sans amis, sans soutien,
Lorsqu'un brave homme, un ami, mais un frère,
Vient me délivrer et me tendre la main.
On est[11] partis, mais tous les deux
Sans provisions, sans voiture, sans soutien.
Quittant l'enfer avec son maître,
Bien tristement on a laissé ce lieu.

5

Mon compagnon, un homme plein de courage,
Plein d'énergie, de vigueur, de santé,
Dans un village, il a trouvé-z-un camp,
Trouvé le moyen de bien me soulager.
Mais quand j'étais tout à fait épuisé,
Avec patience, il me faisait du feu.
Dans ce parcours, dans ce séjour,
Un mille ou deux nous faisions chaque jour.

6

J'étais rendu sur ma couche funèbre
Lorsque la fraîcheur engourdissait mes bras.
Mes yeux glacés se couvraient de ténèbres
Lorsque la noirceur se glissait dans ces bois.
Mon cœur battait à l'unisson
Dessus mes membres, sur cett' faible toison.
Dessus le lit, sans couverture,
Pour quelques jours passés sans provisions.

7

Cruel état pour combattre les souffrances !
Cruelle nuit que j'ai passée sans bruit !
Quand j'ai pensé à la vie de l'enfance,
Mon cœur était souvent évanoui,
Bien éloigné de mes appas,
Bien éloigné de mes tendres appas.
Cette bonne mère, pour moi si chère,
Impossible d'assister à mon trépas.

---

[11] Chanté « on a ».

8

Dans un bois sombre, oh ! ce qu'on peut pas comprendre,
Hélas ! la mort a pas voulu de moi.
Dans un village on a trouvé un camp-e
Où ce que des amis ont partagé pour moi.
À leur ouvrage laissons-les retarder,
Mon faible état demande une compagnie.
Pour satisfaire à ma misère
Ils ont tout fait pour ne rien retarder.

9

J'étais rendu sur ma couche funèbre
Dans un village tout rempli de gaieté.
En me voyant sur ma dernière couche,
Pensant à Dieu, mais à l'éternité,
Pensant à Dieu, à tous les parents
C'est avec qui j'avais tant d'agrément.
Quelle triste mort, si jeune encore,
Ell' nous emporte comme un quêteux passant.

10

Adieu Marie, adieu ma fiancée
Pour qui j'allais gagner un peu d'argent !
À mon retour pensais de me marier,
Mais Dieu a décidé cela autrement.
Mais quelque temps avant de trépasser,
Auprès de moi je l'entends soupirer.
Oh ! quelle douleur dedans mon cœur,
À la minute je croyais trépasser.

11

Et alors je reprends mon courage,
Je vois mon frère que j'avais tant aimé
Parler tout bas, mais auprès de mon visage,
Tenant la main de ma chère fiancée.
On me faisait un effort inouï,
Croyant de partir mais avec mes amis.
Tant de ravages pour mon courage,
J'ai trépassé, mais dans la même nuit.

12

Après ma mort, mais la plus triste affaire,
Il a fallu connaître ma maladie.
Trois médecins sont en charge de le faire,
Ils sont venus me faire l'*estropie*.
Un autre docteur, mais en inspectant,
Voyant mon nez moitié sanglant.
Dessus la paille, dans mes entrailles,
Ils s'sont servis des outils bien tranchants.

13

Ils ont tranché mon cœur et ma *forsure*,
Ils s'sont servis des parties de leur droit.
À un de mes côtés, mon cœur était si dur
Faisait palpiter [...]
La science leur disait ah ! qu'ils ne savaient pas
La mort qui causait mon trépas ;
Toujours la science, mais point trouvait.
Chacun de nous, à chacun notre trépas.

14

Cruel état pour combattre mes souffrances,
J'ai eu le prêtre, les derniers sacrements.
Dans un village ils ont fait mettre ma tombe,
C'est par le commandement de quelqu'un de mes parents.
Pour éviter la peine et le chagrin,
Il faut que je meure bien loin de mes parents.
Au cimetière, terre étrangère,
Priez pour lui le Dieu tout-puissant.

15

Voici la fin de ma triste complainte,
Vous pouvez tout considérer.
Apprenez-la, mais chantez-la sans crainte
La tragédie du défunt trépassé.
Il était fort et plein d'agrément,
Il a vécu pas bien longtemps.
C'est notre frère dessus la terre,
Priez pour lui le Dieu tout-puissant.

57. *Le Retour des chantiers*

Coll. Michel Duval, AF, n° 45.

Texte critique

1. Quand nous partons du chantier[1],
2. Mes chers amis, tous le cœur gai,
3. Pour aller voir tous nos parents,
4. Mes chers amis, le cœur content.

Envoyons d'l'avant nos gens
Envoyons d'l'avant.

3. Pour aller voir tous nos parents,
4. Mes chers amis, le cœur content.

---

[1] Dans plusieurs versions, on retrouve :

Quand on part-e du chantier (ou des chantiers)
Quand on part pour les chantiers
Quand nous somm's partis des chantiers.

5. *Mais qu'*on arrive au Canada[2],
6. Il va falloir mouiller ça[3].

(Refrain)

7. Mais quand ce sera tout mouillé,
8. Vous allez voir qu'ça va marcher.
9. Mais qu'nos amis nous voient arriver,
10. Vont s'mettre à rire, et à chanter.
11. Dimanche au soir à la veillée,
12. Nous irons voir nos compagnées[4].
13. Elles vont nous dir' mais en entrant :
14. — V'là mon amant, j'ai l'cœur content[5].
15. Et au milieu de la veillée,
16. Ell's vont nous parler d'leurs cavaliers.
17. Nous leur dirons en partant :

---

[2] Variantes :

> Mais qu'on arrive en Canada
> (coll. Marc-André Plante, AF, n° 13)

> Arrivant au Canada
> (Charles-Marius BARBEAU, *Alouette !* p. 89).

[3] Variante :

> Vous allez voir si on va mouiller ça
> (coll. Édouard-Zotique Massicotte, ms. n° 388).

[4] Variantes des vers 11 et 12 :

> Dimanche au soir est arrivé,
> J'suis-t-allé voir ma p'tite frisée
> (coll. père Germain Lemieux, n° 944)

> Le mardi soir est arrivé,
> Il faut aller voir nos bien-aimées
> (coll. Édouard-Zotique Massicotte, ms. n° 388).

Dans cette version, les deux vers qui suivent cette variante sont uniques :

> Quand nous somm's venus pour entrer
> Nous voilà partis à s'faire prier.

[5] Variante des vers 13 et 14 :

> Elles vont dir', souriant,
> C'est mon amant, j'ai l'cœur content !
> (Charles-Marius BARBEAU, *Alouette !* p. 89).

18. — N'faut pas fréquenter d'amants[6].
19. Qui a composé la chanson,
20. C'est Jos Blanchet le joli garçon.
21. A composé cette chanson,
22. C'est en tapant sur son flacon[7].
23. Et il a su taper si fort
24. Qu'il a fait sauter l'bouchon.
25. À c'tte heure que l'bouchon est ôté,
26. Monsieur Untel va vous traiter.

La mélodie fut chantée par Mme Georges Martineau (née Élise Courcy) (68 ans), Saint-Apollinaire (Lotbinière), Québec (coll. Michel Duval, AF, n° 45). Cette chanson connut une grande popularité vers 1920 grâce au chanteur Charles Marchand, comme le signale Charles-Marius BARBEAU dans *Alouette !* p. 90 : « Cette chanson plutôt récente n'a pas pris racine dans le terroir. Nous ne l'avons recueillie jusqu'ici que deux fois, et sa popularité toute nouvelle est due seulement au chanteur Charles Marchand et à ses Troubadours de Bytown, à qui nous l'avions communiquée. Elle fut recueillie par M. É.-Z. Massicotte et pour la première fois donnée en concert par l'excellent chanteur du terroir qu'était Vincent-Ferrier de Repentigny. »

---

[6] On note quelques variantes des vers 17 et 18 :

Et ell' me dit tout en sortant :
— Mais je fréquente d'autres amants
   (coll. père Germain Lemieux, n° 944)

Ils vont nous dir' tout en parlant (ou partant) :
— As-tu fréquenté des amants ?
   (coll. Michel Duval, AF, n° 45).

[7] Variante des vers 19 à 22 :

Qui a composé la chanson ?
Ce sont trois jolis garçons.
Ont composé cette chanson
En tapant sur nos [ou leurs] *flocons*
   (Charles MARCHAND, « *Envoyons d'l'avant nos gens* », *chanson d'eau harmonisée par Amédée Tremblay*).

La version Massicotte, ms. n° 388, chantée par Roméo Jetté, en 1917-1918, se termine ainsi :

Le celui qui a composé cette chanson
C'est Pierre Blanchette, le joli garçon.
Il l'a faite et composée
C'est en tapant sur son flocon.
Il reste au maître de la maison
De nous passer un peu de sa boisson.

Timbre : selon Jules Tremblay, dans une note publiée par Charles MARCHAND, « *Envoyons d'l'avant nos gens », chanson d'eau harmonisée par Amédée Tremblay*, p. 2, l'origine probable de cette chanson serait « les Raretés » ou « Va-t'en voir s'ils viennent, Jean ! », composée par Houdard de La Motte (1672-1731).

58. *Le Retour des chantiers — la Blonde mariée*

Coll. Gilles Vallières, AF, n° 11.

On a par — ti puis on s'est en — al — lé Ma
bien-ai — mée j'ai ren-con — trée Ell' me sa-lue sans
dou — te A son air ac-cou-tu — mé Son air
fier son air sé — vè — re Ell' me dit je suis ma — riée.

1

Adieu papa et ma maman !
Je vais partir, c'est pour longtemps.
Hélas ! que ce départ me coûte,
Quand il faut tous se dire adieu[1].
Adieu donc, ma charmante blonde.
Adieu donc, tous mes bons amis.

---

[1] Variante de ce vers chantée en 1918 par Mme Johnny Therrien, Saint-Joachim-de-Tourelle (Gaspé), Québec (coll. Charles-Marius Barbeau, MN, n° 2518) :

Qu'il me paraît ennuyant.

Autre variante acadienne, recueillie par *la Voix d'Évangéline*, Nouveau-Brunswick (coll. Joseph-Thomas Le Blanc, ms. n° 685) :

C'est de m'éloigner de vous.

♩. = 69 (2ᵉ couplet)

Un jour en m'y pro-me-nant ma bien-ai-mée j'ai ren-con-trée — Un jour en m'y pro-me-nant Ma bien-ai-mée j'ai ren-con-trée Ell' me sa-lue sans dou-te D'un' fa-çon ac-cou-tu-mée Son air fier son air sé-vère Ell' dit qu'elle est ma-ri-ée.

T. O.

2

Chers amis, je n'vous conseill' pas
D'aller dedans ces pays-là.
Tous jeunes gens qui s'engagent
Peuvent dire adieu au plaisir.
Oh ! restons donc dans les villages,
Là où on a bien du plaisir[2].

---

[2] Dans une autre version recueillie par *la Voix d'Évangéline* et communiquée par Mme Mac Gould (née Dauphine Le Blanc), dans la collection Joseph-Thomas Le Blanc, ms. n° 680, ce couplet diffère ; la jeune fille prend la parole :

   — Mon cher amant, je n'te conseill' pas
   C'est d'aller dans ces pays-là.
   Que Dieu bénisse ton voyage,
   Puisque c'est ta destinée.
   Mais au contrair' ma peine augmente,
   Grâce à Dieu, tous mes amours !

3

Un' fois partis, fallut monter
Dans les chantiers pour hiverner[3].
Oh ! si vous aviez vu la place,
Comm' ç'avait l'air abandonné.
Il fallait être voyageur
Pour consentir à y rester[4].

4

Petit oiseau, que t'es heureux
De voltiger là où tu veux.
Oh ! si j'avais ton avantage
De pouvoir prendre ma volée,
Sur les genoux, ah ! de ma belle
J'irais souvent m'y reposer.

5

Par un dimanche après-midi
Mon associé m'a demandé :
— Oh ! quittons doncque cette place
Afin d'abandonner l'ennui.
Allons vivre dans les villages
Là où c'qu'on aura du plaisir.

---

[3] Variante chantée le 29 juillet 1960 par Hormidas Boisvert (76 ans), Saint-Joseph-de-Mékinac (Laviolette), Québec (coll. Gilles Vallières, AF, n° 11) :

Mais dans l'automne on a bien monté
Dans les chantiers pour hiverner (ou pour travailler).

Autre variante chantée par Mme Joseph Thibault, Nouveau-Brunswick (coll. Joseph-Thomas Le Blanc, ms. n° 678) :

Mais là a bien fallu monter,
Dans un chantier, passer l'été.

[4] Dans presque toutes les versions, ce vers se lit comme suit :

Pour pouvoir y résister.

6

C'est mon foreman qu'j'ai été trouver.
C'était pour me faire payer.
Tous deux nous avons pris la route
Par un lundi de bon matin...
Et à la fin de la semaine
Nous avions tous le verre en main[5].

7

Un soir, allant m'y promener,
Ma bien-aimée j'ai rencontrée.
Elle me salua, sans doute,
Comme toujours d'accoutumée,
Mais son air fier, son air sévère,
M'a dit qu'elle était mariée.

8

— Puisqu'il est vrai qu'vous êt's mariée,
Mon anneau d'or donnez-moi-les.
Tu m'avais fait-e la promesse
Ah ! que tu m'aimerais toujours.
Puis aujourd'hui tu m'abandonnes
Dedans mes plus tendres amours[6].

---

[5] Variantes de ce couplet :

Mon associé me répond doucement :
— Demain matin, nous partirons.
Nous sommes partis sans doute
Par un beau lundi matin.
Au milieu de la semaine,
Nous aurons les verres en main.

Version recueillie par *la Voix d'Évangéline*, Nouveau-Brunswick (coll. Joseph-Thomas Le Blanc, ms. n° 685).

On a parti puis on s'est en allé,
Su' Jean au port on a rentré.
On a pris quelques verres
Avec toute la compagnée,
À la santé de nos blondes
Que mon cœur a tant aimées.

Chanté le 29 juillet 1960 par Hormidas Boisvert (76 ans), Saint-Joseph-de-Mékinac (Laviolette), Québec (coll. Gilles Vallières, AF, n° 11).

[6] Variante de ce couplet, dans la version Vallières déjà citée :

9

— Oui, c'est bien vrai que dans le temps
Où je t'avais pris pour amant
Que tu m'avais dit de t'attendre
L'espace d'un an et demi.
Voilà qu'deux ans s'sont écoulés,
Alors, moi je me suis mariée.

10

Qu'est c'qu'a composé la chanson ?
C'est Louis Gagnon, voici son nom.
C'est en descendant sur la drave
Avecque tous ses compagnons ;
Étant assis sur la lisière
Il nous la chanta tout au long[7].

— Bell', si c'est vrai que tu es mariée,
Mes anneaux d'or donne-moi-les.
J'aurai dans la mémoire,
Pendant plusieurs-e années,
Le souvenir d'une blonde
Que mon cœur a tant aimée.

Autre variante :

— Belle mignonnette, si tu es mariée,
Permets-moi donc de t'embrasser.
Embrassons-nous donc sans gêne
Comme nous sommes habitués.
Adieu donc, charmante belle,
Pour moi je vais me noyer.

Chanté le 8 août 1957 par Addé Turbide (41 ans), Fatima (Îles-de-la-Madeleine), Québec, 5 c. (coll. Simonne Voyer, AF, n° 198).

[7] Dernier couplet tel que chanté en 1959 par Alphonse Beaudin (67 ans), Rivière-Saint-Jean (Saguenay), Québec, 6 c. (coll. Liliane Bujeaud, sous la direction de Carmen Roy, MN-ROY-278-202) :

Qui c'qu'en a fait la chanson ?
C'est John Bouffard, ce bon garçon.
Mais elle n'est pas bien faite,
C'est la plus grande vérité,
Pour la vie d'un voyageur
Qui a toujours bien voyagé.

Ce texte chanté en 1917 par Joseph Rousselle (45 ans), de Kamouraska, a été publié par Édouard-Zotique MASSICOTTE, « la Vie des chantiers », dans *Mémoires et Comptes rendus de la Société royale du Canada*, 3ᵉ série, vol. 16, mai 1922, section 1, p. 34-35. Il est le plus complet qui ait été recueilli jusqu'à nos jours. Nous le présentons accompagné de deux versions mélodiques. La première, chantée le 29 juillet 1960 par Hormidas Boisvert (76 ans), Saint-Joseph-de-Mékinac (Laviolette), Québec, 5 c., provient de la collection Gilles Vallières (sous la direction d'Émile Descoteaux), AF, nᵒ 11. La seconde est une version acadienne, chantée le 20 août 1968 par Mme Edward Savoie (82 ans), Caraquet (Gloucester), Nouveau-Brunswick, 3 c., à Édith Butler, AF, nᵒ 80.

Nombre de versions : 27.

59. *Le Retour des chantiers — le Whisky*

Marius Barbeau, dans *les Archives de folklore*, vol. 3, p. 209.

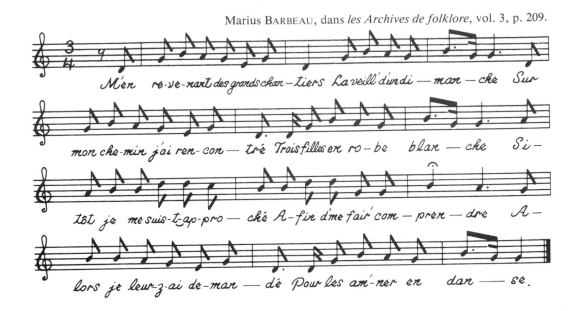

M'en re-ve-nant des grands chan-tiers La veill' d'un di — man — che Sur mon che-min j'ai ren-con — tré Trois filles en ro-be blan — che Si-tôt je me suis-t-ap-pro — ché A-fin d'me fair' com — pren — dre A-lors je leur-z-ai de-man — dé Pour les am'-ner en dan — se.

1

M'en revenant des grands chantiers
La veill' d'un dimanche,
Sur mon chemin j'ai rencontré
Trois filles en robe blanche.
Sitôt je me suis-t-approché
Afin d'me fair' comprendre ;
Alors je leur-z-ai demandé
Pour les am'ner en danse.

2

La plus jeun' des trois m'répondit :
— Pour nous am'ner en danse
Il faudra mettr' vos beaux habits,
Vos habits du dimanche.
Votre moustache est chiffonnée,
Ce n'est pas d'la romance ;
Il vous faudra la fair' couper
Pour nous am'ner en danse.

3

Mais un' fois ma moustach' partie,
Je me crus bien capable
De prendr' quelques verr's de whisky.
Là, j'fis-t-une escapade
Et la jeun' fille qui le sam'di
Était fort bien aimable,
Me dit : — Va-t'en avec ton whisky
Ou je t'y mets sous garde.

4

Vous autres, jeun's garçons du pays
Qui aimez la bouteille,
Débarrassez-vous du whisky,
Les choses iront pareilles.
J'vous forc' pas d'être Lacordaires[1]
Mais il serait plus sage,
Et si vous voulez être acceptés,
Coupez votre moustache.

Chanté en 1957 par Marie Aucoin, Chéticamp (Inverness), Nouvelle-Écosse (coll. père Anselme Chiasson, MN-A-15-285). L'informatrice dit avoir composé les paroles de la chanson.

Nombre de versions : 1.

Timbre : *Adèle, l'infidèle* (voir Charles-Marius BARBEAU, « le Roi boit », dans *les Archives de folklore*, vol. 3, p. 209).

---

[1] Mouvement de tempérance.

60. *Le Retour du voyageur*

1

Chantons l'honneur et le courage
D'un jeune brave voyageur
Partant pour aller voir son père
Au Bas-Canada ;
Il ne craignait pas de misère
Ni d'embarras.

2

En arrivant dessus son père,
Trois petits coups il lui frappa ;
Son père va lui ouvrir la porte
En lui disant :
— Dis-moi si ta misère est grande,
Mon cher enfant?

3

— Pas de misère, mon très cher père,
Je vis toujours joyeusement.
Aujourd'hui je vas voir les filles,
Demain je bois ;
Je vis toujours avec adresse,
Le cœur en joie.

4

Un voyageur mangeant sa soupe,
Il vit toujours joyeusement.
On lui demande pour jouer aux cartes,
Pour un louis ;
On se dispute, on manque de se battre
Et après on rit.

> — Mon cher enfant, si tu te plais
> Dans tes voyages, retourne-toi-z-en !
> Oh ! tiens-toi propre à tes dimanches,
> Fais ton devoir.
> Quand tu auras la carte blanche,
> Reviens m'y voir.

Chanté en 1949 par Joseph Robinson (62 ans), Anse-Pleureuse (Gaspé), Québec (coll. Carmen Roy, MN, n° 5392).

Nombre de versions : 4.

Le Retour du voyageur est l'adaptation d'une chanson militaire. Dans les trois autres versions recueillies, il s'agit d'un retour de soldat ; à partir de ces textes, nous avons établi une version critique :

Texte critique

1

> Chantons la gloire et le courage
> D'un brave soldat et dragon,
> Parti pour aller voir sa mère
> Aux Pays-Bas,
> Pensant d'avoir point de misère
> Où c'qu'il tombera.

2

> C'est en arrivant-z-à la porte,
> Trois petits coups mais il frappa.
> Sa tendre mère lui demande
> En soupirant :
> — Dis-moi as-tu de la misère,
> Mon cher enfant ?

3

— Pour la misère, nous n'en avons pas,
Je vis toujours le cœur content.
Aujourd'hui je vas voir ma blonde,
Demain je bois.
Je vis toujours avec adresse,
Je sers mon roi.

4

Maman, je n'ai point de misère,
Je vis toujours joyeusement.
Quand un soldat mange sa soupe,
Il est ravi.
Moi, je veux vivre dans la troupe
Toute ma vie.

5

Quand deux camarades se rencontrent
Pour avoir un amusement,
On parle de jouer aux cartes
Pour un louis ;
On vient tout près de se battre
Et puis on rit.

6

— Ah ! si ça te plaît dans la troupe,
Retourne-toi-z-en, mon cher enfant !
Ah ! tiens-toi prêt, fêtes et dimanches,
Fais ton devoir.
Quand tu auras la carte blanche,
Reviens me voir !

61. *Voilà ce qu'on aime quand on est voyageur*

Coll. Luc Lacourcière, AF, n° 3205.

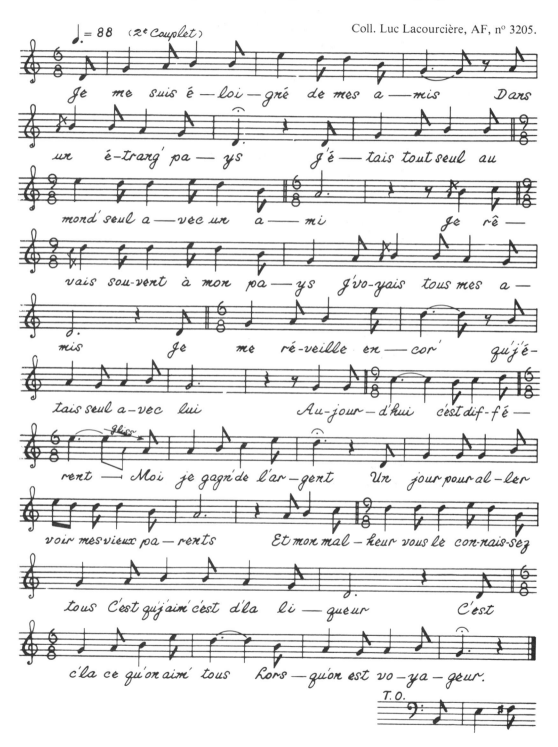

Je me suis é—loi—gré de mes a—mis Dans un é—trang' pa—ys j'é—tais tout seul au mond' seul a—vec un a—mi je rê—vais sou—vent à mon pa—ys j'vo—yais tous mes a—mis je me ré—veille en—cor' qu'j'é—tais seul a—vec lui Au—jour—d'hui c'est dif—fé—rent — Moi je gagn' de l'ar—gent Un jour pour al—ler voir mes vieux pa—rents Et mon mal—heur vous le con—nais—sez tous C'est qu'j'aim' c'est d'la li—queur C'est c'la ce qu'on aim' tous Lors—qu'on est vo—ya—geur.

T.O.

1

Je me rappelle encor' Sainte-Émilie[1]
Où j'ai 'té élevé,
Où demeur'nt mes parents, mes amis bien-aimés ;
Là où j'ai jamais travaillé,
Toujours m'y promener.
À l'âg' de dix-huit ans j'ai changé mes idées.

Aujourd'hui c'est différent,
Moi je gagn' de l'argent,
Un jour pour aller voir mes vieux parents.
Et mon malheur, vous le connaissez tous,
C'est qu'j'aim' c'est d'la liqueur.
C'est c'la ce qu'on aim' tous
Lorsqu'on est voyageur[2].

2

Je me suis éloigné de mes amis
Dans un étrang' pays.
J'étais tout seul au mond', seul avec un ami.
Je rêvais souvent à mon pays ;
J'voyais tous mes amis,
Je me réveille encor' qu'j'étais seul avec lui[3].

---

[1] Dans la plupart des versions, le lieu mentionné est le Lac-Saint-Jean ; cependant plusieurs chanteurs adoptent plutôt le nom du lieu de leur naissance : Sainte-Émilie, Saint-Elzéar, Astorville, Saint-François, Sacré-Cœur, etc.

[2] On trouve quelques variantes intéressantes du refrain ; ainsi pour les deux premiers vers :

C'est bien ennuyant
Mais je gagne de l'argent
(coll. Conrad Laforte, AF, n° 168).

La version chantée le 13 juin 1975 par Isaïe Mallet (67 ans), Tracadie (Gloucester), Nouveau-Brunswick (coll. Robert Bouthillier et Vivian Labrie, AF, n° 416) présente un refrain différent :

Mais mon malheur vous le connaissez tous
J'aime un peu la bouteille.
C'est tout comm' ces grands voyageurs
Quand la chanson sera finie.
On pass'ra la bouteille,
En saluant compagnons, en saluant la belle.

[3] Variante chantée le 8 juillet 1955 par André Poulin (75 ans), Sainte-Cécile (Gloucester), Nouveau-Brunswick, 3 c. (coll. Luc Lacourcière, AF, n° 2383) :

Ah ! le jour revient-il, je suis seul avec lui.

3

Combien de fois j'ai perdu de mon temps
À rôder pour rien !
J'étais trop jeune pour ramasser du bien.
J'avais toujours eu dans mon idée
De pouvoir me venger.
Le voyage, le malheur que j'ai pris le premier[4].

4

Combien de fois j'ai fait parler de moi
D'avoir trop voyagé !
Je me rappelle encor' d'avoir été blâmé ;
Ils me traitaient souvent de paresseux
Et de faux ménager.
Je savais bien qu'un jour je pourrais m'en gagner.

Chanté le 16 septembre 1956 par Médéric Demers (43 ans), Sainte-Emmélie (Lotbinière), Québec (coll. Luc Lacourcière, AF, n° 3205).

Nombre de versions : 24.

---

[4]   Ce couplet est emprunté à la version de Frank Brideau, Bois-Hébert, Nouveau-Brunswick, recueillie par *la Voix d'Évangéline* (coll. Joseph-Thomas Le Blanc, ms. n° 687).

318

62. *La Vie de voyageur*

Coll. Luc Lacourcière, AF, n° 2790.

Ren — du au term' de mon vo—yage Là je m'em—
press' d'é-crire à ma ma-man Pour lui don-ner de mes nou—
velles D'un' bonn' fa — çon qui ne dur' pas long-temps On
monte au chan-tier A-près a-voir hi-ver — né On a quel-ques
pias-tres de bien ga-gnées Mais il faut re-descendre à la
ville Pour y fê — ter la vie d'vo-ya — geur.

1

La compagnée, vous allez m'excuser,
Je vais vous chanter un' chanson.
Je me rappell' de mon bas âge[1],
Du temps qu'j'étais tout petit garçon ;
Je grandissais dans l'agrément,
Voyant partir tous ces jeunes gens
Quittant leur foyer paternel
Pour entreprendr' la vie d'voyageur.

---

[1] Le chanteur dit « ma bas âge ».

2

Rendu à l'âg' de seize ans à peine,
A bien fallu que j'vienne en faire autant.
Je dis à ma mèr' : — Je pars demain,
Je reviendrai dans un an.
Le lendemain, les larmes aux yeux,
À tous mes parents j'faisais mes adieux.
Je partais seul en ce monde
Pour entreprendr' la vie d'voyageur.

3

Rendu au term' de mon voyage,
Là, je m'empress' d'écrire à ma maman
Pour lui donner de mes nouvelles
D'un' bonn' façon qui ne dur' pas longtemps.
On monte au chantier. Après avoir hiverné,
On a quelques piastres de bien gagnées,
Mais il faut redescendre à la ville
Pour y fêter la vie d'voyageur.

4

Mais en arrivant à la ville :
— Bonjour monsieur, approchez-vous du comptoir.
Un bon buveur à l'hôtel
Invit' tout le monde à boire.
Les quelques piastr's sont bientôt dépensées,
Au bout d'un' semaine il faut remonter.
La vie qui s'écoul' comme un rêve,
Première année du jeun' voyageur.

5

Un soir sur la rue s'y promène
À petits pas bien carrément,
Avec un' jeun' demoiselle
Lui parle d'amour bien poliment.
Un regard dans ses beaux yeux
Et les jeunes gens en sont amoureux,
Elle a bien su charmer mon cœur[2],
Premièr' folie du jeun' voyageur.

---

[2] Les vers 5 à 7 de ce couplet proviennent de la collection Luc Lacourcière, AF, n° 4013, et furent chantés le 17 août 1960 par Mme Daniel Poirier (née Délia Gallant) (61 ans), Egmont Bay (Prince), Île-du-Prince-Édouard.

6

Rendu à l'âg' de quarant'-cinq,
La vie n'est plus de mêm' façon.
Les filles nous regardent à peine
Et on les salue bien poliment.
On a d'la misère[3] à travailler,
On arriv' tous les soirs très fatigué.
On le regrett' mais il est trop tard,
D'avoir été trop bon voyageur.

7

Amis, qui daignez m'entendre,
À votr' santé je me verse à boire.
On a tous un' chérie en ce monde
Et bien qu'ell' soit franche et sincère,
Prenons un p'tit coup, ménageons nos sous,
Aimons les jeun's filles aux yeux doux.
Rendus à l'âg' de cinquant'-cinq,
Nous serons encor' tous bons voyageurs.

Chanté le 23 octobre 1955 par Mathias Demers (46 ans), Saint-Édouard (Lotbinière), Québec (coll. Luc Lacourcière, AF, n° 2790).

Nombre de versions : 37.

---

[3] Le « e » est prononcé.

63. *L'Hivernement à l'île d'Anticosti*

1

On part de Saint-Jean, moi puis mes associés,
Pour traverser à l'île[1], c'était pour hiverner.
On a point été rendu-e, a fallu s'engager
Avec un' signature jusqu'au premier de mai.

2

Quand nous sommes arrivés, l'ouvrag' nous a manqué,
Mais pour des grands jobbers ils nous ont envoyés.
C'est dans le camp à Swéna que nous avons monté,
Le bonhomm' Jos Tremblay qu'était pour nous mener.

3

Ah ! c'était Roch Gaillar-e, oui, vous le connaissez ?
Z-il est parlé partout, jusque dans Clarke-City[2].
Z-il essaya d'nous m'ner-e, mais il s'est bien trouvé trompé.
Trouvé aussi bon homm' que lui-e qui pouvait l'accoter !

4

Parlons d'la nourriture, de quoi c'qu'on a mangé,
Dans un si long hiver[3] que nous v'nons de passer :
Un quart de bœuf salé-e, un petit seau d'saindoux,
Un' bonn' caiss' de lard-e qui n'avait pas bon goût.

5

Et l'matin pour déjeuner, des maudit's beans brûlées,
Le soir, mais pour souper, du lard ébouillanté
Qu'est à moitié[4] pourri-e, rongé par les souris,
S'il était point sucré-e quand qu'ça v'nu pour le manger.

6

À vous autr's, mes amis, vous qui m'écoutez,
N'allez donc plus sur l'île, non plus pour hiverner, *(bis)*
Ni pour ces grands jobbers-e, les Tremblay-z-et Côté.

---

[1] Il s'agit de l'île d'Anticosti.
[2] Localité de la Côte-Nord, près de Sept-Îles.
[3] Le chanteur dit « une si longue hiver » ; le mot hiver est souvent féminisé dans les chansons.
[4] Prononcé « moiquié ».

Pour finir la chanson, faut vider les flacons ;
En ôtant le bouchon, on trouv' que ça sent bon.
Regardez la couleur-e, ça r'ssemble à de l'*odeur*.
Mais pour trouver le goût-e, prenons donc un p'tit coup !

Chanté en juin 1959 par Cyrille Méthot (70 ans), Longue-Pointe-de-Mingan (Saguenay), Québec (coll. Carmen Roy, MN-R-255-97).

Nombre de versions : 1.

64. *Vous m'entendez bien : les poux*

1

Jeunes gens qui aimez à voyager,
Su' l'Lac-Saint-Jean
Je vous conseille[1] pas d'y aller,
On travaille au pic et à la pelle. C'est bien !
On peut pas se garder des bretelles[2].
Ah ! vous m'attendez bien !

2

Les jeunes gens qui veulent *teamer*,
Pour avoir un team
Il faut aller demander au monde :
— Ah ! monsieur Lynch, voulez-vous me donner un team ?
Ah ! vous d'mandez bien !

3

Monsieur Lynch lui fait réponse :
— Quand j'en aurai, je vous en donnerai.
Lui a donné un team de vieux chevaux. C'est bien !
Lui en donne pas de carriole.
Vous d'mandez bien !

4

Su' l'Lac-Saint-Jean j'ai voyagé, oui, oui.
C'est là que j'ai manqué geler.
On couche dans les camps de toile,
Les poux nous piochent la blague.
Vous m'attendez bien !

5

Le matin pour le déjeuner,
De ces beignes, crêpes, fallait manger.
On les mangeait à moitié[3] cuits,
On trempait pas le *picuite*.
Ah ! vous m'attendez bien !

---

[1] Prononcé « conseuille ».
[2] Prononcé « bartelle ».
[3] Prononcé « moiquié ».

C'qui a composé la chanson ?
Et oui, oui, c'est moi avec deux jeunes garçons,
Étant dedans notre camp-e. C'est bien !
Assis près de la *flambe*,
Vous m'attendez bien !

Chanté en 1918 par François Dupuis, Saint-Joachim-de-Tourelle (Gaspé), Québec (coll. Charles-Marius Barbeau, MN, nᵒ 2595). Ce texte, ici revu et corrigé, comporte deux couplets additionnels incompréhensibles. Seule la venue d'autres variantes pourrait apporter une meilleure compréhension.

Nombre de versions : 2.

65. *La Veuve affligée*

Coll. Dominique Gauthier, AF, n° 361.

Grand Dieu so-yez pro-pi — ce Aux voeux de mon — mari ! Que sa pert' me rend tris — te Me
caus' bien des — en — nuis Don-nez-moi le — cou —
ra — ge De sup-por-ter sa croix A-
fin que son vo-ya — ge Me caus' bien de — la
joie.

Texte critique

1

Écoutez la complainte
D'une veuve affligée.
Prenez part à ses peines,
Si vous la connaissez.
Dans quatre ans de ménage,
Elle a eu deux maris,
Morts à la fleur de l'âge,
Grand Dieu, quel-e souci !

2

En dix-neuf cent quatorze[1],
Seule avec son mari,
Travaill'nt pour soutenir-e
La vie de leurs enfants[2].
La misère était grande
Dans le haut du Saguenay ;
Il lui fait la demande
De sortir pour gagner.

3

Grand Dieu, soyez propice
Aux vœux de mon mari !
Sa partance m'attriste,
Me caus' bien de l'ennui.
Donnez-lui le courage
De supporter sa foi,
Afin que son voyage
Me caus' que de la joie.

4

En arrivant en ville,
Sans faire un pas plus loin,
Il a pris le service
Dans un des grands moulins.
Rempli de confiance
Dans la bonté de Dieu,
Dans un' scie s'est fait prendre,
S'est fait couper en deux.

---

[1] Plusieurs variantes apparaissent dans les versions, soit : l'année soixante-quinze, mil neuf cent quinze ou mil neuf cent seize.

[2] On retrouve dans plusieurs versions :

Travaill'nt pour soutenir-e
L'état de leur maison.

Grand Dieu, quel-e spectacle
De voir ce corps ouvert,
Étendu sur la place,
Tout's les entrailles à l'air !
Tous ses membres palpitent
En attendant la mort,
Les plus braves y résistent
En faisant des efforts.

6

Sans prendre connaissance,
Le prêtre était présent ;
À son frère il recommande
Sa femme et ses enfants :
— Je n'ai pas l'avantage
De recevoir mon Dieu,
Ma blessure est trop grande,
Je le verrai aux cieux.

7

Sa parole est éteinte,
Son cœur, il ne bat plus.
Sa respiration cesse,
Déjà il n'est plus.
Le bourgeois, un brave homme,
En a eu bien pitié ;
Sans l'aide de personne
Il l'a fait enterrer.

8

Quell' terrible nouvelle
Pour cett' veuve engagée
D'apprendre que le deuxième
Est mort et enterré !
Elle crie, elle se lamente,
Elle s'écrie : — Oh ! mon Dieu !
Que ma croix est pesante,
Je la porte pour deux !

9

Sainte Vierge Marie,
Je veux vous imiter,
En voyant votre fils
Sur la croix attaché.
Je n'ai plus rien à faire
Dans ce nouveau pays
Qu' d'aller trouver mon père
Pour mourir avec lui.

La mélodie présentée avec le texte critique fut chantée le 21 décembre 1953 par Jérôme Comeau (67 ans), Évangéline (Gloucester), Nouveau-Brunswick, 6 c. (coll. Dominique Gauthier, AF, n° 361).

Nombre de versions : 25.

Timbre : *le Départ pour les îles* (voir père Anselme CHIASSON et frère Daniel BOUDREAU, *Chansons d'Acadie,* vol. 3, p. 17).

66. *Le Raftsman qui fondait de la panne*

1

Y avait un raftsman
Qui fondait d'la panne ;
Y en avait un bon
Qui jouait du violon.

Digue dondé dindaine
Digue dindé dindon.

2

Y en a-t-un qui dit :
— La panne est-elle[1] cuite ?
L'autre lui répond :
— Je compt' bien[2] que oui.

3

Les v'là qui s'y mettent
Tous[3] bien qu'à la traite,
Qu'après quelques fions
Ils meur'nt moribonds.

4

Ce fut près de là
Qu'on les enterra
Et qu'on leur chanta
Un beau libera.

Chanté par le juge Fabre-Surveyer, juillet 1946, Montréal (Montréal), Québec (coll. Charles-Marius Barbeau, ms. n° 1576).

Nombre de versions : 1.

---

[1] Le manuscrit orthographie « est-i ».
[2] Le manuscrit orthographie « ben ».
[3] Le manuscrit orthographie « toute ».

67. *Les Raftsmen — les Maladies vénériennes*

1. C'est en dravant su' l'bois carré,   (*bis*)
   Des bell's filles on a claquées.

(1er refrain)

Sur la ribombarde bombardé
Laissez passer les raftsmen
Tout' bandés par gang.

2. Oui des bell's filles on a claquées   (*bis*)
3. Tout à crédit comm' des maudits.

(2e refrain)

Sur la ribombarde bombardé
Laissez passer les raftsmen
Bombardé bing bang.

4. On vous paiera comm' des verrats.

(1er refrain)

5. La vérole, oui je l'ai eue !

(2e refrain)

6. Chauss'piss' cordée par su' l'marché[1].

(2e refrain)

7. L'docteur La Plott' qui nous a soigné

(2e refrain)

8. I' dit qu'faudrait qu'on aurait l'fouet' coupé,

(2e refrain)

9. Aussi tout l'poil du cul arraché.

(1er refrain)

---

[1] Par-dessus le marché.

Chanté par André Leclerc (74 ans), 7 novembre 1958, Lévis (Lévis), Québec (coll.
Raoul Roy, AF, n° 156). Pour la mélodie, voir *les Raftsmen* (coll. Michel Duval, AF, n° 33).

Nombre de versions : 1.

Timbre : *le Galant sans argent* (voir MARIE-URSULE, *Civilisation traditionnelle des Lavalois*, p. 274).

68. *Le Retour des bois carrés*

Texte critique

1

La chanson que je chante a été composée
Par un coureur de bois sur la rivière Ottawa,
Sur une cage de bois carré en partance pour Québec,
Dont Jos Montferrant donnait le commandement[1].

2

Parmi les voyageurs, il y'a de bons enfants,
Et qui ne mangent guère, mais qui boivent souvent[2] ;
Et la pipe à la bouche, et le verre à la main,
Ils disent : — Camarades, versez-moi du vin.

3

Lorsque nous faisons rout', la charge sur le dos[3],
Se disant les uns les autres : — Camarades, il fait chaud !
Que la chaleur est grande, il nous faut rafraîchir,
À la fin du voyage, nous aurons du plaisir[4].

---

[1]   Ce couplet n'apparaît que dans la version chantée par John Boivin, Saint-Georges (Champlain), 6 c., dont 2 fragmentaires (coll. Charles-Marius Barbeau, MN, n° 83). Au dire du chanteur, cette chanson fut composée par son compagnon, Sam Généreux, en 1875, au lac Bisketong, sur la Gatineau.

[2]   Variante chantée en 1950 par Benoît Noël, Rivière-au-Renard (Gaspé), Québec (coll. Carmen Roy, MN, n° 5792) :

> Nous sommes trois beaux drilles, trois fort jolis garçons
> D'une bonne famille, et d'un riche renom.

[3]   Variante chantée par John Boivin (coll. Charles-Marius Barbeau, MN, n° 83) :

> Arrivés à un portage, la charge sur le dos.

[4]   Variantes :

> Auprès de ces jeunes filles, nous aurons du plaisir
>   (coll. Charles-Marius Barbeau, MN, n° 83)

> Que la chaleur est grande, nous y reposerons
> Auprès de cette belle, que j'ai à mes côtés
>   (coll. Carmen Roy, MN, n° 5792)

> Si nous étions près de nos jolies maîtresses,
> De nos jolies Clorisse, nous aurons du plaisir
>   (coll. Édouard-Zotique Massicotte, MN-EZM-126-1465).

4

Arrivés à un hôtel, nous pouvions plus manger,
Sans avoir de la bonn' poule et du bon pâté.
Payons, faisons ribote, payons, allons-nous-en,
Nous emmèn'rons aussi la fille de la maison[5].

5

Ah ! bonjour donc Nannon, ma charmante Lison,
Est-ce toi qui portes des souliers si mignons[6],
Garnis de rubans blancs, par-derrièr' par-devant ?
Ce sont les voyageurs qui t'en ont fait présent.

Ce texte critique a été établi à partir de 9 versions de cette chanson qui à l'origine devait comporter seulement trois couplets, comme dans la plus ancienne version publiée par La Rue (c'est-à-dire les couplets 2, 3 et 5). Des chanteurs populaires lui ont probablement ajouté les autres couplets, qui n'apparaissent pas dans la plupart des versions. Dans deux d'entre elles, la chanson est accompagnée du refrain :

Sur l'air du tra la la la   (*ter*)
Sur l'air du tra la la la la la !

Nombre de versions : 11.

---

[5] Variante des trois derniers vers de ce couplet, dans la version chantée par John Boivin (coll. Charles-Marius Barbeau, MN, n° 83) :

Hôtesse, que nous avions pour la collation ?
Nous apporte des salades et une tranche de jambon.
Voilà la collation que les voyageurs auront.

[6] Ce vers est emprunté à la version de Hubert LA RUE, dans *le Foyer canadien*, Québec, vol. 1, 1863, p. 365-366. Il se lit :

C'est-i toi qui portes des souliers si mignons.

334

69. *La Drave au Vermillon*

Coll. père Germain Lemieux, n° 1116.

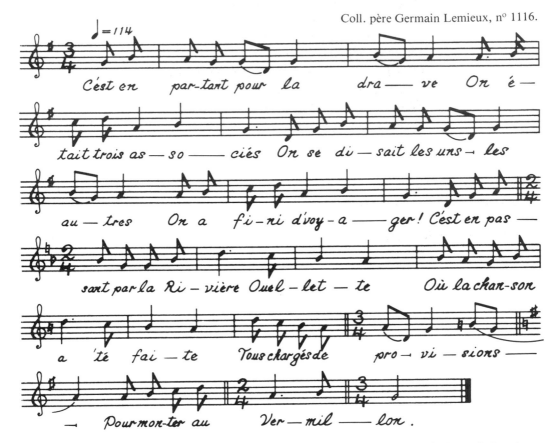

C'est en par-tant pour la dra——ve On é—
tait trois as——so——ciés On se di—sait les uns—les
au—tres On a fi—ni d'voy-a——ger! C'est en pas—
sant par la Ri—vière Ouel-let—te Où la chan-son
a 'té fai—te Tous chargés de pro—vi—sions——
—— Pour mon-ter au Ver—mil——lon.

Relevé musical de Germain Lemieux.

C'est en partant pour la drave,
On était trois associés ;
On se disait les uns les autres :
— On a fini d'voyager !
C'est en passant par la rivière Ouellette[1],
Où la chanson a 'té faite ;
Tous chargés de provisions
Pour monter au Vermillon[2].

Chanté par Jos Raymond (67 ans), 1958, Warren (Sudbury), Ontario (coll. père Germain Lemieux, n° 1116).

Nombre de versions : 1.

---

[1] Au sud-est de la ville ontarienne de Sudbury apparaissent le petit village de Ouellette et les rapides du même nom, Rapids Ouellette.
[2] Sur le territoire ontarien, cinq lacs sont dénommés Vermillon. L'un d'eux est localisé légèrement à l'ouest de la ville de Sudbury.

70. *La Drave à la rivière à Martre*

Coll. Carmen Roy, MN, n° 5629.

Oh! par-lons des rou—leurs Ma foi c'est-tu d'va-

leur De les voir à rou—ler Toute un' de-mi-jour-

née Quand ils veul'nt se r'-dres—ser Ils

sont à leur cri—er Ta j'tée est pas fi-

nie Il s'en va bien-tôt mi—di! Chan—

tons a—mis ok! pre—nons du cou—ra—ge Dans

peu d'i—ci nous sor-ti-rons d'lés cla—va—ge C'est

un doux—temps dont j'en—tre-vois l'i—ma—ge John

est con—tent quand je suis tou-jours gai D'être

a—mou-reux tou-jours jo——yeux C'est un' dur'

vie que c'tte jo—lie bell' dra—ve.

Relevé musical de Donald Deschênes.

À la rivière à Martre[1]
A bien fallu monter,
Un' gang de soixante hommes,
Pas grand-chose à manger.
Ils nous ont montré l'ouvrage ;
C'est pas manqu' de courage,
À demi-matinée
Les hommes étaient manqués.

Chantons amis, oh ! prenons du courage,
Dans peu d'ici, nous sortirons d'l'esclavage.
C'est un doux temps, dont j'entrevois l'image.
John est content quand je suis toujours gai
D'être amoureux, toujours joyeux.
C'est un' dur' vie que c'tte jolie bell' drave.

2

Oh ! parlons des rouleurs,
Ma foi, c'est-tu d'valeur
De les voir à rouler
Toute un' demi-journée.
Quand ils veul'nt se r'dresser,
Ils sont à leur crier :
— Ta j'tée est pas finie,
Il s'en va bientôt midi !

3

Oh ! parlons des draveurs,
Ma foi, ça saign' le cœur
De les voir à draver,
Leur chemis' tout' mouillée,
Tout' mouillée par la sueur.
Ma foi, ça saign' le cœur.
C'est un' triste besogne
Pour ces pauvres jeunes hommes.

---

[1] Rivière à la Martre, comté de Gaspé.

338   Chanté en 1950 par Léon Collins (64 ans), Saint-Joachim-de-Tourelle (Gaspé), Québec (coll. Carmen Roy, MN, n° 5629). Le chanteur dit avoir composé la chanson vers 1905.

Nombre de versions : 1.

71. *La Drave à Mistassini*

1

À tous les printemps c'est la même histoire,
À la drave il faut aller.
Pour la compagnie des Price
À Mistassini nous sommes allés.
Rendus au numéro six-e,
Nous avons beaucoup travaillé
Pour Louis Perron et Philippe
Qui pass'nt leur temps à crier :

> — *Oh ! les gars de la rivière aux Rats*[1],
> *All aboard, c'est l'temps d'la drave !*
> *Les foremen excit'nt leur gang.*
> *Préparez vos bras, les braves,*
> *Votre pic et sur les jams.*
> *Pas d'fumag' sur la rivière*
> *Car les garde-feu sont là.*
> *Personn' ne reste en arrière*
> *Sur la petit' rivière aux Rats.*

2

Un bon foreman ce fut James-e,
Dans un boat il n'est pas peureux ;
En arrièr' de sa petite Ulipse,
C'est un homme quelquefois nerveux.
C'est Moreau qui fait le lunch-e
Avec Simard de Ticouapé[2].
Sur le tentage ils ont mis de bons hommes,
Ce fut Ferdinand et Honoré.

---

[1] En amont de la rivière Mistassini.
[2] La rivière Ticouapé est située au sud-ouest de la rivière aux Rats.

3

Les boss, ça c'est des gens[3] à la mode,
Surtout Trèflé et Jos Mercier,
Mais quand il y'a du désordre,
C'est d'la faute à Sunday.
Ils-e savent fair' des farces
Mais ils savent aussi piner.
C'est Trèflé qui a un' Jésus d'face
Quand il se met à crier :

4

En descendant avec la glène,
Perron dit au pèr' Ritcher :
— Tu sais que l'année prochaine
Les Price ne f'ront pas d'chantier.
Aussitôt rendus au lac,
Tous[4] les hommes vont s'en aller.
Ils vont tous fair' chacun leur sac,
Ils vont se mettre à crier :

— Oh ! les gars de la rivière aux Rats
Dans les boats mett'nt leurs bagages.
Les foremen avec leur gang.
Au repos nos bras, les braves,
Plus de piquage sur les jams.
Allons fumer dans nos chaumières,
Les garde-feu n'y seront pas ;
On les a laissés en arrière
Sur la petit' rivière aux Rats.

Chanté le 16 juillet 1960 par André Gervais (46 ans), Grandes-Piles (Champlain), Québec (coll. Laurier Cossette, sous la direction d'Émile Descoteaux, AF, n° 244).

Nombre de versions : 2.

---

[3] Prononcé « gensses ».
[4] Prononcé « toutes ».

72. La Drave des Richard

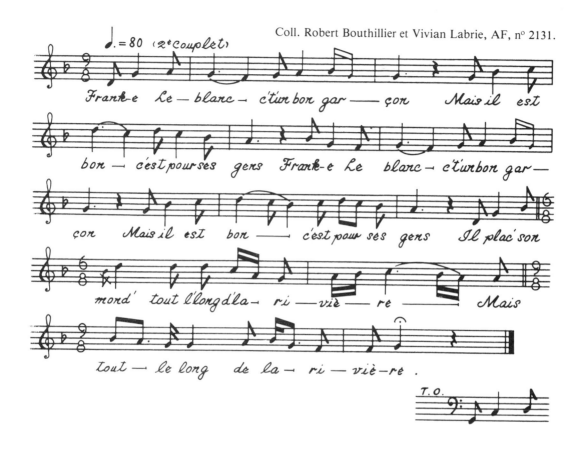

Coll. Robert Bouthillier et Vivian Labrie, AF, n° 2131.

1

Voilà l'automn' qu'est arrivé,
Allons, les gens, il faut monter.   } (bis)
Il faut monter à Five Finger-e[1]
Driver le bois-a des Richard-e[2].

2

Frank-e Leblanc, c't'un bon garçon,
Mais il est bon, c'est pour ses gens.   } (bis)
Il plac' son mond' tout l'long d'la rivière,
Mais tout le long de la rivière.

---

[1] Prononcé « Pine Finger ». Five Fingers (Restigouche), Nouveau-Brunswick, au sud-ouest de Campbellton.
[2] Prononciation anglaise.

3

Y'en a t'un' gang, vous les connaissez,
J'ai pas besoin d'vous les nommer, } (*bis*)
Trois fois par jour bouill'nt la chaudière[3],
Mais tout le long de la rivière.

4

Voilà la driv' qui est finie,
Faut ramasser tous[4] nos peavy. } (*bis*)
Hélas ! fallut r'mouiller les bannes
Afin d'les rendre à la cabane.

5

[...]
Que l'diable emporte la cabane.
Moi, j'm'en vas voir ma petit' femme.

Chanté par Honoré St-Pierre (68 ans), 16 juillet 1977, Saint-Irénée (Gloucester), Nouveau-Brunswick, 4 c. (coll. Robert Bouthillier et Vivian Labrie, AF, n° 2131).

Nombre de versions : 2.

Timbre : *la Mort du colonel* (voir Charles-Marius BARBEAU, *le Rossignol y chante* [...], p. 451).

---

[3] Ils préparent les repas des draveurs en les suivant sur la rive.
[4] Prononcé « toutes ».

1

Voilà le vingt-cinq d'avril qu'arrive,
Tous les draveurs ils vont partir.
Ils vont monter au Ficing-Gare
Pour sortir la drave des Richard-e.

2

Notre foreman, c'est un bon garçon,
Il aime les gens de son canton.
Trois fois par jour bouille la chaudière
Et tout le long de la rivière.

3

C'est Jos Francœur, s'ennuie beaucoup,
S'ennuie beaucoup de son p'tit chou.
Que le diable emporte la cabane !
Pour moi, j'm'en vas voir ma p'tite femme.

4

Nous v'là à la dernière journée,
Tous les plaisirs fallait mouiller
Pour les porter à la cabane,
Afin de ne pas perdre les bannes.

5

Voilà le Ficing-Gare dravé,
À Campbellton il faut aller,
Oh ! chez Crowley, deux pour la bière
En reconnaissance de la rivière.

Chanté par Alfred Langlois (77 ans), 1951, Port-Daniel (Bonaventure), Québec
(coll. Carmen Roy, MN, n° 6704).

344

73. *Les Draveurs de la Gatineau*

Coll. Normand Lafleur et Lucien Ouellet, AF, n° 27.

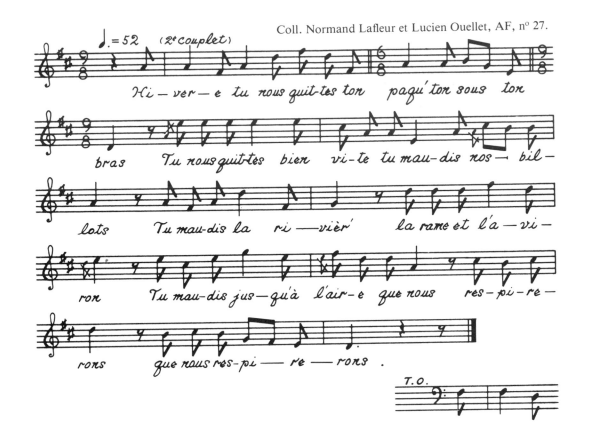

Texte critique

1

Adieu charmante rive du beau Kakabongé[1] !
Voilà l'printemps qu'arrive, il faut donc se laisser.
Nous te quittons sans peine, sans peine et sans chagrin,
Encore une autr' quinzaine, on s'rait tous morts de faim[2].

2

Hivernant, tu nous quittes, la poche sur le dos.
Tu nous quittes bien vite, tu maudis nos billots,
Le lac et la rivière, la rame et l'aviron,
Tu maudis jusqu'à l'air que nous respirerons.

---

[1] Le réservoir Kakabonga, ancienne appellation du réservoir Cabonga, se situe dans le parc national de La Vérendrye. Dans les versions recueillies, on note plusieurs variantes de cet incipit :

> Adieu charmante rive du beau Kakébongué !
> (coll. Raoul Roy, AF, n° 335)

> Adieu donc belles rives du Koquebongré !
> (coll. Raoul Roy, AF, n° 25)

> Adieu belle rive, adieu Galibondi !
> (coll. Charles-Marius Barbeau, MN, n° 1759)

> Adieu charmante rive, adieu, un cœur bondit !
> (coll. Normand Lafleur et Lucien Ouellet, AF, n° 27)

> Adieu charmante rivière qu'on achève de draver !
> (coll. Conrad Laforte, AF, n° 1097 ; et Jean-Claude Marquis, AF, n° 102).

[2] Les deux derniers vers de ce couplet figurent dans la plupart des versions. Cependant, on note des variantes telles :

> Les gangs sont arrivées, les rames et tout l'barda,
> Cent hommes sont rassemblés, Jack Boyd les conduira
> (coll. Raoul Roy, AF, n° 335)

> La saison est trop courte, l'hiver un embarras,
> Chaque foreman veut conduire cent hommes bien rassemblés
> (coll. Raoul Roy, AF, n° 25)

> Les jeun's se rassembl'nt, les homm's se réjouissent,
> Jack Boyd qui est foreman viendra nous reconduire
> (coll. Normand Lafleur et Lucien Ouellet, AF, n° 27).

3

Traversons la rivière, ne craignons point le vent,
Coulons sur la lisière qui suit le grand courant.
Traversons la bourgade[3] quand même il serait tard
Car notre grand foreman est un brave gaillard[4].

4

Il a une maudite fiole[5] qui lui rapporte tout.
Plusieurs se proposent de lui casser le cou.
La concerne est point riche, il faut donc s'en méfier.
Ils payent bien ceux qui lichent, non ceux qui ont travaillé.

5

C'est la gang à Deschênes qui est sur le handwork,
Ils marchent bien sans gêne et en ôtant leur frock.
Feront craquer leurs barres sur ce pesant rouleau,
Raidiront leurs amarres presqu'au-dessus de l'eau.

6

Y'en a qui me haïssent du profond de leur cœur
À caus' que l'foreman dit que j'suis un bon draveur.
Moi qui n'a pas d'orgueil, ils ont beau m'essayer.
Sur terr' j'leur cass' la gueule, sur l'eau j'peux les noyer.

---

[3] Dans la plupart des versions apparaît ce mot « bourgade » dont la signification dans le contexte de
la chanson demeure incertaine. On retrouve une variante qui doit être une adaptation du texte original : « Traversons la Pâgane » (c'est-à-dire la chute Paugan, sur la Gatineau) (coll. Normand
Lafleur et Lucien Ouellet, AF, n° 27).

[4] Selon la disposition des couplets, un autre vers s'ajoute, dans certaines versions, à la suite de ce dernier vers de notre 3ᵉ couplet :

   Jamais qu'il nous dispute, jamais qu'il nous parle fort
      (coll. Jean-Pierre Allard et Jean-Claude Bernier, AF, n° 29)

   Jamais il se démène, jamais il nous parle fort
      (coll. Carmen Roy, MN, n° 6563).

[5] Dans certaines régions, « fiole » est un sobriquet attribué au contremaître.

7

Sautons chutes et rapides, nageons adroitement,
Nos chemis's sont humides, ell's sècheront lentement.
Rendons-nous au Désert[6] où Gouin nous attend là,
Dessus ces gazons verts, c'est lui qui nous traitera[7].

8

Buvons, chers camarades, à la santé de Gouin,
Trois ou quatre rasades et donnons-lui la main.
Prenons la Gatineau, dravons-la jusqu'au bas ;
Et nos barges sur l'eau vont mieux qu'un rabaska.

La mélodie reproduite fut chantée le 27 août 1965 par Ronald Gauvreau (51 ans), Maniwaki (Gatineau), Québec (coll. Normand Lafleur et Lucien Ouellet, AF, n° 27).

Nombre de versions : 23.

---

[6] Lac Désert, au nord-ouest de Maniwaki.

[7] Ce vers apparaît dans plusieurs versions et son sens n'est pas évident. Selon un informateur qui s'est intéressé à cette chanson, il s'agirait de la localité de Gracefield, que les voyageurs nommaient « gazons verts », et où les Wright possédaient une grande propriété. Lors de la descente de la Gatineau, les cageux et raftsmen s'arrêtaient, semble-t-il, à cet endroit pour fêter la descente. Cette hypothèse demeure incertaine et difficilement vérifiable.

348

74. *Le Chaland de Jim Boyd*

Coll. André Bastarache, AF-CJB, n° 73.

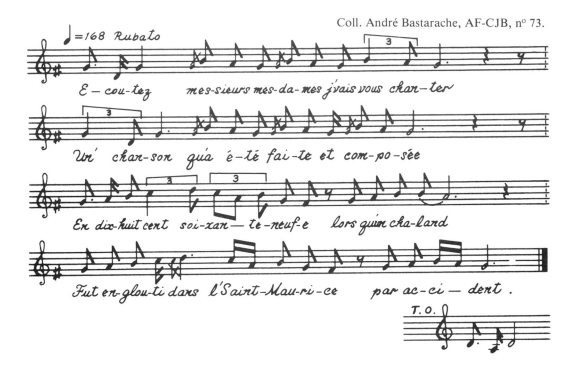

1

Écoutez, messieurs, mesdames, j'vais vous chanter
Un' chanson qu'a été faite[1] et composée
En dix-huit cent soixante-neuf-e, lorsqu'un chaland
Fut englouti dans l'Saint-Maurice par accident.

2

Ce jour-là, de Mékinac-e[2], part un chaland
Chargé d'chevaux, de bagages très lourdement.
C'est à la point' triste et fatale, Pointe-à-Château[3],
Nous voyons là nos camarades au fil de l'eau.

---

[1] Le « e » est prononcé.
[2] Saint-Roch-de-Mékinac.
[3] Côté est de la rivière Saint-Maurice, entre les localités de Saint-Roch-de-Mékinac et de Mattawin.

Trent'-six homm's sont à la nage en chavirant,
Parmi chevaux et bagages, charg' du chaland.
Boyd, le propriétair', se noye et ses deux fils,
Des gens bien connus par ici, de nos amis.

4

Malheureux, le gouverneur[4] de ce chaland-là
Qui règn' sur la list' des hommes depuis longtemps.
Je mentionn' pas son caractère, mêm' pas son nom,
Car l'infamie sort de sa tête depuis longtemps.

5

Qui a fait la chansonnette, j'vais vous la nommer,
Qui l'a composée et faite sur la vérité,
Madame Honoré Cadorette, ma grand-maman,
Il y a encor' dans nos paroisses ses descendants.

Chanté par Mme Joseph Bergeron (58 ans), 22 et 31 août 1959, Grandes-Piles (Laviolette), Québec (coll. André Bastarache, AF-CJB, n° 73).

Nombre de versions : 3.

Timbre : *Adam et Ève au paradis* (voir Ernest GAGNON, *Chansons populaires du Canada,* p. 112).

Autre texte :

1

Vous me demandez que je chante à tout moment
Une chanson très affligeante dernièrement.
Sur la rivière Saint-Maurice, il n'y a pas longtemps,
Dans l'automn' de soixante-neuf, un accident.

---

[4] On désigne ainsi la personne qui est au gouvernail.

2

Dans la classe des voyageurs, c'est très souvent
Qu'on est exposé à sa perte dans un moment.
Souvent la prudence nous manque en voyageant,
C'est sur la rivière Saint-Maurice, dans ces chalands.

3

Donc aujourd'hui de Mékinac monte un chaland,
Chargé de monde et de bagage solidement.
Horrible, triste et trop fatale Pointe-à-Château !
Là s'sont noyés douz' d'nos confrères en chavirant.

4

Ô horrible spectacle à voir-e ce matin-là !
Des lamentations horribles, des cris perçants.
Cett' journée est le neuf octobre assurément.
Elle est restée très remarquable en y pensant.

5

Trent'-huit hommes sont à la nage en chavirant,
Parmi les chevaux, le bagage, charge du chaland.
Treiz' propriétair's s'y noyèrent ainsi qu'Souci,
Des gens bien connus par icite, de nos amis.

6

Ah ! malheureux le gouvernail-e de ce chaland !
Il est rayé d'la list' des hommes depuis longtemps.
Je n'mentionn' pas son caractère, non plus son nom ;
L'arsenic, la corde attend c'brute assurément.

7

La voiture des voyageurs-e, c'est un chaland,
À partir-e depuis les Piles, post' bien plus haut.
Quand on est rendu à La Tuque, post' bien connu,
Les barg's ensuit' sont nos voitures ou les canots.

Texte de Napoléon CARON, *Deux Voyages sur le Saint-Maurice*, p. 23-25.

75. *La Nostalgie du draveur*

Coll. Luc Lacourcière, AF, n° 1083.

♩ = 84 (4ᵉ couplet)

Et quand on est des — sus ces eaux Sur ces jams dan-ge — reu-ses — Lors — qu'on re-gard' le ciel et l'eau Les astres ils sont nom-breu — ses — Lors — qu'on re-gard' — le ciel et l'eau Les — astres ils sont nom — breu-ses On les re — garde as-sez sou-vent Qu'ils nous de — viennent dan-ge — reu — ses.

T.O.

1

C'est dans l'état là où je suis
Sur le point d'un voyage,
Il faut qu' je quitte mon pays.
Dans l'ennui je m'engage ;
Bien éloigné de mes parents,
Dans un pays sauvage.

} (*bis*)

2

Et quand on est dans les chantiers,
Dans ces bois les plus sombres,
Lorsqu'on regard' de tous côtés,
Sont toujours les mêmes ombres.
Oh ! que c'est dur de voyager
Surtout quand on est jeune !

} (*bis*)

3

C'est dans l'automne et le printemps
Qu'on a bien d'la misère !
On a aussi bien de l'ennui !
Quel plaisir peut-on avoir-e
D'être éloigné de ses amis,
De sa jolie bergère ?

} (*bis*)

4

C'est au printemps en descendant
Sur ces jams dangereuses,
Lorsqu'on y voit qu'le ciel et l'eau,
Les étoiles sont nombreuses.
On les regarde assez souvent
Qu'elles deviennent ennuyeuses.

} (*bis*)

5

Mais quand je lis et je relis
Les idées de ma tête,
Tous les plaisirs s'éloignent de moi,
Le jeune âge se passe.
On est jamais sûr et certain,
C'est de sauver son âme.

} (*bis*)

Les habitants de par chez nous,
Dans leur jolie campagne,
Feraient bien mieux d'y rester
À cultiver leur ferme,   } (*bis*)
Car dans les cas de maladie
Le prêtre les accompagne.

La mélodie qui accompagne la version critique fut chantée le 22 juillet 1951 par Majorique Duguay, Pointe-Canot, île de Shippagan (Gloucester), Nouveau-Brunswick, 6 c. (coll. Luc Lacourcière, AF, n° 1083).

Nombre de versions : 23.

Parmi les versions de cette chanson, on en retrouve quelques-unes qui ont été modifiées par les voyageurs acadiens. L'une de ces adaptations se présente ainsi dans la collection du père Anselme Chiasson, MN-A-524, et fut chantée le 22 août 1959 par Mme Alex Aucoin, Chéticamp (Inverness), Nouvelle-Écosse :

1

C'est dans l'état où nous sommes
Sur le point d'la misère,
Dans un chantier bien éloigné
Et dans un bois sauvage,
Occupés à de longu's journées
Pour de bien petits gages.

2

Croyant d'y faire un bon hiver
Dans cette vie sauvage,
On s'est accompagnés tout'fois
Avec bien du courage.
Pour y éprouver tous les froids
Et les pein's du travail.

3

D'ici on part de grand matin
Pour aller à l'ouvrage.
Et l'on s'en revient qu'à la nuit
Avec un faim enrageable.
Cela nous y fait bien penser
À nos parents aimables.

4

Dedans ces bois, la vie n'est pas
Une vie bien heureuse.
Lorsqu'on ne voit qu' l'ciel et la terre,
Les herb's qui sont nombreuses.
On les regarde si souvent
Qu'ils devienn'nt ennuyeuses.

5

Lorsqu'on s'arrête les idées,
Les idées de sa tête,
On pense souvent à l'avenir,
Si on se r'verra peut-être
Auprès de tous ses chers parents
Et d'sa jolie maîtresse.

6

Vous tous, jeun's gens de Chéticamp,
Prenez donc nos avis.
Ne venez jamais dans ce bois
Pour gagner votre vie,
Il vaudrait mieux pour tous nous autres
Hiverner à crédit.

76. *Nous sommes partis trois frères*

Coll. Félix-Antoine Savard et Roger Matton, AF, nº 15.

Texte critique

1

Nous somm's trois frèr's partis pour le voyage.
Dans un chantier nous somm's tous engagés.
Mais le printemps a fallu fair' la drave,
Risquer sa vie dans les plus grands dangers.

2

Par un dimanch', dimanche avant-midi,
Dessous un' jam je me suis englouti.
Je descendais de rapides en rapides,
Sans une branche que je puiss' rencontrer.

3

Il faut mourir sur ces eaux qui s'écoulent
Sans un secours, et sans voir le curé.
Vous autr's, mes frèr's, qui allez voir mon père,
Vous lui direz que je suis décédé.

4

Triste nouvell' pour apprendre à un père,
Aussi un' mère et à tous mes parents.
Vous lui direz qu'ils ne prenn'nt point de peine
Car tôt ou tard il faut subir la mort.

Version critique publiée par Édouard-Zotique MASSICOTTE, « la Vie des chantiers », dans *Mémoires et Comptes rendus de la Société royale du Canada*, Ottawa, 3ᵉ série, vol. 16, mai 1922, section 1, p. 36-37. Texte revu. La mélodie qui précède le texte fut chantée le 9 juillet 1957 par Mme Georges Légère (42 ans), Paquetville (Gloucester), Nouveau-Brunswick, 4 c. (coll. Félix-Antoine Savard et Roger Matton, AF, nᵒ 15). Cette version présente un refrain qui est commun à plusieurs versions recueillies :

Beau voyageur, je te le dis encore :
— Tu vas mourir sans revoir ton pays.

Nombre de versions : 67.

Variante mélodique chantée le 30 janvier 1965 par Rosaire Loubier (71 ans), Saint-Benoît-Labre (Beauce), Québec, 3 c. (coll. Denise Rodrigue et Lucille Bergeron, AF, n° 73) :

Coll. Denise Rodrigue et Lucille Bergeron, AF, n° 73.

Vous autr's mes frèr's — qui al — lez — voir mon pè ———— re Vous lui di — rez — que je suis dé — cé — dé Vous lui di — rez — qu'il ne prenn' point de pei ——— ne Car tôt — z — ou — tard — il — faut su — bir la mort.

T.O.

77. *Les Trappeurs Courtois*

Coll. Régine Hudon et Pierre Guilbault, AF, n° 9.

Mais en vain ils at-ten-dent des vivres De ceux qui doivent les se-cou — rir -En-fin si nous vou-lons tous trois vivre Dit le père il faut nous dé-su — nir.

Relevé musical de Donald Deschênes.

1

Écoutez la misère profonde
Qu'ont subie trois malheureux trappeurs.
Il n'est rien de plus triste en ce monde
Que ce récit qui brise le cœur.

2

Hardis par la nature sauvage,
Les deux fils et le père Courtois,
Affrontant les plus durs portages,
Ignorant le sort qui les guettait.

3

Pour donner à leur foyer l'aisance,
Dans les profondeurs de la forêt,
Courageux, intrépides, ils s'avancent,
Apportant leurs fusils, leurs filets.

Se fiant un peu sur la nature
Et sur les promesses du fournisseur,
Ils apportent peu de nourriture,
Connaissant bien la vie du chasseur.

5

Mais en vain ils attendent des vivres
De ceux qui doiv'nt les secourir.
— Enfin, si nous voulons tous trois vivre,
Dit le père, il faut nous désunir.

6

Ensemble sont partis les deux frères
Ne croyant plus-t-être séparés.
— Tu reverras Michel, pauvre père,
Mais tu ne verras plus ton René.

7

Animés par la pêche et la chasse,
Quoiqu'ils doivent se passer de pain,
Tant qu'ils ont de quoi dans leur cuirasse[1],
Ils ne souffrent pas du tout de la faim.

8

Supportant mieux les affronts du jeûne,
Avec cœur diminuant sa part
Pour prolonger la vie du plus jeune,
L'aîné vit bientôt venir la mort.

9

Un soir, il dit à son jeune frère :
— Écoute-moi, mon pauvre Michel,
Cette nuit, ce sera la dernière,
Je ne reverrai plus le soleil.

---

[1] Sac à provisions.

10

Mais, toi, tu reverras notre père
Qui doit s'inquiéter de nos jours.
Sois courageux, fais bien tes prières
Et le ciel t'enverra du secours.

11

Tu reverras notre bonne mère,
Console-la bien dans son chagrin.
Dis-lui que je fis bien mes prières
Comme elle me l'apprit tout enfant.

12

J'offre à Dieu les nombreuses souffrances
Que nous avons subies, oh ! Michel !
Et j'emporte avec moi l'espérance
De nous revoir, un jour, au ciel.

13

Loin de ceux que j'aimais sur la terre,
Sous une habitation de sapins,
Sans le secours du saint ministère,
Je vais mourir, oh ! quel triste destin !

14

Courte vie, sans regret je te quitte,
À dix-huit ans, sans trop de chagrin.
De tes plaisirs, ma part fut bien petite
Mais je meurs heureux d'être chrétien.

15

Ô forêt, tu fus presque ma mère ;
Tu abritas[2] mon premier berceau.
Mais hélas ! je n'm'attendais guère
Que tu fus aussi mon tombeau.

---

[2]   Le chanteur dit « habitas ».

16

Pour finir son douloureux calvaire,
Et l'enfant âgé de quatorze ans
Doit passer trois semaines entières
Près du cadavre de son cher-e grand.

17

Quand il vit le terme de ses peines,
On le retrouva presque mourant.
Il sembla se trouver à la gêne
De voir enfin des êtres vivants.

18

Si vous passez dans ces bois solitaires
Le long de la rivière Manicouagan,
Près de la croix, priez pour un frère
Qui mourut loin de tous ses parents.

Chanté par Philippe Asselin (57 ans), 6 juillet 1966, Taché (Chicoutimi), Québec (coll. Régine Hudon et Pierre Guilbault, AF, n° 9).

Nombre de versions : 3.

Timbre : *le Prisonnier* (*The Prisoner's Lament*), chanson populaire américaine.

78. *Veillette, Antoine, surnommé Pouce*

1

Préparons-nous pour un si long voyage,
Soit vieux ou jeune, il nous faut tous mourir.
Nous quitterons le toit paternel
Avec le doux espoir d'y revenir.

2

Jeunes gens, dessus le Saint-Maurice,
Au remous de la Roche leur canot a versé.
Et par bonheur sont suivis d'une barge[1],
Deux s'sont sauvés et l'autre s'est noyé.

3

Voilà qu'il va de rapides en rapides,
Sans que personne ne puisse le secourir.
On a beau faire, on a beau se défendre,
L'heure est fixée, il faudra tous mourir.

4

Triste nouvelle pour un père et une mère,
Pour ses parents et pour ses chers amis.
Le bon pasteur, ses éloges nous consolent,
De son salut, il faut tout espérer.

5

Ce qui redouble aujourd'hui la tristesse,
C'est que son corps ne s'est pas retrouvé.
Priez, priez et séchez tout's vos larmes. (*bis*)

6

Dans cette vie tout se passe comme un songe,
On prend la vie, aussitôt faut mourir,
Tous les hommes, et la gloire est frivole,
Le temps fini, il faut donc tous mourir.

---

[1]   Prononcé « berge ».

Chanté par Émile Bélanger (36 ans), 1921, Sainte-Geneviève-de-Batiscan (Champlain), Québec (coll. Édouard-Zotique Massicotte, ms. nº 20). Le commentaire suivant accompagne le texte : « Vers 1867-69, un groupe d'explorateurs remontait le St-Maurice. Durant le trajet, Antoine Veillette, surnommé Pouce, tomba à l'eau avec deux compagnons. Ceux-ci se sauvèrent, l'autre se noya. Joseph Bélanger, de Ste-Geneviève de Batiscan, qui était de l'expédition, apprit la complainte qui se fit sur l'accident. Son fils, Émile Bélanger, l'a apprise de son père. »

Nombre de versions : 1.

79. *Noyade à Shelter-Bay, 1923*

Coll. Jean-Claude Marquis, AF, n° 71.

1

C'est à Shelter-Bay[1]
En dix-neuf cent vingt-deux,
Comme moi vous le savez,
Il s'est fait des gros chantiers.

2

C'est Bouchard et Rouleau
Qui étaient[2] grands contracteurs ;
C'est en montant pour hiverner,   } (bis)
Dix personnes ell's sont noyées.

---

[1]   Localité de la basse Côte-Nord. Prononcé « Chaterbay ».
[2]   Le chanteur dit « Qu'ils étaient ».

Ils se sont noyés
Sur le lac du trent' milles.
Une glace ils ont frappée,
La chaloupe a défoncé. } (*bis*)

4

Le nom des noyés,
J'peux vous en nommer plusieurs ;
Willy Therrien, Dina Parent[3],
Ces deux-là j'les connais bien. } (*bis*)

5

Il avait aussi
Notre révérend père[4],
Aussi le docteur Vézina,
Et monsieur Napoléon Rousseau
Avec sa femme au fond d'l'eau. } (*bis*)

6

Ils les ont cherchés,
Ils en ont trouvé neuf-e.
Il n'en reste seul'ment qu'un,
C'est monsieur Donat Therrien. } (*bis*)

7

Mais ils l'ont trouvé,
C'est en faisant la drave,
Au travers des glaces et des billots,
Ils l'ont trouvé[5] au fond d'l'eau. } (*bis*)

---

[3] Le chanteur inverse les noms lorsqu'il répète le vers.
[4] Variante chantée par Émelda Bouchard (veuve Pamphile Lessard), 16 août 1946, Bergeronnes (Saguenay), Québec (coll. Charles-Marius Barbeau, MN, n° 4530) :

> I' avait aussi
> Deux d'notr' gang de cullers.

[5] En reprise, le chanteur dit « pêché ».

Celui qui[6] a composé la chanson,
C't'un beau petit jeune homme,
Willy St-Pierre, à Shelter-Bay,
En bûchant dans l'bois brûlé.

Chanté en janvier 1966 par Jean-Baptiste Bouffard (55 ans), Petite-Matane (Matane), Québec (coll. Jean-Claude Marquis, AF, n° 71).

Nombre de versions : 2.

Timbre : *les Mariés* (voir P. É. PRÉVOST, *Chansons canadiennes*, p. 79).

---

[6]   Le chanteur dit « C'qui ».

80. Olscamp, M. et Mme Théodore

Coll. André Bastarache, AF-CJB, n° 74.

Texte critique

1

Écoutez, chrétiens, la triste complainte,
Que tout l'genre humain entende les plaintes
De ces enfants affligés
Qui vir'nt leurs parents noyés.

2

Un jeudi matin, en soixante-dix-huit,
L'vingt-neuf août, sur la rivièr' Saint-Maurice,
Ont péri subitement
Le pèr', la mère et l'enfant.

3

Le canot chargé faisait diligence,
Part de Mékinac[1], monte à la Grande-Anse[2] ;
Arrivée d'un frison d'eau
Qu'a fait verser le canot.

---

[1] Saint-Roch-de-Mékinac, le long de la rivière Saint-Maurice.
[2] Petite localité située au sud de La Tuque.

4

Ce qui a causé ce ravage étrange,
C'était une pointe où l'eau se tourmente.
N'oubliez pas de prier,
C'sont des amis qu'vous connaissez.

5

Ce coup est terribl' près de Manigance[3],
En bas du rapid' de ce bois si sombre.
L'voyageur a remarqué
Là qu'une croix est plantée.

6

On s'en fut avertir dans le voisinage,
Chacun accourut avec grand courage.
Ils ont fait tous leurs efforts
Pour trouver ces pauvres corps.

7

On fit les recherch's, descendant sur le sable,
En bas d'Mékinac suivant les *écores* ;
Et c'est au pied d'un rocher
Qu'on trouve le pèr' noyé.

8

Pendant les recherch's, personn' ne se lasse.
Tout l'mond' s'empress' de chercher de tous bords.
Un quart d'heure assurément,
On trouv' la mère au courant.

9

Cher enfant chéri qu'accompagnait son père,
Il a subi aussi l'mêm' sort qu'sa mère.
Ils seront tous regrettés,
Ils partent pour l'éternité.

---

[3] Les rapides Manigance sont les plus redoutés de la région, entre Saint-Roch-de-Mékinac et Mattawin.

10

Ô Vierge Marie, fill' de la bonn' sainte Anne,
Vous qui soulagez tant de millions d'âmes,
Je vous supplie humblement
De soulager les enfants !

11

Parents et amis qu'avez le cœur tendre,
C'est à vous aussi que je le demande,
Priez donc très humblement,
Dieu sera reconnaissant.

Le texte critique a été établi à partir des 7 versions recueillies de la complainte. La mélodie est tirée de la collection André Bastarache, AF-CJB, nº 74, et a été chantée par Mme Georgina Rhéault (66 ans), 22 et 31 août 1959, Saint-Roch-de-Mékinac (Saint-Maurice), Québec.

Nombre de versions : 3 versions originales.

Timbre : *les Mariés* (voir P. É. PRÉVOST, *Chansons canadiennes,* p. 79).

81. *Les Cinq Noyés de Gaspé*

1

Écoutez tous, amis, la si touchante histoire
De nos chers disparus, à Gaspé, un printemps,
Et que nos cœurs émus en gardent la mémoire,
Que leur pieux souvenir nous soit toujours présent.
Ce fut la volonté de notre Pèr' céleste
Qui les a appelés à son trône éternel.
Quittez donc, leur dit-il, cet abîme terrestre
Et venez partager les joies pures de mon ciel.

2

Nous étions arrivés à l'époque du flottage,
Père et fils s'engagèrent à ce dur labeur.
Sans penser au danger et remplis de courage,
Ils quittèrent leur foyer où régnait le bonheur.
Mais avant de quitter leurs familles si chères,
Sont venus rendre hommage au divin Créateur.
Ils sont venus puiser dans l'adorable Hostie
Les ineffables dons du Dieu des travailleurs.

3

Ainsi réconfortés du pain eucharistique,
Ils partirent un beau jour satisfaits de leur sort.
Mais reviendront-ils tous au village rustique ?
Ce fut un jour, pour cinq, la course vers la mort.
Victimes du devoir qui toujours les commande,
En bravant le danger, ils trouvèrent leur trépas,
Répondant à l'appel du Dieu qui les demande :
— Venez tous, oui venez vous presser dans mes bras !

4

Ce fut par un matin, un jour inoubliable,
Joyeux, nos cinq héros partirent dans leur canot.
Sans un pressentiment d'un naufrage effroyable,
Fredonnant un refrain, ils descendirent les flots.
Un choc inévitable renversa leur nacelle,
Précipita à l'eau nos cinq braves compagnons.
Mais au milieu des vagues monta l'hymne éternel :
— Seigneur, secourez-nous, adieu, nous périssons !

5

Ne pouvant échapper à la mort si cruelle,
Leurs regards se tournèrent vers le Dieu tout-puissant.
Les quatre pères disaient dans une douleur extrême :
— Nous ne reverrons plus nos familles, nos enfants.
Le plus jeune succomba à l'âge enchanteresse,
La mort l'a ravi à son vingtième printemps.
Il tomba ainsi victime de si lourdes détresses,
Disant qu'il est amer de mourir à vingt ans.

6

Ainsi furent achevées leurs fécondes carrières.
Disparus pour toujours, ils laissèrent à nos yeux.
Bien court fut leur passage là sur cette terre.
Combien doit être grand leur bonheur dans les cieux !
Pour nos chers trépassés, un devoir nous incombe,
Intercédons pour eux le repos éternel.
Allons s'agenouiller souvent près de leurs tombes
Et disons-leur adieu, au revoir, dans les cieux !

Chanté par Robert Castonguay, Rivière-à-Claude (Gaspé), Québec (coll. Carmen Roy, MN-R-4863-25).

Nombre de versions : 1.

82. *L'Adieu d'un noyé*

1

Écoutez, chers parents, s'il vous plaît de l'entendre,
La mort de votre enfant qui va bien vous surprendre.
Vous espériez le revoir au printemps,
Mais Dieu n'a pas voulu si grand contentement.

2

À l'âge de vingt ans, fallut quitter père et mère,
Avec consentement et l'avis de son père,
Les larmes aux yeux, fallut faire ses adieux :
— Consolez-vous, parents, je viendrai[1] dans deux ans.

3

Je me suis bien trompé, comptant sur l'avenir,
Pour un si grand projet, pensant d'y réussir.
Tout est fini, la mort m'a surpris
Dans ma dernière année, partant pour m'en aller.

4

Ceux qui m'ont vu noyer l'informeront à mon père,
Pour me faire enterrer dedans un cimetière.
— Père désolé, vous êtes mon héritier,
Retirez mon argent, payez l'enterrement.

5

Et toi, mon frère Léon, j'implore ta prière,
Car il n'y a que toi pour soulager mon père.
Rappelle-toi ce qu'il a fait ;
Tu en seras béni, c'est Dieu qui l'a promis.

---

[1] Reviendrai.

Consolez-vous, parents, pour moi plus de ressources,
Mon corps est séparé de mon âme qui souffre.
Priez pour moi, ne m'oubliez jamais.
Au dernier jugement nous nous reverrons tous.

Chanté par frère Alphonse Beaudet, Sainte-Sophie-de-Lévrard (Nicolet), Québec (coll. père Archange Godbout, ms. n° 46).

Nombre de versions : 1.

83. *Fournier, Frédéric (1809-1831)*

Coll. Jean-Claude Marquis, AF, nº 65.

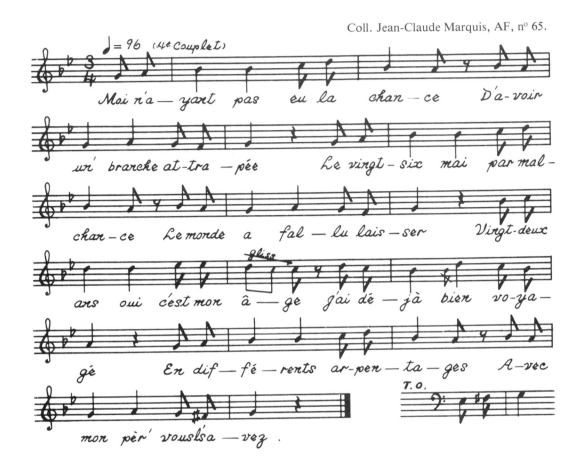

Moi n'a—yant pas eu la chan—ce D'a-voir un' branche at-tra—pée Le vingt-six mai par mal-chan—ce Le monde a fal—lu lais—ser Vingt-deux ans oui c'est mon â—ge J'ai dé—jà bien vo-ya—gé En dif—fé—rents ar-pen-ta—ges A-vec mon pèr' vousls a—vez.

1

Je pars avec répugnance
De la maison paternelle,
Le quinze de mai, dimanche,
Avec un grand naturel.
Seul avec le major Wolfe,
Ne voulant pas se laisser,
Pour aller à Ristigouche[1]
Conduire le chemin tracé.

---

[1] Restigouche.

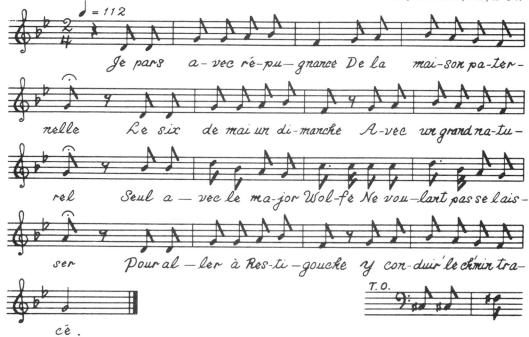

Je pars a-vec ré-pu-gnance De la mai-son pa-ter-
nelle Le six de mai un di-manche A-vec un grand na-tu-
rel Seul a-vec le ma-jor Wol-fe Ne vou-lant pas se laisser Pour al-ler à Res-ti-gouche y con-duir' le ch'min tracé.

2

Quand nous fûmes à Métis[2],
Au chemin débarrassé
Qu'on a fait moi et Francis,
La dernière année passée.
À Matapédia[3], grand lac,
Il nous a fallu camper,
En attendant des Micmacs
Les provisions mentionnées.

3

Onze jours passés de même,
Presque rien de quoi manger ;
Nous étions devenus blêmes
Et de la peine à marcher.
Attendant par Ristigouche
Les provisions mentionnées,
Ne voyant plus de ressources,
Il a fallu avancer.

---

[2]   Saint-Octave-de-Métis, comté de Rimouski.
[3]   Lac Matapédia, dans le comté du même nom.

4

Nous embarquons jusqu'à Wolfe,
Dans les endroits dangereux,
Pour aller à Ristigouche,
Rien autre chose qu'un cajeu.
Et tous sont lassés de même,
Ont presque tous débarqué,
Excepté trois et moi-même,
Il a fallu continuer.

5

En arrivant à la chute,
Le cajeu a chaviré,
Les bouillons comme des buttes.
Les trois autres se sont sauvés.
Moi, n'ayant pas eu la chance
D'avoir une branche attrapée,
Le six de juin, par malchance,
Le monde a fallu laisser.

6

Vingt-deux années, c'est mon âge.
J'ai déjà bien voyagé,
En différents arpentages,
Avec mon père, vous savez !
Déjà deux fois dans la vie
Que la mort m'a menacé ;
Par jaloux ou par envie
Me voilà donc achevé !

7

Jeunes gens, vous croyez peut-être
Que la mort est éloignée.
Comme vous, je croyais être
Sur la terre bien des années.
Trompé comme beaucoup d'autres,
Croyant toujours me sauver,
Vous apprendrez par les autres
Que je viens de me noyer.

Mon corps est à la voirie,
Exposé aux animaux,
Éloigné du Port-Joli[4],
À deux cents milles plus haut.
Chers parents, quelle est la peine
Que je m'en vais vous causer !
Priez pour mon âme en peine,
Puisque mon corps est noyé !

9

Si mon corps était des piastres,
Vous verriez le père Fournier
Traverser bien d'autres lacs
Sans craindre aucun danger.
Mon cher père, craignant la peine,
N'a pas voulu se risquer
De venir à Ristigouche
Y chercher mon corps brisé[5] !

Texte publié par Joseph-Désiré MICHAUD, *Notes historiques sur la vallée de la Matapédia*, p. 50-53. L'auteur fait un commentaire historique. Les deux versions musicales ont été transcrites à partir de textes recueillis dans la tradition orale. La première fut chantée en janvier 1966 par Sylvio Marquis (53 ans), Petite-Matane

---

[4] Saint-Jean-Port-Joli, lieu d'origine de la victime.

[5] Dans les textes recueillis dans la tradition orale, pour terminer la complainte, on chante le couplet suivant :

Qui en a fait la complainte ?
Charles Fournier, ce bon garçon,
Étant assis à sa table,
Pleurant la mort de son enfant.
En se faisant des reproches,
C'est de l'avoir envoyé
Avec le grand maître Major
Finir le chemin tracé.

Chanté en 1921 par Mme C. Cyr, Crowley, Alberta, 6 c. (coll. Charles-Marius Barbeau, ms. n° 889).

378　(Matane), Québec, 6 c. (coll. Jean-Claude Marquis, AF, n° 65). La seconde fut chantée le 9 août 1966 par Alphédor Boislard (49 ans), Sainte-Anastasie (Mégantic), Québec, 6 c. (coll. François Morin, AF, n° 34).

Nombre de versions : 13.

Timbre : *Au sang qu'un Dieu va répandre — Que ne suis-je la fougère* (voir *Recueil des cantiques à l'usage des missions, retraites et catéchismes*, p. 409).

84. *Les Traîne-poches*

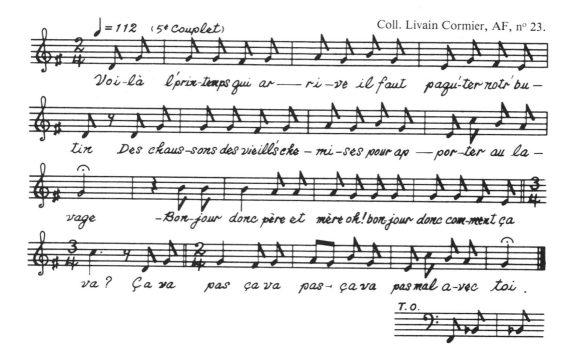

Coll. Livain Cormier, AF, n° 23.

♩ = 112 (5ᵉ Couplet)

Voi-là l'prin-temps qui ar — ri-ve il faut paqu'ter not' butin Des chaus-sons des vieill's che-mi-ses pour ap — por-ter au lavage —Bon-jour donc père et mère oh! bon-jour donc com-ment ça
va? Ça va pas ça va pas→ ça va pas mal a-vec toi.

T.O.

1

Dans un' partie d'l'Acadie qu'on appelait Rogersville,
Dans une autr' partie voisine qu'on appelle Acadieville,
Les traîn'-poches qu'on les nomme, je n'sais pas pourquoi c'que c'est,
Je n'sais pas, je n'sais pas, pourquoi c'qu'on les nomm' comm' ça.

2

Voilà l'automn' qui arrive, il faut tous monter au bois,
Un' quinzain', band' de traîn'-poches, qu'ils débarqueront là-bas.
V'là bientôt[1] les chars qu'arrivent, on y voit débarquer ça.
Je n'sais, je n'sais pas, je n'sais pas y où c'que ça va[2].

---

[1] Chanté « betôt ».
[2] Variante recueillie par *la Voix d'Évangéline*, Moncton, et communiquée par Marie Le Blanc,
LeBlanc Office, Nouveau-Brunswick, 7 c. (coll. Joseph-Thomas Le Blanc, ms. n° 1098):

   Je n'sais pas, je n'sais pas, qu'est-c'qu'ils vont faire là-bas.

Ils rentront d'un[3] magasin, oh ! le commis qu'ils voulont voir.
Ils jett'nt tous[4] leur poch' d'un coin[5], ils s'assoient[6] sur le comptoir.
Le commis d'mauvaise humeur, il leur a bientôt conter ça :
— Débarquez, débarquez, débarquez d'sur c'comptoir-là.

4

Le lendemain, dans l'portage, on les voit parler tout bas.
Ils se déclairont leurs gages[7] et combien qu'ils mettront d'mois.
Y'en a qui dis'nt : — Moi, j'descends à Noël, et d'autr's qui dis'nt :
          — Moi, j'descends pas.
J'm'occup' pas, j'm'occup' pas, toi, descends quand qu'tu voudras.

5

Voilà l'printemps qui arrive, il faut *paqu'ter* notr' butin,
Des chaussons, des vieill's chemises pour apporter[8] au lavage.
— Bonjour donc père et mère, oh ! bonjour donc comment ça va ?
Ça va pas, ça va pas, ça va pas mal avec toi.

6

Aujourd'hui j'ai rien à faire, j'étais assis sur mon lit,
Je pensais bien d'aller faire un petit mot de loisir,
Mais à c'tte heur' que j'vous la chant', choquez-vous, choquez-vous
          pas,
J'm'occup' pas, j'm'occup' pas, prenez-la comme ell' sera.

---

[3] Dans un magasin.
[4] Prononcé « toute ».
[5] Dans un coin.
[6] Le chanteur dit « s'assient ».
[7] Variante chantée le 14 septembre 1976 par Albénie Morais (82 ans), Saint-Isidore (Gloucester),
     Nouveau-Brunswick, 5 c. (coll. Robert Bouthillier et Vivian Labrie, AF, n° 1432) :

        Ils se déclaraient leurs gages [...]
[8] Prononcé « emporter ».

Pour *adonner* à mes *varsets* à ma chanson composée,
Il faudrait que je me nomme mais j'crois qu'j'vas m'laisser passer.
Mais encor' si je me nomm', je crains m'fair' prendr' dans l'coup
      d'bois[9],
N'ayez pas, n'ayez pas, n'ayez pas d'pitié pour moi.

8

Voilà la fin qui approche, Alex Godin est mon nom.
La chanson se nomm' traîn'-poches depuis l'année mil neuf cent.
S'il y a quelqu'un[10] qui vous la d'mand', chantez-la donc à plein'
      voix.
Chantez pas, chantez pas d'autre chos' que c'chanson-là.

Chanté le 27 février 1958 par Lucien Noël, Allardville (Gloucester), Nouveau-Brunswick (coll. Livain Cormier, AF, n° 23).

Nombre de versions : 9.

Timbre : *le Vieux Braconnier* (voir Conrad GAUTHIER, *Dans tous les cantons : 82 chansons du bon vieux temps,* p. 84).

---

[9] Variante de la collection Le Blanc, ms. n° 1098, déjà citée :

    Mais j'ai peur, si je me nomme, d'attraper des bons coups de bâton.

[10] Prononcé « quequ'un ».

Appendice

A. *Ennui d'amour — le Papier à Trois-Rivières*[1]

1

Malheureux Saint-Maurice pour tous ces voyageurs,
Qui rend mon cœur en peine et le chagrin dans mon cœur.

2

Ah ! que c'est ennuyant d'être si éloigné !
À vivre dans la tristesse tout le long de l'année[2].

3

J'me mettrai plus en ivre de cett' maudit' boisson
Qui rend mon cœur en peine et mon corps moribond.

4

T'as fait mourir mon père, ma mère pareillement,
Aussi deux de mes frères et plusieurs de mes parents[3].

5

Dieu que l'papier coût' cher dans le Bas-Canada,
Surtout à Trois-Rivières que ma blonde m'écrit pas !

6

Si jamais je retourne dans mon joli pays,
Cont'rai à ma maîtresse mes chagrins, mes ennuis.

---

[1] Les trois chansons *Ennui d'amour*, sous-titrées *le Papier à Trois-Rivières, le Papier bien rare* et *le Papier coûte cher*, que nous présenterons successivement, comportent pour nous une énigme, bien qu'elles regroupent 27 versions. Ces trois chansons accusent un lien de parenté très évident, tant au point de vue musical que poétique. Des couplets ou des bribes de couplet chevauchent les trois chansons, mais en laissant une identité propre à chacune. Peut-être s'agit-il d'une seule chanson qui, à la faveur de la tradition orale, s'est ramifiée selon les chanteurs et les régions ? Quoi qu'il en soit, nous illustrerons chacune des chansons à l'aide d'une version suivie des principales variantes, en espérant que la venue de nouvelles versions aidera à résoudre l'énigme.

[2] Ce couplet peut servir de refrain à la chanson.

[3] Ce couplet apparaît à quelques reprises dans la chanson *Ennui d'amour — le Papier coûte cher*. De même, un autre couplet fait également partie des deux chansons. Il s'agit du deuxième couplet de la version du *Papier à Trois-Rivières* chantée en 1963 par William Hill (71 ans), Shawinigan-Sud

Chanté en janvier 1936 par Arthur Michelin, Trois-Rivières (Trois-Rivières), Québec (coll. Dollard Dubé, ms. n° 10). *Le Papier à Trois-Rivières* se chante sur la même mélodie que *le Papier coûte cher*, version de la collection Alain Paradis, AF, n° 24, dont le relevé musical apparaît en variante à la chanson *Ennui d'amour — le Papier coûte cher.*

Nombre de versions : 3 (pour la notice bibliographique de cette chanson, voir Conrad LAFORTE, *le Catalogue de la chanson folklorique française.* II : *Chansons strophiques,* à la cote N-17).

(Saint-Maurice), Québec (coll. Jean Du Berger, AF, n° 56). Cette version est très différente de celle de la collection Dubé :

1

Buvons, mes chers confrères, buvons, nos verres pleins
Puisque la chose est telle et qu'il faut tous mourir.

Viens donc, chère bouteille, viens donc nous secourir.

2

Quand j'étais sur mon père, j'allais au cabaret.
Tout était sur la table : rôtis, perdrix, poulets.

3

Que le papier est rare dans ce Bas-Canada !
Que fait-elle donc m'amie puisqu'elle ne m'écrit pas ?

4

Nous irons plus sur ces îles pour cette maudite boisson
Qui nous rend imbéciles et nos cœurs vagabonds.

Puisque la chose est telle et qu'il faut tous mourir,
Viens donc, chère bouteille, viens donc nous secourir.

B.   *Ennui d'amour — le Papier bien rare*

Coll. Roger Matton et Félix-Antoine Savard, AF, n° 9.

1

Grand Dieu, c'est donc *d'valeur*-e de s'avoir éloigné,   (*bis*)
Assis au pied d'un chêne tout le long d'une année[1].   (*bis*)

---

[1]   En général, les versions d'*Ennui d'amour — le Papier bien rare* débutent par les mêmes vers que *le Papier coûte cher* :

Malheureuse Amérique pour un jeune voyageur
Ça met les amants tristes et de la peine au cœur
(coll. André Alarie, MN-ALA-17-215).

Qui c'qu'a fait l'amourette, c'est trois jeun's voyageurs,   (*bis*)
Assis au pied d'un chêne[2] avec la peine au cœur.   (*bis*)

3

Faut qu'le papier soit rare du côté d'Canada,   (*bis*)
C'est du papier-z-à lettre, ma blond' ne le sait pas[3].   (*ter*)

4

Quand je regard' le ciel-e du côté d'mon pays,   (*bis*)
Je dis à tout le monde : — De ma blond' je m'ennuie[4].   (*bis*)

Chanté le 3 juillet 1957 par Benoît Benoît (77 ans), Tracadie (Gloucester), Nouveau-Brunswick (coll. Roger Matton et Félix-Antoine Savard, AF, n° 9).

Nombre de versions : 17 (pour la notice bibliographique, voir Conrad LAFORTE, *le Catalogue de la chanson folklorique française*. II : *Chansons strophiques*, à la cote N-18).

Notons deux variantes du deuxième vers :

Puisque le mot existe ça fait de la peine au cœur
(coll. Joseph-Thomas Le Blanc, ms. n° 691)

Aux âmes si tristes et donne la peine au cœur
(coll. Charles-Marius Barbeau, MN, n° 4599).

[2] Le « e » est prononcé.
[3] Lorsque le chanteur reprend ce vers, il chante : « n'le connaît pas ». Variante de la collection Luc Lacourcière, AF, n° 3115 :

[....] ma maîtresse m'en envoie pas.

[4] Deux autres couplets apparaissent à quelques reprises en conclusion de la chanson. Nous les citons, tirés de la collection Joseph-Thomas Le Blanc, ms. n° 692, communiqués par Mlle Régina Melanson, de Scoudouc, à *la Voix d'Évangéline*, Moncton, Nouveau-Brunswick. Le premier est une variante du couplet 2 de la version proposée à titre d'exemple :

Qui a fait la chansonnette, c'est un jeun' voyageur,
Un soir dans sa chambrette, ayant la peine au cœur.

Il s'appelait David, Frank était son nom,
Ce qui lui fait de la peine, il va rester vieux garçon.

C. *Ennui d'amour — le Papier coûte cher*

Coll. N. Bordeleau, AF-CJB, n° 107.

Si j'é-tais au-près d'el-le au-près de ses côtés g'lui ra-con-trais mes pei-nes j'lui di-rais
mes-i-dées -Que le pa-pier coût' cher-
dans le Bas-Ca-na-da Sur-tout l'pa-pier à
let-tre ma blond'ne m'é-crit pas !

1

La nouvelle Amérique pour ces jeun's voyageurs
Est un lieu de supplice, pas besoin d'avoir peur.
Oh ! que c'est ennuyant de s'éloigner là-bas,
Là-bas dans ces chantiers l'espac' de la journée[1] !

---

[1] Variante de ce couplet, chantée par Rodolphe Lemieux (42 ans), 1953, Cap-Chat (Gaspé), Québec
(coll. père Germain Lemieux, n° 380), et empruntée au *Papier bien rare* :

Malheureuse Amérique pour tous ces voyageurs,
Qui rend les hommes tristes et met la peine au cœur.
Oh grand Dieu ! je m'ennuie, de me voir si éloigné,
De me voir dans les chantiers-e tout le long d'la journée !

Ils ont beau de me dire : — De ma blond' je m'ennuie,
De mon père et ma mère, bien d'autr's de mes amis ;
Quand je regard' le ciel du côté d'mon pays,
Cela redouble mes peines, mes peines et mes ennuis[2].

3

Si j'étais auprès d'elle[3], auprès de ses côtés,
J'lui racont'rais mes peines, j'lui dirais mes idées[4] :
— Que le papier coût' cher dans le Bas-Canada,
Surtout l'papier à lettre, ma blond' ne m'écrit pas !

4

C'est à vous, jeunes filles, prenez bien garde à vous.
Laissez-vous pas charmer par ces jeun's voyageurs,
Ils veul'nt vous amener dans des petits coins noirs,
C'est pour vous faire accroir' qu'ils veul'nt vous marier.

5

C'est à vous, mèr's de famille, prenez bien garde à ça.
Laissez pas sortir vos filles[5] avec tout's sort's de gars,
Ils vous ont l'air tranquill' quand ils sont devant vous,
Ils caresseront vos filles[6] aussitôt partis d'chez vous.

---

2 Autre variante de la version Lemieux déjà citée :

Mes parents viennent me voir-e du côté d'mon pays,
Ils n'veul'nt pas que je dise : — De ma blond' je m'ennuie.
Quand je regard' le ciel-e du côté d'mon pays,
Cela m'fait verser des larmes et des larmes d'ennui.

Dans la collection Lemieux, ces quatre vers ne constituent cependant pas le même couplet ; les deux premiers s'inscrivent au début du 2ᵉ couplet de la version et les deux autres à la fin de son 3ᵉ couplet.

3 Le « e » est prononcé.
4 Quelques variantes de ce vers :

Je redoublerais mes peines et tout's mes amitiés
(coll. père Germain Lemieux, nᵒ 380 ; *le Papier bien rare*)

Je lui dirais mes peines, aussi tous mes ennuis
(coll. Joseph-Thomas Le Blanc, ms. nᵒ 692 ; *le Papier bien rare*)

Je renouv'lerais mes peines, aussi mes amitiés
(coll. Félix-Antoine Savard et Roger Matton, AF, nᵒ 39).

5 Le « e » est prononcé.
6 Le « e » est prononcé.

6

La chanson est composée par moi, jeun' voyageur,
Assis su' l'pied d'mon bed-e, ayant d'la peine au cœur.
Mon nom, oui, c'est Mercure, Mercure c'est mon nom.
Mon séjour est Saint-Tite, Saint-Tite est mes amours.

Chanté le 27 août 1959 par Mme Léo Paquin (née Angela Mercure) (33 ans), Saint-Tite (Champlain), Québec (coll. N. Bordeleau, AF-CJB, n° 107).

Nombre de versions : 7 (voir la notice bibliographique de cette chanson à la cote N-19 du *Catalogue de la chanson folklorique française*. II : *Chansons strophiques*, de Conrad LAFORTE).

Variante mélodique chantée le 8 mars 1964 par Mme Georges Marchand (née Aldéa Lafrenière) (79 ans), Saint-Justin (Maskinongé), Québec (coll. Alain Paradis, AF, n° 24). La version comporte trois couplets, dont deux peuvent se rattacher au *Papier à Trois-Rivières* :

Coll. Alain Paradis, AF, n° 24.

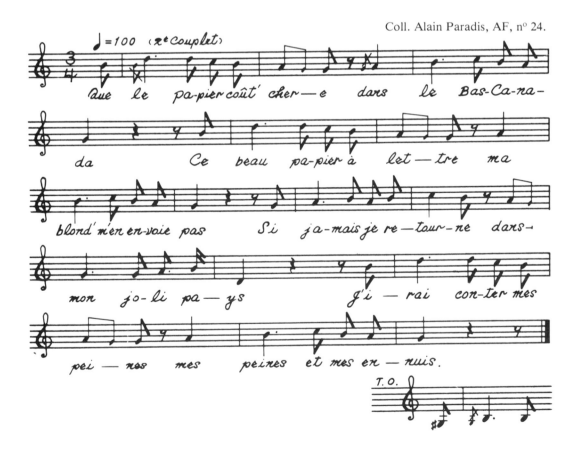

Une version d'*Ennui d'amour — le Papier coûte cher*, chantée en 1950 par Léon Collins (64 ans), Saint-Joachim-de-Tourelle (Gaspé), Québec (coll. Carmen Roy, MN, n° 5572), diffère considérablement des textes habituels et permet une comparaison intéressante :

1

Que le papier coûte cher dans le Bas-Canada
Pour écrire à ma blonde ; ma blonde m'en envoie pas.
Si j'étais auprès d'elle, auprès de ses côtés,
Je lui raconterais mes peines, mon chagrin, mon ennui.

2

Si la mer était d'encre, le ciel de papier blanc,
J'écrirais à mon cher, celui que j'aime tant.
Je lui dirais : — Mon cher-e, que c'est donc ennuyant,
Sous ce beau ciel de France, on ne se voit pas souvent !

3

Mais un jour, je l'espère, nous serons tous les deux
Sous ce beau ciel de France, nous vivrons heureux.
Nous serons unis ensemble, ça sera pour toujours,
Nous chanterons l'allégresse de nos plus tendres amours.

D. *La Fille délaissée*

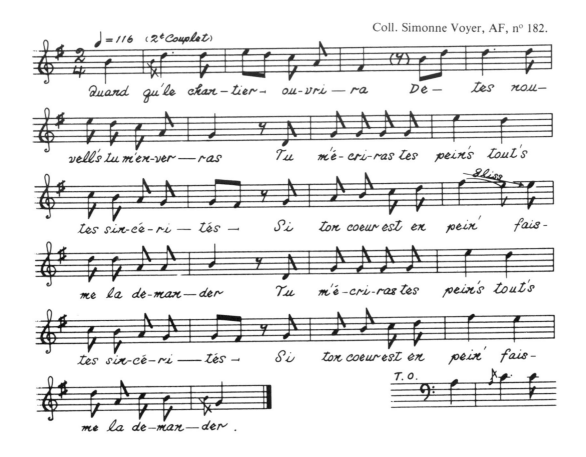

Coll. Simonne Voyer, AF, n° 182.

Quand qu'le chan-tier ou-vri-ra De-tes nou-

vell's tu m'en-ver-ras Tu m'é-cri-ras tes pein's tout's

tes sin-cé-ri-tés — Si ton cœur est en pein' fais-

me la de-man-der Tu m'é-cri-ras tes pein's tout's

tes sin-cé-ri-tés — Si ton cœur est en pein' fais-

me la de-man-der.

Texte critique

1

C'est dans Bytown qu'ça fait pitié,
Tout's les fill's ne font que pleurer.
Ell's pleur'nt leur cœur volage de s'êtr' laissé gagner. } *(bis)*
Ell's s'sont données pour gages aux jeun's homm's de chantiers[1].

---

[1] Variante de la collection Simonne Voyer, AF, n° 182 :

Elle a donné son cœur en gage, ell' s'est laissé gagner.
Et elle a pris pour gage un p'tit homm' des chantiers.

— Quand le chantier ouvrira,
La bell', un' lettr' tu m'écriras.
Tu m'écriras un' lettre, tout's tes sincérités[2] ;
Si ton cœur est en peine, tu m'feras demander.   } (*bis*)

3

— En pein', je le suis bien assez,
Depuis cinq ou six mois passés.
Tu as gâté ma taille, t'as pâli mes couleurs,
Et moi, jeune fillette[3], j'ai perdu mon honneur.   } (*bis*)

4

— Ton honneur, si tu l'as perdu,
C'est parc'que tu l'as bien voulu.
Tu étais tous les soirs à me suivr' pas à pas,
Pour une fille honnête, t'aurais pas dû fair' ça.   } (*bis*)

5

La bell', si tu voulais m'y croire,
Dans ton pays tu resterais[4].
Tu trouveras peut-être un habitant nigaud
Qui aimera avoir la vache avec le veau.   } (*bis*)

---

[2]   Variante de la collection Édouard-Zotique Massicotte, MN, n° 806 :

[...] de ta fidélité.

[3]   Variante de la collection Massicotte, MN, n° 807 :

Et moi si jeune encore [...]

[4]   Dans la même collection Massicotte, MN, n° 807, variante des deux premiers vers :

— Il faut que j'rest' fille
Tout le rest' de ma vie ?

6

> — Je resterai bien fill' cent ans,
> Jamais nigaud n's'ra mon amant ;
> Je laiss'rai à ma mère ce p'tit cœur innocent,
> Avec un voyageur j'en f'rai encore autant[5].   } (bis)

La mélodie présentée avec le texte critique fut chantée par Hubert Cumming (72 ans), 5 août 1957, Fatima (Îles-de-la-Madeleine), Québec (coll. Simonne Voyer, AF, n° 182).

Nombre de versions : 22 (voir la notice bibliographique des versions de cette chanson dans Conrad LAFORTE, *le Catalogue de la chanson folklorique française*. II : *Chansons strophiques*, à la cote H-45). La chanson de *la Fille délaissée* a été publiée à plusieurs reprises dans des recueils français. Une version qui s'apparente beaucoup à celles recueillies chez nous figure dans le recueil d'Achille MILLIEN, *Chants et Chansons populaires*, vol. 2, p. 245-246.

---

[5]   Deux variantes du dernier vers de ce couplet :

> Et j'irai dans l'bocage me chercher un amant
> (coll. Simonne Voyer, AF, n° 182)

> J'irai à Bytown pour rejoindr' mon cher amant
> (coll. Édouard-Zotique Massicotte, MN, n° 806).

E. *Les Mitaines pas de pouce*

Coll. Conrad Laforte, AF, n° 838.

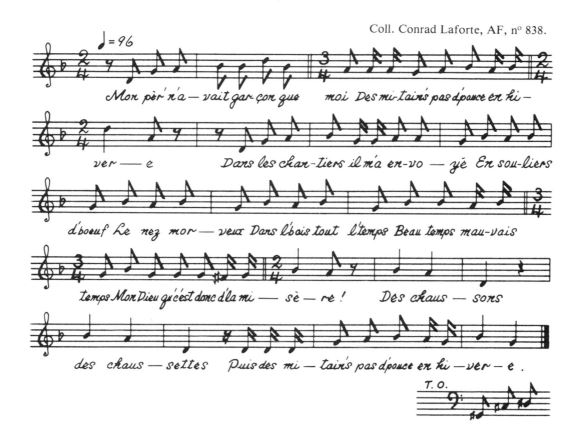

1. Mon pèr' n'avait garçon que moi,

Des mitain's pas d'pouce en hiver-e

2. Dans les chantiers il m'a envoyé.

En souliers d'bœuf,
Le nez morveux,
Dans l'bois tout l'temps,
Beau temps, mauvais temps,
Mon Dieu qu'c'est donc d'la misère !
Des chaussons, des chaussettes,
Puis[1] des mitain's pas d'pouce en hiver-e.

---

[1] Le chanteur prononce toujours « pis ».

3. Là, le foreman c'est un gros boulé,
4. Il a manqué de m'estropier
5. Parc' que j'savais pas travailler.
6. Il m'dit : — Pouss'-toi, j'vais t'étriper.
7. Puis comme i'était bien[2] plus gros que moi,
8. J'suis pas resté à l'obstiner[3].

Chanté le 1er novembre 1959 par Théodore Jodoin, Saint-Théodore-d'Acton (Bagot), Québec (coll. Conrad Laforte, AF, n° 838).

Nombre de versions : 11 (la notice bibliographique de cette chanson apparaît dans *le Catalogue de la chanson folklorique française*. I : *Chansons en laisse*, par Conrad LAFORTE, à la cote Q-11).

Timbre : la mélodie s'apparente à certaines versions de *l'Embarquement de Cécilia*.

---

2 Prononcé « ben ».
3 Prononcé « ostiner ».

F. Les Raftsmen

Coll. Léo-Paul Landry, AF, n° 864.

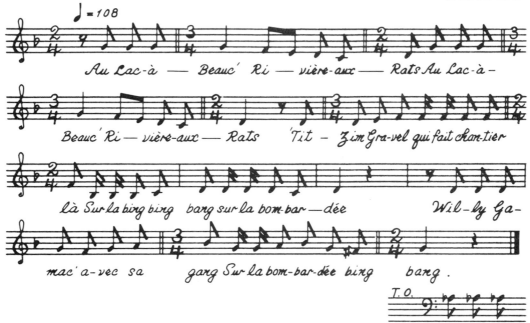

1. Au Lac-à-Beauc', Rivière-aux-Rats,   (*bis*)
2. Tit-Zim Gravel qui fait chantier là,

   Sur la bing bing bang sur la bombardée

3. Willy Gamac' avec sa gang.

   Sur la bombardée bing bang.

4. Nous somm's partis cinq camarades   (*bis*)
5. Pour aller bûcher du bois brûlé,
6. Tout en *bobsleigh* au travers des montagnes.
7. Un coup rendus au dépôt d'en bas,   (*bis*)
8. Y avait trent' mill's pour monter là,
9. Cinquant'-cinq milles au travers des montagnes.
10. Un coup rendus à cag' du milieu,   (*bis*)

11. Ils nous ont chargé cinq piastr's pour les couvertes[1].
12. On a manqué d'g'ler tout' la gang ;
13. Un coup rendus au dépôt d'en haut,   (*bis*)
14. On a choisi l'plus gros pour cook
15. Qui nous faisait d'la sauce au coq,
16. Des oreilles de christ[2] pour tout' la gang.
17. Le lendemain, on a 'té travailler,   (*bis*)
18. Le p'tit barbu qui nous conduisait,
19. Le plus maudit matou d'la gang.
20. Y en avait deux parmi la gang   (*bis*)
21. Qui s'ennuyaient d'leur p'tite r'posoir,
22. Qui s'ennuyaient d'leur petit' femme.

Chanté le 6 août 1962 par Armand Cloutier (50 ans), Mont-Carmel (Champlain), Québec (coll. Léo-Paul Landry, sous la direction d'Émile Descoteaux, AF, n° 864).

Nombre de versions : 21 (la bibliographie des versions figure au *Catalogue de la chanson folklorique française*, I : *Chansons en laisse*, de Conrad LAFORTE, à la cote Q-8).

Timbre : *le Galant sans argent* (voir MARIE-URSULE, *Civilisation traditionnelle des Lavalois,* p. 274).

---

[1] Prononcé « couvartes ».
[2] Grillades de lard salé.

Coll. Michel Duval, AF, n° 33.

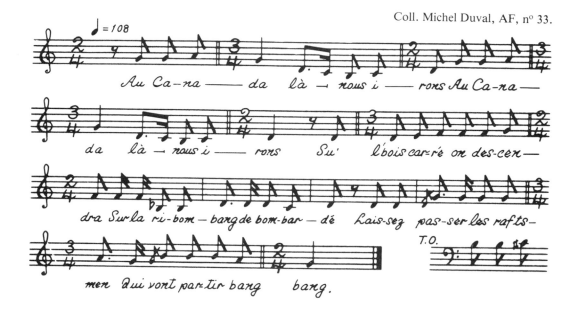

Au Ca-na — da là — nous i — rons Au Ca-na —
da là — nous i — rons Su' l'bois car-ré on des-cen —
dra Sur la ri-bom — bang de bom-bar — dé Lais-sez pas-ser les raftsmen Qui vont par-tir bang bang.

1. Au Canada, là nous irons,   (*bis*)
2. Su' l'bois carré, on descendra.

   Sur la ribombang de bombardé
   Laissez passer les raftsmen
   Qui vont partir bang bang.

3. Chez mam'[3] Goudreau l'on arrêt'ra,
4. S'il y a-t-une traite, on la paiera.
5. Les Sauvagesses on n'en veut pas,
6. Les Canadiennes on les r'gard' pas.
7. Les Sauvagesses on les r'gard' pas,
8. Les Canadiennes on les flatt'ra,
9. Partant du haut mais jusqu'en bas.

Chanté le 30 juin 1966 par Godias Boucher (83 ans), Saint-Apollinaire (Lotbinière), Québec (coll. Michel Duval, AF, n° 33).

---

[3]   Madame.

Troisième version[4] :

Veillées du bon vieux temps, p. 22-23.

1. Là y'où c'qu'ils[5] sont tous les raftsmen[6] ?   (*bis*)
2. Dans les chantiers[7], ils sont montés ;

Bagn su la rign !
Laissez passer les raftsmen,
Bagn su la rign bagn bagn !

2. Dans les chantiers, ils sont montés ;   (*bis*)
3. Et par Bytown, ils[8] sont passés...

(Refrain)

4. C'était pour bien[9] s'habiller ;

---

4   Le texte publié dans *Veillées du bon vieux temps* est le plus complet que nous ayons et il a connu une grande popularité grâce à des chanteurs tels Charles Marchand et plus tard Jacques Labrecque. Dans la tradition orale, on ne le retrouve jamais aussi exhaustif ; les chanteurs font un choix parmi les nombreux couplets. Les versions de tradition orale sont débordantes d'imagination, et on retrouve beaucoup d'autres couplets qui n'apparaissent pas dans les trois versions reproduites.
5   Orthographié « là yoù c'qu'i' ».
6   Orthographié « rafmagn' » dans le texte publié.
7   Orthographié « chanquiers ».
8   Orthographié « i' », comme d'ailleurs tout au long du texte.
9   Orthographié « ben ».

5. Des bell's p'tit's bott's dans leurs gros pieds.
6. Chez la Gauthier ils sont allés ;
7. Sa fillette ils ont embrassée.
8. Du bon rhum ont avalé,
9. Et leur gosier fort abreuvé.
10. Bien d'l'argent ont dépensé.
11. Des provisions ont emportées.
12. Vers l'Outaouais s'sont dirigés.
13. En canots d'écorce sont montés.
14. Et du plaisir ils s'sont donné.
15. Dans les chantiers sont arrivés ;
16. Des manches de hache ont fabriqués,
17. Que l'Outaouais fut étonnée,
18. Tant faisaient d'bruit leurs hach's trempées,
19. À jouer franc à la cognée !
20. Pour les estomacs restaurer,
21. Des *porc and beans* ils ont mangées.
22. Après avoir fort bien dîné,
23. Une pip' de plâtre ils ont fumée,
24. Et pris du rhum à leur coucher.
25. Quand le chantier fut terminé [10],
26. Avec leur argent bien gagné [11],
27. Afin de r'voir la mèr' Gauthier,
28. Su' le ch'min d'Aylmer sont passés.
29. Et leurs goussets ont déchargés.
30. Le médecin ont consulté.

Texte d'Adolphe Tison et couplet du docteur Montpetit (coll. Édouard-Zotique Massicotte, MN, n° 643), publiés dans *Veillées du bon vieux temps à la bibliothèque Saint-Sulpice, à Montréal, les 18 mars et 24 avril 1919, sous les auspices de la Société historique de Montréal et de la Société de folklore d'Amérique (section de Québec)*, p. 22-23. Texte revu.

---

[10] Variante des trois vers qui suivent, tirée de Charles-Marius BARBEAU, *Alouette !* p. 85 :

S'sont mis à fair' du bois carré
Pour leur radeau bien emmancher.
En plein courant se sont lancés.

[11] Orthographié « gâgné ».

Variantes recueillies dans la tradition orale :

1. Payez ces raftsmen qui reviennent des chantiers.

Sur la rue bang bang bang sur la rue
Laissez passer les raftsmen bang sur la rue bang bang.

2. Ils reviennent des chantiers,
3. Les mains enflées d'avoir bûché.
4. Ils ont de belles ceintures fléchées
5. Que leurs mamans leur ont données
6. En partant pour les chantiers.
7. C'est d'l'argent qu'ils ont gagné ;
8. Quand ils en ont bien gagné,
9. Ils reviennent la dépenser
10. À l'hôtel de Jos Boulé.

Chanté par Joseph-Arsène Lavallée, Saint-Cuthbert (Berthier), Québec (coll. Édouard-Zotique Massicotte, BM, dans une enveloppe).

1. Et tous les cooks sont des damnés,   (*bis*)
2. Ils font des beign's, on n'en mange pas.

Bardi, bardagne, bardi, barda
Laissez passer les raftsmen
Bon bardi bardagne, bon bardagne.

3. Jusqu'à la m'lass' qui monte dans l'bois,   (*bis*)
4. Et puis nous autr's on n'en a pas.
5. Et tant d'amants qui s'font l'amour,   (*bis*)
6. Et puis nous autr's on s'la fait pas.

Tiré d'un article signé B. R., dans *le Passe-Temps*, Montréal, vol. 10, n° 246, 27 août 1904, p. 140.

G. *Le Canotier*

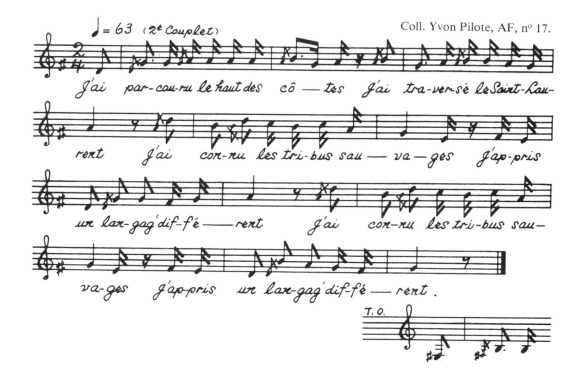

Coll. Yvon Pilote, AF, n° 17.

J'ai par-cou-ru le haut des cô — tes J'ai tra-ver-sé le Saint-Lau-rent J'ai con-nu les tri-bus sau — va-ges J'ap-pris un lan-gag' dif-fé — rent J'ai con-nu les tri-bus sau-va-ges J'ap-pris un lan-gag' dif-fé — rent.

1

Assis dans mon canot d'écorce,
Prompt comme la flèche ou le vent,
Seul, je brave toute la force
Des rapides du Saint-Laurent[1].

---

[1] Quelques variantes de ce couplet, recueillies dans la tradition orale :

Assis dans mon canot d'écorce,
Libre comme le fleuve et le vent,
Il brave dans toutes leurs forces
Les rapides du Saint-Laurent
(coll. Robert Bouthillier et Vivian Labrie, AF, n° 10)

Assis dans mon canot d'écorce,
Assis à la fraîche du temps,
Je braverai de tout's mes forces
Les rapides du Saint-Laurent
(coll. Michèle Bélanger, AF, n° 29)

2

C'est mon compagnon de voyage ;
Et quand la clarté du jour fuit,
Je le renverse sur la plage :
C'est ma cabane pour la nuit[2].

3

Ses flancs sont faits d'écorces fines
Que je prends sur le bouleau blanc ;
Les coutures sont de racines,
Et les avirons de bois franc[3].

Assis dans mon canot d'écorce,
Je vogue à la fraîcheur du temps,
Je brave toutes les tempêtes
Et les grandes eaux du Saint-Laurent
    (coll. père Germain Lemieux, n° 8015).

[2] On retrouve exceptionnellement dans les textes de tradition orale les deux premiers vers de ce couplet. En général, ils sont remplacés par les deux derniers vers de la 5e strophe, les deux premiers vers de cette strophe ne se retrouvant pas non plus dans les documents recueillis :

Mais quand j'arrive vers le portage,
Je prends mon canot sur mon dos.
Je le renverse sur ma tête,
Ça me fait un abri pour la nuit
    (coll. Jean-Claude Dupont, AF, n° 488)

Quand je veux faire un portage,
Je prends mon canot dessus mon dos.
Je le porte au bord du rivage,
C'est là ma cabane pour la nuit
    (coll. Dominique Gauthier, AF, n° 113)

Quand je traverse un portage,
Je le traverse sur mon dos.
Et quand je vois venir l'orage,
J'en fais ma cabane pour l'instant
    (coll. François Brassard, AF, n° 17).

[3] En général, le 3e couplet se chante :

Mon canot est fait d'écorce fine
Que l'on pleume sur ces bouleaux blancs ;
Les coutures sont faites de racines,
Et les avirons de bois franc
    (coll. Luc Lacourcière et Félix-Antoine Savard, AF, n° 724).

Le verbe « pleumer » peut être remplacé dans certaines versions par lever, enlever ou ramasser. Parfois, le deuxième vers de cette strophe est :

La couleur de ces bouleaux blancs
    (coll. François Brassard, ms. n° 14).

Sur les rapides je le lance
Parmi l'écume et les bouillons ;
Si vite il bondit et s'avance
Qu'il ne laisse pas de sillons[4].

5

Près de mon ombre, son image
Toujours m'apparaît sur les eaux,
Et quand il faut faire portage,
Je le transporte sur mon dos.

6

Le laboureur a[5] sa charrue,
Le chasseur son fusil, son chien,
L'aigle a ses ongles et sa vue[6] :
Moi, mon canot, c'est tout mon bien.

---

[4]   Variante :

Quand je le prends et je le lance
Dans ces écum's, ces bouillons blancs,
Eh ! de sa grand' course il s'avance
Pour traverser le Saint-Laurent
      (François BRASSARD, dans *le Réveil*, 15 février 1956, p. 6)

ou

Il m'a bientôt traversé l'océan
      (coll. Hervé Madec, MN-MAD-5-64)

ou

Ne quitte jamais le courant
      (coll. père Germain Lemieux, n° 8015).

Autre variante :

Quand je le prends, que je le lance
Dessus ces mers, dessus ces eaux,
De sa grandeur quand il s'avance
Il ne reste que le sillon
      (coll. Asen Balikci, MN-BA-96-2).

[5]   On chante « aime » dans la plupart des versions.
[6]   Ce vers est presque toujours remplacé par :

Le musicien a (ou aime) sa musique.

7

Mon existence est vagabonde :
Je suis le Juif errant des eaux ;
Mais en jouissances elle abonde ;
Les villages sont des tombeaux[7].

8

J'ai parcouru toutes les plages
Des grands lacs et du Saint-Laurent[8] ;
Je connais leurs tribus sauvages
Et leur langage différent.

9

J'ai vu plus d'un guerrier farouche
Scalper ses prisonniers mourants,
Et du bûcher l'ardente couche
Consumer leurs membres sanglants[9].

---

[7] Cette strophe est inexistante dans les versions qui ont été recueillies jusqu'à maintenant.

[8] On note plusieurs variantes des deux premiers vers de ce couplet :

J'ai monté sur ces côtes
J'ai parcouru le long des côtes
J'ai parcouru le haut des côtes
J'ai parcouru bien des rivages
J'ai parcouru le long des rives

Tout le long du Saint-Laurent
Les coteaux du Saint-Laurent
Le grand fleuve Saint-Laurent.

[9] Ce couplet est inexistant dans les versions orales.

J'étais enfant quand la flottille
Des Montagnais vint m'enlever[10].
Je ne verrai plus ma famille ;
Ma mère[11] est morte à me pleurer !

11

Quand viendra mon dernier voyage,
Si je ne meurs au fond du flot[12],
Sur ma tombe, près du rivage,
Vous renverserez mon canot.

---

[10] Généralement le premier vers de ce couplet est chanté :

> Je suis l'enfant de la nature.

Quelques variantes des deux premiers vers :

> J'étais enfant sur les battures,
> Les montagnes m'ont enlevé
> (coll. Gilles Vallières, AF, nº 22)

> Je suis l'enfant de la nature,
> Ils m'ont pris, ils m'ont emmené
> (coll. Hervé Madec, MN-MAD-5-64).

Variante de ce couplet 10 :

> J'étais enfant sur le rivage,
> Élevé parmi toutes ces nations ;
> J'ai connu la tribu sauvage
> Et leurs pieuses traditions
> (coll. Ida Deschamps, AF, nº 17).

[11] On retrouve plus souvent « famille » que « mère ».

[12] Principales variantes de ces deux vers :

> Tu es mon compagnon de voyage,
> Je veux mourir dans mon canot
> (coll. Dollard Dubé, AF, ms. nº 14)

> Ah ! si parfois que je meure,
> Je veux mourir de sur ces eaux
> (François BRASSARD, dans le Réveil, 15 février 1956, p. 6).

408   Texte d'Henri-Raymond Casgrain, *Légendes canadiennes et Œuvres diverses,* p. 56-57. La chanson du « canot d'écorce » est un poème de l'abbé Casgrain composé en 1869. Elle a connu à un tel point la faveur du peuple dans toutes les régions francophones d'Amérique qu'elle mérite d'être présentée avec les chansons de tradition orale. On trouvera en notes quelques-unes des variantes qui apportent une couleur locale au texte poétique. La version musicale que nous présentons fut chantée le 4 avril 1965 par Mme Thomas Girard (née Mireille Gauthier) (76 ans), Saint-Ambroise (Chicoutimi), Québec (coll. Yvon Pilote, AF, n° 17).

Nombre de versions : 65 (recueillies dans la tradition orale).

Classement des chansons

COUREURS DE BOIS ET VOYAGEURS DES PAYS D'EN HAUT

Cadieux (1)
Le Chrétien qui se détermine à voyager (4)
Le Glas de la blonde de l'engagé (46)
Le Jeune Voyageur inconsolable (12)
La Plainte du coureur de bois (3)
Le Voyage, c'est un mariage (2)

CHANTIERS FORESTIERS (général)

Adieu Memramcook! (29)
Adieu mes bons parents ! (15)
Le Boss aux billets blancs (22)
La Chanson de Thobald (50)
Le Chantier de Robinson (37)
Les Chantiers au Lac-Saint-Jean (53)
Le Cuisinier malpropre (31)
Dans les chantiers nous hivernerons (20)
Le Départ de l'engagé pour les chantiers (16)
Le Départ pour les chantiers de la Côte-Nord (17)
Le Départ pour les chantiers des hauts d'Ottawa (11)
Le Départ pour les chantiers de Tremblay (18)
Le Drôle au chantier (51)
Ennui d'amour — le Papier à Trois-Rivières (II-N-17)
Ennui d'amour — le Papier bien rare (II-N-18)
Ennui d'amour — le Papier coûte cher (II-N-19)
L'Histoire misérable d'un voyageur (52)
L'Hivernement à l'île d'Anticosti (63)
Les Jobbers de l'anse aux Foins (40)
Là-haut dans les chantiers (41)

410

Le long de la Paugan (36)
Le Madelineur engagé (45)
La Misère dans les chantiers (24)
Les Mitaines pas de pouce (I-Q-10)
La Nostalgie de l'engagé (42)
Parlons donc du gros jobber (44)
La Première Année dans les chantiers (23)
Les Promesses des amants au départ (19)
Les Repas dans les chantiers (54)
Le Retour des chantiers (57)
Le Retour des chantiers — la Blonde mariée (58)
Le Retour des chantiers — le Whisky (59)
Le Retour du voyageur (60)
Sur le right (38)
Les Traîne-poches (84)
La Vie dans les chantiers (13)
La Vie de voyageur (62)
Voilà ce qu'on aime quand on est voyageur (61)
Vous m'entendez bien : les poux (64)
Les Voyageurs sont tous rassemblés (7)

BÛCHERONS

Le Bûcheron du Canada (21)
Le Chantier aux États-Unis (25)
Le Chantier de la Nouvelle-Écosse (26)
Le Chantier sur l'île d'Anticosti (27)
Le Chantier au lac Noir (28)
Les Chantiers en Gaspésie (39)
Le Chrétien qui se détermine à voyager — le Bûcheron (5)
Le Départ pour les chantiers (32)
Donnez-moi-z-en don'! (33)
Girard et Saint-Laurent (35)

BOIS CARRÉ, CAGEUX, DRAVEURS ET RAFTSMEN

Le Départ pour le bois carré (8)
Le Départ pour les cages (9)
La Drave à Mistassini (71)
La Drave à la rivière à Martre (70)
La Drave au Vermillon (69)

La Drave des Richard (72)
Les Draveurs de la Gatineau (73)
Épargnes et Dépenses des voyageurs (34)
La Nostalgie du draveur (75)
Le Raftsman qui fondait de la panne (66)
Les Raftsmen (I-Q-8)
Les Raftsmen — les Maladies vénériennes (67)
Le Retour des bois carrés (68)
Retour des cages et Départ (10)
Le Vingt-cinq mars (14)

ACCIDENTS ET MORTS DANS LES BOIS

L'Adieu d'un noyé (82)
Le Bûcheron écrasé par un arbre (47)
Le Bûcheron mort d'une maladie inconnue (56)
Le Chaland de Jim Boyd (74)
Charles Savard écrasé par un arbre (30)
Les Cinq Noyés de Gaspé (81)
Estropié dans un chantier (48)
Fournier, Frédéric (1809-1831) (83)
Le Frère mort de la fièvre (43)
Le Gelé (49)
Nous sommes partis trois frères (76)
Noyade à Shelter-Bay, 1923 (79)
Olscamp, M. et Mme Théodore (80)
Les Trappeurs Courtois (77)
Veillette, Antoine, surnommé Pouce (78)
La Veuve affligée (65)
Voir aussi *Cadieux* (1)

DIVERS

La Belle aimée d'un voyageur (55)
La Fille délaissée (II-H-45)
Les Voyageurs et les Habitants (6)
Le Canotier (Henri-Raymond Casgrain)

Glossaire

Ce glossaire regroupe les mots ou expressions apparaissant dans les textes de chansons et qui constituent un écart à la langue française normative, sans distinction cependant des différents cas lexicaux, phonétiques ou autres. La plupart des définitions sont tirées ou inspirées du *Glossaire du parler français au Canada*.

Accoter : v. tr. Égaler, tenir tête à.

Accoter (s') : v. pron. S'accouder, s'appuyer sur quelque chose.

Adonner : v. tr. Coïncider ou faire coïncider.

Agrafer : v. tr. Fermer.

Air : s. m. Arrhes.

Alarmités : s. f. pl. Inquiétudes, désespoirs.

All aboard : angl. Tous à bord.

Amancher : v. tr. Emmancher.

Ambitionner (s') : v. pron. Avoir l'ambition de réussir.

Anticos : Anticosti.

Aventionner (s') : v. pron. S'aventurer ; s'ingénier ; se proposer.

Bâdrer : v. tr. Importuner, déranger.

Barrer : v. tr. Fermer à clé.

Bartelle : s. f. Bretelle.

Bavage : s. m. Probablement de bavelle, qui signifie en biseau ; angle formé par le toit du camp et le dernier lit superposé accroché au mur.

Beans : s. f. pl. angl. Fèves au lard.

Bécosses : s. f. pl. Latrines, cabinet d'aisances.

Bed : s. m. angl. Lit.

Beurke : s. f. Probablement lit de camp.

Billot : s. m. Bille de bois.

Bingos : s. m. pl. Hébétés ; « avoir l'air des vrais bingos » : avoir l'air hébété.

Black hole : angl. Prison.

Blonde : s. f. Amie, jeune fille courtisée.

Boat : s. m. angl. Bateau.

Bobsleigh : s. m. angl. Traîneau.

Bois carré : Bois équarri à la hache.

Boisson : s. f. Alcool, boisson alcoolisée.

Boss : s. m. angl. Patron, chef, maître, contremaître.

Bottes de bœuf : bottes sauvages, bottes molles ordinairement sans semelle.

Boucane : s. f. Fumée.

Boulé : s. m. Homme fort.

414

Bourgeois : s. m. Maître.

Brûlot : s. m. Moustique.

Bûcheux : s. m. Bûcheron.

Buck saw : s. m. angl. Scie à guidon métallique recourbé employée pour couper les billes.

Bunch : s. f. angl. Groupe d'employés ; petite zone d'arbres à abattre.

Cage : s. f. Train de bois, radeau, assemblage formé de pièces de bois de charpente ou autres, liées ensemble pour leur faire descendre le courant d'une rivière sans les charger sur un bateau.

Cageu ou cajeu : s. m. Petit radeau.

Cageux : s. m. Flotteur, ouvrier qui fait ou conduit les trains de bois.

Camp ou campe : s. m. et f. Cabane construite dans la forêt et servant d'habitation aux bûcherons pendant la coupe du bois.

Caneçon : s. m. Caleçon.

Canisse : s. f. Bidon ; boîte de fer blanc.

Cant-hook : s. m. angl. Grappin, renard, levier à grume, levier à crochet.

Cantine : s. f. Auberge, hôtel, lieu où l'on sert des boissons alcoolisées.

Capot : s. m. Grand pardessus en étoffe ou en fourrure ; habit quelconque.

Casser (se) : v. pron. Dépenser tout son argent à ; « être cassé » : être sans le sou.

Catin : s. f. Épouse, amie.

Cavalier : s. m. Amoureux, prétendant.

Cenne : s. f. Sou ; centième partie du dollar.

Chantier : s. m. Cabane construite dans la forêt et servant de refuge aux bûcherons ; exploitation forestière.

Charger : v. tr. Exiger, demander, réclamer un paiement.

Chars : s. m. pl. Train de chemin de fer.

Charretier : s. m. Homme qui, dans les chantiers forestiers, transporte, à l'aide d'un traîneau tiré par des chevaux, le bois coupé près des cours d'eau.

Chaudronnée : s. f. Contenu d'un chaudron.

Chaussepisse : s. f. Chaudepisse.

Chausson : s. m. Chaussette, demi-bas.

Chiard : s. m. Diarrhée.

Chienne : s. f. Petit siège à trois pattes ; petit radeau formé de deux billes de bois reliées ensemble.

Clair : adj. Libéré ; « être clair de quelqu'un » : être libéré de quelqu'un.

Clairer : v. tr. Faire un profit.

Claireur : s. m. Celui qui éclaircit le bois afin de permettre aux bûcherons de travailler plus à l'aise.

Claquer : v. tr. Séduire.

Coat : s. m. angl. Manteau.

Cochonnement : adv. Malproprement.

Collage : s. m. Mesurage, triage, compte du bois ; action de mettre au rebut, de rejeter comme étant de mauvaise qualité.

Colleur : s. m. Voir *Culler*.

Collier : s. m. Courroie entourant le front, utilisée par les portageurs pour retenir leur paquet de marchandises.

Compagnée ou compagnie : s. f. Ami ou amie ; réunion de personnes.

Composeur : s. m. Compositeur.

Concerne ou conçarne : s. f. Entreprise, exploitation, société commerciale ou industrielle.

Contracteur : s. m. Entrepreneur.

Cook : s. m. angl. Cuisinier.

Cookery : s. f. angl. Cuisine.

Cordeaux : s. f. pl. Guides, rênes.

Cordelle : s. f. Câble de halage.

Cordon : s. m. Quart d'une corde de bois.

Corps : s. m. Camisole.

Couvert : s. m. Couvercle.

Couverte ou couvarte : s. f. Couverture de lit.

Creek : s. m. angl. Ruisseau.

Cretons : s. m. pl. Rillons, rillettes.

Cribe : s. m. Petit train de bois flotté.

Crique : Voir *Creek*.

Crousse : Juron.

Culler : s. m. angl. Mesureur, trieur, classeur, toiseur, expert qui mesure, compte et trie le bois, mettant au rebut les morceaux qui n'ont pas les dimensions, les qualités voulues.

Culler : v. tr. Mesurer, trier, classer, toiser.

Cutter : s. m. angl. Voiture d'hiver, légère, à devant étroit, à un seul siège, sur patins élevés.

De valeur : Fâcheux, malheureux.

Débord : s. m. Diarrhée.

Dépôt : s. m. Station, gare de chemin de fer, halte.

Désole : s. m. Désolation.

Destine : s. f. Destination.

Détentionner : v. tr. Distancer, éloigner.

Dish : s. f. angl. Bol.

Drame : s. f. Train de bois flotté, de plus grandes dimensions que le cribe.

Drave : s. f. Flottage, transport du bois par eau.

Draver : v. tr. Action de flotter le bois.

Draveur : s. m. Flotteur, ouvrier qui dispose et conduit les trains de bois flotté.

Drive : s. f. angl. Flottage, transport du bois par eau.

Driver : v. tr. angl. Action de flotter le bois.

Drouette : adv. Droit.

Dull : adj. angl. Ennuyeux.

Durant : adj. Persistant, long.

Écores : s. m. pl. Accores.

Embouter : v. tr. Embourber ; engager si avant dans la neige qu'on ne peut s'en tirer que difficilement.

En alarme : En larmes.

En ivre : Ivre.

En verrat : En colère.

Encager : v. tr. Fabriquer une cage ou train de bois.

Enrageable : adj. « Une faim enrageable » : une faim d'enragé, atroce.

Essayer : v. tr. Mettre ses forces à l'épreuve sur quelqu'un : « Ils ont beau m'essayer. »

Estropie : s. f. Autopsie.

Être sacré : Être retiré temporairement de ses fonctions.

Exploreur : s. m. Personne chargée de reconnaître les endroits qui se prêtent à l'établissement d'un chantier.

Falbana : s. m. Falbala.

Fille : s. f. Amie.

Flambe : s. f. Flamme.

Flocon : s. m. Flacon.

Flyer : v. intr. Prendre la fuite, fuir, se sauver.

Foreman : s. m. angl. Contremaître (au plur. : foremen).

Forsure : s. f. Fressure (poumons, cœur et foie de l'animal).

Fouler : v. tr. Empiler.

Frette : s. m. Froid.

Frigousse : s. f. Mets médiocre, viande et pommes de terre en ragoût.

Frison : s. m. Vague qui se forme à la surface de l'eau sous le souffle de la brise.

Frock : s. f. et m. Manteau court.

Gang : s. f. angl. Groupe de personnes.

Garrocher (se) : v. pron. Se hâter, aller vite.

Gibier de savane : Homme détestable.

Glane ou glène : s. f. Action de glaner, de jeter à l'eau et flotter les billes qui sont restées sur la rive lors du premier flottage.

Glaneur : s. m. Personne qui fait la glane.

Glissoire : s. f. Glissoir ou couloir en bois, établi le long d'un rapide, à côté d'une chute ou d'un barrage, pour y faire descendre le bois flotté.

Gober : v. tr. Enlever deux ou trois pouces d'écorce sur une bille de bois.

Gravois : s. m. Gravier.

Gréyer : v. pron. et tr. S'habiller, se préparer à partir ; préparer ses bagages.

Grinder : s. m. Machine utilisée pour l'exploitation forestière.

Grocery : s. f. angl. Épicerie.

Gru : s. m. Gruau.

Habitant : s. m. Paysan, cultivateur.

Headwork ou handwork : s. m. angl. Radeau sur lequel on installe un cabestan à manivelle, manœuvré par plusieurs hommes selon les exigences.

Icite : adv. Ici.

Jam : s. f. angl. Prise, accumulation de bois flotté chassé par le courant et fermant une rivière, un cours d'eau ; embâcle.

Jamdog : s. m. angl. Crochet pour embâcle.

Jetée : s. f. Amas de billes empilées sur le bord d'un cours d'eau et destinées au flottage.

Job : s. f. angl. Tâche, besogne, travail ; entreprise, affaire.

Jobber : s. m. Celui qui entreprend un ouvrage à forfait, entrepreneur.

Jongler : v. intr. Songer, rêver ; réfléchir, penser sérieusement.

Jouaux : s. m. plur. Chevaux.

Jumpage : s. m. Action de déserter un emploi.

Jumper : v. intr. S'enfuir, disparaître ; laisser un emploi.

Licher : v. tr. Chercher à obtenir une faveur en usant de flatterie.

Loose : s. m. angl. Espace vaste ; endroit sur un cours d'eau où les billes de bois flottent librement.

Lunch : s. m. angl. Goûter, repas.

Mais que : conj. Lorsque, quand, dès que.

Mam'zelle : s. f. Mademoiselle.

Manqué : adj. Fatigué.

Marde : s. f. Merde, excrément.

Menterie : s. f. Mensonge.

Meurtrisé : adj. Meurtri.

Mitaine : s. f. Moufle.

Motton : s. m. Grumeau.

Mouiller ça : v. tr. Boire à l'occasion d'un événement heureux ; s'enivrer.

Mouiller le bec (se) : S'enivrer.

Musique à bouche : Harmonica.

Notice : s. f. angl. Notification.

Odeur : s. f. Parfum.

Office : s. f. angl. Bureau.

Pack-sac : s. m. Sac à bagages qui se porte au dos.

Paire : s. m. Pis de vache.

Paqueter : v. tr. Empaqueter.

Partage : Voir *Portage*.

Passe : s. f. Impasse.

Peavy : s. m. angl. Franc-renard.

Pend'oreilles : s. m. Pendant d'oreilles.

Péter : v. tr. Casser, briser ; « faire péter le nez de quelqu'un » : lui casser le nez en le frappant.

Piailler : v. intr. Quémander, demander d'une façon importune, se plaindre à tort et à travers.

Piasse : s. f. Dollar ou piastre.

Picuite : s. f. Pituite.

Piler : v. tr. Empiler.

Piner : v. tr. Contrarier, peiner, traiter durement, agacer, piquer.

Piquage : s. m. Dégrossissage des billes de bois.

Piquer : v. tr. Entamer des billes de bois à la hache pour en faciliter l'équarrissage.

Plançon : s. m. Pièce de bois équarrie dont la réunion d'un certain nombre forme les cages.

Planter (se) : v. pron. Faire un effort particulier.

Plaqueur : s. m. Personne qui marque un chemin dans la forêt au moyen d'entailles faites aux arbres.

Pleumer : v. tr. Écorcer.

Porc and beans : angl. Fèves au lard.

Portage : s. m. Endroit situé le long d'un rapide, ou séparant deux cours d'eau navigables, où les hommes doivent porter sur leur dos bagages et canots.

Portageux : s. m. Portageur, homme qui portage.

Prendre un coup : Boire à l'excès.

Pulp : s. m. angl. Pâte à papier.

Quart : s. m. Baril.

Quêteux : s. m. Mendiant.

Rabaska : s. m. Grand canot d'écorce de bouleau.

Raboudiner : v. intr. Ratatiner, raccourcir.

Racoin : s. m. Recoin.

Raft : s. f. angl. Cage ou train de bois flotté.

Raftsman : s. m. angl. Homme de cage (au plur. : raftsmen).

Railroad : s. m. angl. Chemin de fer.

Ramasseux : s. m. Ramasseur ; personne économe.

Ranvaler : v. tr. Ravaler, avaler.

Rattiser : v. tr. Attiser.

Réglage : s. m. Règlement.

Renvoyer : v. tr. Vomir, rejeter.

Repogner : v. tr. Reprendre, saisir de nouveau.

Ressoudre : v. intr. Arriver, survenir ; rebondir.

Roule : s. f. Amas de billes empilées sur le bord d'un cours d'eau et destinées au flottage.

Rouleur : s. m. Personne qui empile les billes de bois sur une roule.

Runner : v. tr. Diriger un groupe d'ouvriers.

Sacré-Cœur : s. m. Désigne un travailleur qui vient de ce village.

Safe : adj. Safre, gourmand.

Saguenay : s. m. Désigne un travailleur qui vient du Saguenay.

Saint-sacrement : juron ; « au plus saint-sacrement » : le plus vite possible.

Santier : s. m. Chantier.

Sapinage : s. m. Pousses ou branches de sapin.

Sapré : adj. Forme atténuative de l'adjectif sacré, considérée comme un juron.

Saucepisse : s. f. Chaudepisse.

Sciotter : v. tr. Couper du bois avec un sciotte (scie à main).

Settler : v. tr. Régler, terminer une affaire.

Show boy : s. m. Aide-cuisinier, marmiton.

Skidage : s. m. Halage des billes de bois.

Skideur : s. m. Charretier.

Slaille : s. f. Voir *Slide* et *Glissoire*.

Sleigh : s. m. et f. angl. Traîneau.

Slide : s. f. angl. Voir *Glissoire*.

Souliers de bœuf : Souliers mous sans semelle.

Steamboat : s. m. angl. Bateau à vapeur.

Striquer : v. tr. Fendre, briser.

Sweep : Voir *Glane*.

Swinger : v. tr. Frapper de façon régulière et cadencée.

Tabarnacle : Juron.

Talle : s. f. Touffe de plantes d'une même espèce.

Tank : s. f. angl. Réservoir.

Taquet : s. m. Caquet.

Team : s. m. angl. Paire (de chevaux).

Teamer : v. tr. Action de conduire un attelage de deux chevaux.

Tentage : s. m. Érection d'une tente.

Thé-pot : s. m. Théière.

Time-check : s. m. angl. Chèque de paye.

Tôle : s. f. Sou.

Tord-vice : Juron.

Track : s. f. angl. Piste.

Traite : s. f. Consommation (payée à d'autres).

Travaillant : s. m. Travailleur.

Traverse : s. f. Lieu où l'on traverse une rivière.

Trempe : adj. Trempé.

Truck : s. m. angl. Camion.

Tuyau de castor : Chapeau à haute forme en peau de castor.

Varset : s. m. Verset, chanson.

Verrat : s. m. Rusé, fripouille. Voir *En verrat*.

Verrine : s. f. Tabac de mauvaise qualité.

Very well : angl. Très bien.

Waguine : s. f. Voiture de travail à quatre roues.

Wire : s. m. angl. Fil de fer ou de cuivre ; câble de fil de fer.

Yable : s. m. Diable.

Bibliographie

A. Collections

Alarie, André, MN
Allard, Jean-Pierre, et Jean-Claude Bernier, AF
Balikci, Asen, MN
Barbeau, Charles-Marius, MN, AF
Barbeau, Charles-Marius, et Marie-Rose Turcot, MN, AF
Bastarache, André (sous la direction d'Émile Descoteaux), AF
Bélanger, Chrystian, et Claude St-Jean, AF
Bélanger, Michèle, AF
Bordeleau, N. (clan Jacques Buteux), AF
Boucher, Michel, AF
Bouthillier, Robert, et Vivian Labrie, AF
Brassard, François, MN, AF
Bujeaud, Liliane (sous la direction de Carmen Roy), MN, AF
Butler, Édith, AF
Chiasson, Anselme, MN, AF
Clan Jacques Buteux, AF
Cormier, Livain, AF
Cormier, Marièle, AF
Cossette, Laurier (sous la direction d'Émile Descoteaux), AF
Creighton, Helen, MN
Deschamps, Ida, AF
Descoteaux, Émile, AF
Dubé, Dollard, AF
Du Berger, Jean, AF
Dupont, Jean-Claude, AF
Duval, Michel, AF
Gagné, Marc, AF
Gauthier, Dominique, AF
Gauthier, Richard, MN
Godbout, Archange, AF

420 Hudon, Régine, et Pierre Guilbault, AF
Jolicœur, Catherine, AF
Lacourcière, Luc, AF
Lacourcière, Luc, et Félix-Antoine Savard, AF
Laflamme, Jean-Pierre, Pierrette Sabourin et Jacques Soucy, MN
Lafleur, Normand, et Lucien Ouellet, MN, AF
Laforte, Conrad, AF
Laforte, Conrad, et Jean-Claude Marquis, AF
Landry, Léo-Paul (sous la direction d'Émile Descoteaux), AF
Le Blanc, Joseph-Thomas, MN, AF
Lemieux, Germain, Centre franco-ontarien de folklore (Sudbury), AF
Lortie, Jeanne d'Arc, AF
Madec, Hervé, MN
Manny, Louise, MN
Marquis, Jean-Claude, AF
Massicotte, Édouard-Zotique, BM, MN, AF
Matton, Roger, et Félix-Antoine Savard, AF
Morin, François, AF
Paradis, Alain, AF
Pelletier, Francis, AF
Pilote, Yvon, AF
Plante, Marc-André, AF
Reny, Roger, AF
Rodrigue, Denise, et Lucille Bergeron, AF
Roy, Carmen, MN, AF
Roy, Raoul, AF
Savard, Félix-Antoine, et Roger Matton, AF
Vallières, Gilles (sous la direction d'Émile Descoteaux), AF
Vaugeois, Marc, MN
Voyer, Simonne, AF
Young, Russell Scott, AF

B. Ouvrages

Acadie et Québec [disque], RCA Victor, LCP-1020, 1959, 2 faces, 12 plages. Documents d'enquêtes (première série) enregistrés par Roger Matton, paroles relevées par Luc Lacourcière. (Les Archives de folklore, université Laval, Québec.)

ARSENAULT, Georges, « les Complaintes, mémoires d'événements tragiques survenus aux Acadiens de l'Île-du-Prince-Édouard », thèse de maîtrise, université Laval, Québec, mars 1979, XVII-187 f.

B. R., « Chansons canadiennes », dans *le Passe-Temps*, Montréal, vol. 10, n° 246, 27 août 1904, p. 140.

BARBEAU, Charles-Marius, *Alouette !* Nouveau recueil de chansons populaires avec mélodies choisies dans le répertoire du Musée national du Canada, Montréal, Éditions Lumen, [1946], 216 p. (coll. Humanitas).

————, « la Complainte de Cadieux, coureur de bois (*ca* 1709) », dans *Journal of American Folklore*, Philadelphie, The American Folklore Society, vol. 67, n° 264 (édition canadienne), avril-juin 1954, p. 163-183.

————, « le Roi boit », dans *les Archives de folklore*, Québec, Presses de l'université Laval, 1948, vol. 3, p. 209.

————, *Romancero du Canada*, [Montréal], Beauchemin, 1937, 254 p.

————, *le Rossignol y chante ; première partie du Répertoire de la chanson folklorique française au Canada*, Ottawa, [Imprimeur de la reine], 1962, 485 p. (Musée national du Canada, bulletin n° 175 ; n° 52 de la série anthropologique).

————, « Voyageur Songs », dans *The Beaver*, Winnipeg, Hudson's Bay Company, outfit 273, juin 1942, p. 19.

BÉLAND, Madeleine, « la Complainte de M. et Mme Théodore Olscamp », étude préparée sous la direction de M. Luc Lacourcière, université Laval, Québec, mai 1976, 45 f.

BOUTHILLIER, Robert, « Constantes et Variantes des formes musicales dans la transmission orale : recherche chez une famille de Tracadie, Nouveau-Brunswick », thèse de maîtrise, université Laval, Québec, janvier 1976, XXIV-348 f.

BRASSARD, François, « Chansons et Dires du Saguenay », dans *le Réveil*, Jonquière, 15 février 1956, p. 6.

BROUILLETTE, Benoît, *la Pénétration du continent américain par les Canadiens français, 1763-1846,* préface de Lionel Groulx, Montréal, Granger Frères Limitée, 1939, 242 p. (coll. de l'ACFAS, n° 1).

CAPELLE, P., *la Clé du caveau, à l'usage des chansonniers français et étrangers, des amateurs, auteurs, acteurs, chefs d'orchestre et de tous les amis du vaudeville et de la chanson,* 5ᵉ éd., Paris, Métronome-Émile Benoît, éditeur de musique, [1847], XVI-269-594 p.

CARON, Napoléon, *Deux Voyages sur le Saint-Maurice*, Trois-Rivières, P. V. Ayotte, [1892], 322 p.

CASGRAIN, Henri-Raymond, *Légendes canadiennes et Œuvres diverses*, Québec, C. Darveau, 1875, p. 56-57 (*Œuvres de Henri-Raymond Casgrain*, vol. 3).

————, *Œuvres complètes de l'abbé H. R. Casgrain,* vol. I : *Légendes canadiennes et Variétés,* Montréal, Beauchemin et Fils, 1896, 580 p.

CHAMPAGNE, Antoine, Antoine D'ESCHAMBAULT et Pierre PICTON, *Petite Histoire du voyageur,* textes présentés par Antoine Champagne, [Saint-Boniface], Société historique de Saint-Boniface, 1971, 63 p.

Chansons de Botrel pour l'école et le foyer, Montréal, Beauchemin Limitée, 1945, 186 p. (Bibliothèque canadienne, coll. Maisonneuve).

CHIASSON, père Anselme, et frère Daniel BOUDREAU, *Chansons d'Acadie*, Pointe-aux-Trembles, La Réparation, [1942-1948], 3 vol.

DAIGNAULT, Pierre, *51 Chansons à répondre du répertoire de Pierre Daignault*, 7ᵉ éd., Montréal, Éditions de l'homme, [1963], 124 p.

DALLAIRE, Blanche-Irène, « Cahier [manuscrit] de chansons », 13 février 1939, 28-133 f. Ce cahier appartint à Mlle Blanche-Irène Dallaire, 16 ans, de Saint-François, île d'Orléans ; deux copies dactylographiées sont déposées aux AF.

DESCHÊNES, Donald, *Excusez-la, recueil de chansons folkloriques,* Cap-Chat, Centre d'accueil de Cap-Chat, juin 1977, 51 p.

DUBOIS, Émile, *Autour du métier*, Montréal, L'Action française, 1922, 186 p.

DUPIN, Pierre [pseud. du chanoine Marie-Télesphore Giroux (1872-1939)], *Anciens Chantiers du Saint-Maurice*, Trois-Rivières, Éditions du Bien public, 1953, 223 p. ; dessins originaux de Gaston Boisvert (coll. L'Histoire régionale, nᵒ 13).

GAGNON, Ernest, *Chansons populaires du Canada*, 4ᵉ éd., conforme à l'édition de 1880, Québec, Imprimerie Darveau, 1900, XVII-350 p.

GAUTHIER, Conrad, *Dans tous les cantons : 82 chansons du bon vieux temps*, Montréal, Éditions Archambault, [1963], [151] p.

GROULX, Lionel, *Histoire du Canada français depuis la découverte*, 2ᵉ éd., Montréal, L'Action nationale, [1952], 4 vol.

HAMELIN, Jean, *Économie et Société en Nouvelle-France*, Québec, Presses de l'université Laval, 1960, 137 p. (Cahiers de l'Institut d'histoire, nᵒ 3).

HARCOURT, Marguerite et Raoul D', *Chansons folkloriques françaises au Canada : leur langue musicale*, Québec, Presses de l'université Laval, Paris, Presses universitaires de France, 1956, XII-449 p.

HUGHSON, John W., et Courtney C. J. BOND, *Hurling Down the Pine,* 2ᵉ éd., Old Chelsea, The Historical Society of the Gatineau, 1965, VI-130 p., ill., cartes.

JULIEN, Henri, « Chansonnier manuscrit », Québec, 1856, s. p., déposé aux AF.

LAFLEUR, Normand, « la Drave en Mauricie. Des origines à nos jours. Histoire et traditions », thèse, université Laval, Québec, 1967, XVII-187 f., 83 ill.

————, *la Vie traditionnelle du coureur de bois aux XIXᵉ et XXᵉ siècles,* [Montréal], Leméac, [1973], 305 p. (coll. Ni-T'Chawama mon ami mon frère).

LAFORTE, Conrad, *le Catalogue de la chanson folklorique française.* I : *Chansons en laisse*, Québec, Presses de l'université Laval, 1977, CXI-561 p. (coll. Les Archives de folklore, nᵒ 18) ; II : *Chansons strophiques,* 1981, XVI-846 p. (coll. Les Archives de folklore, nᵒ 20).

————, « la Complainte de Cadieux », dans *Dictionnaire des œuvres littéraires du Québec*, I : *Des origines à 1900,* Montréal, Fides, [1978], p. 133-134.

LAHONTAN, Louis Armand Lom d'Arce, baron DE, *Nouveaux Voyages de Mr le baron de Lahontan dans l'Amérique septentrionale qui contiennent une relation des différens peuples qui y habitent* [...], La Haye, Honoré, 1703, 2 vol.

LA RUE, Hubert, « les Chansons populaires et historiques du Canada », dans *le Foyer canadien*, Québec, vol. 1, 1863, p. 321-384 ; voir aussi « les Chansons historiques du Canada », vol. 3, 1865, p. 5-72.

LEBLANC, Bertrand B., *Moi, Ovide Leblanc, j'ai pour mon dire*, Montréal, Leméac, [1976], 239 p.

LOMAX, Alan, *The Folk Songs of North America in the English Language*, New York, Garden City, [1960], XXX-623 p., ill., mus., cartes.

MAGNAN, Hormisdas, *Dictionnaire historique et géographique des paroisses, missions et municipalités de la province de Québec*, Arthabaska, Imprimerie d'Arthabaska Inc., 1925, 738 p.

MARCHAND, Charles, « *Envoyons d'l'avant nos gens* », *chanson d'eau harmonisée par Amédée Tremblay*, [1920], 3 p. (« Folklore canadien-français » sur feuilles de musique).

MARIE-URSULE, sœur, *Civilisation traditionnelle des Lavalois*, Québec, Presses de l'université Laval, 1951, 403 p., ill., mus., cartes (coll. Les Archives de folklore, n°s 5-6).

MASSICOTTE, Édouard-Zotique, « le Costume des voyageurs et des coureurs de bois », dans *le Bulletin des recherches historiques,* publié par Pierre-Georges Roy, Lévis, vol. 48, n° 8, août 1942, p. 235-240.

————, « Répertoire des engagements pour l'Ouest conservés dans les archives judiciaires de Montréal », dans *Rapport de l'archiviste entre 1929-1932,* s. 1., s. d., 960 p. en pagination multiple.

————, « la Vie des chantiers », dans *Mémoires et Comptes rendus de la Société royale du Canada*, Ottawa, 3ᵉ série, vol. 16, mai 1922, section 1, p. 17-37.

MICHAUD, Joseph-Désiré, *le Bic : les étapes d'une paroisse. Deuxième partie : Un siècle de vie paroissiale*, Québec, L'Action sociale, 1926, 250 p.

————, *Notes historiques sur la vallée de la Matapédia*, Val-Brillant, La Voix du lac, 1922, 241 p.

MILLIEN, Achille, *Chants et Chansons populaires*, recueillis et classés par Achille Millien, avec les airs notés par J.-G. Pénavaire, Paris, E. Leroux, 1906-1910, 3 vol.

MONTIGNY, Louvigny Testard DE, « Cadieux et sa complainte », dans *Mémoires et Comptes rendus de la Société royale du Canada*, Ottawa, 3ᵉ série, vol. 47, juin 1953 [1954], section 1, p. 1-32.

MORSE, Eric W., *les Routes des voyageurs : hier et aujourd'hui*, Ottawa, Imprimeur de la reine et contrôleur de la papeterie, 1969, VII-125 p.

NUTE, Grace Lee, *The Voyageur*, 4ᵉ éd., St. Paul, Minnesota, Historical Society, 1972, VIII-289 p., ill. de Carl W. Bertsch.

424   OLIVIER, Paul, *les Chansons de métiers*, musique notée par Marcel Samuel-Rousseau, avec une chanson préface, Paris, Librairie Charpentier et Fasquelle, 1910, xx-376 p.

PERROT, Nicolas, *Mémoire sur les mœurs, coustumes et relligion des sauvages de l'Amérique septentrionale*, Montréal, Éditions Élysée, 1973, 341-xxxix p.

PRÉVOST, P. É., *Chansons canadiennes*, harmonisées par P. É. Prévost, Montréal, 1907, [6]-113-[1] p., ill. de J.-C. Franchère.

Recueil des cantiques à l'usage des missions, retraites et catéchismes, 10ᵉ éd., Québec, Neilson et Cowan, 1833, 490-[12] p.

ROWEN, W. H., comp., *la Lyre canadienne, répertoire de chants canadiens. Romances, opéras et chants comiques étrangers*, 4ᵉ éd., Québec, Elz. Vincent, Imprimeur-libraire, 1886, v-356 p.

ROY, Carmen, *la Littérature orale en Gaspésie*, Ottawa, ministère du Nord canadien et des Ressources nationales, 1955, 389 p. (Division des parcs nationaux, Musée national du Canada, bulletin n° 134 ; n° 36 de la série anthropologique).

LA SOCIÉTÉ DU PARLER FRANÇAIS AU CANADA, *Glossaire du parler français au Canada*, Québec, L'Action sociale, 1930, ix-709 p.

SOCIÉTÉ HISTORIQUE DE MONTRÉAL, *Veillées du bon vieux temps à la bibliothèque Saint-Sulpice, à Montréal, les 18 mars et 24 avril 1919, sous les auspices de la Société historique de Montréal et de la Société de folklore d'Amérique (section de Québec)*, Montréal, G. Ducharme, [1920], [4]-102 p.

TACHÉ, Joseph-Charles, *Forestiers et Voyageurs*, préface de Luc Lacourcière, Montréal, Fides, 1946, 230 p. (coll. du Nénuphar).

TASSÉ, Joseph, *Philémon Wright ou Colonisation et Commerce du bois*, Montréal, 1871, 77 p.

WARWICK, Jack, *l'Appel du Nord dans la littérature canadienne-française. Essai*, traduit par Jean Simard, Montréal, Éditions Hurtubise/HMH, 1972, 249 p. (coll. Constantes, n° 30).

WECKERLIN, Jean-Baptiste, *Chansons populaires du pays de France*, avec notices et accompagnements de piano, Paris, Menestrel, Heugel & Cie, 1903, 2 vol.

Table des chansons

L'Adieu d'un noyé 372

Adieu Memramcook ! 211

Adieu mes bons parents ! 172

La Belle aimée d'un voyageur 289

Le Boss aux billets blancs 191

Le Bûcheron du Canada 189

Le Bûcheron écrasé par un arbre 262

Le Bûcheron mort d'une maladie inconnue 291

Cadieux 133

Le Canotier 403

Le Chaland de Jim Boyd 348

La Chanson de Thobald 274

Le Chantier aux États-Unis 200

Le Chantier de la Nouvelle-Écosse 203

Le Chantier de Robinson 228

Le Chantier sur l'île d'Anticosti 205

Le Chantier au lac Noir 208

Les Chantiers au Lac-Saint-Jean 284

Les Chantiers en Gaspésie 235

Charles Savard écrasé par un arbre 212

Le Chrétien qui se détermine à voyager 141

Le Chrétien qui se détermine à voyager — le Bûcheron 144

Les Cinq Noyés de Gaspé 370

Le Cuisinier malpropre 214

Dans les chantiers nous hivernerons 185

Le Départ de l'engagé pour les chantiers 174

Le Départ pour le bois carré 153

Le Départ pour les cages 155

Le Départ pour les chantiers 216

Le Départ pour les chantiers de la Côte-Nord 178

Le Départ pour les chantiers des hauts d'Ottawa 160

Le Départ pour les chantiers de Tremblay 180

426 *Donnez-moi-z-en don'!* 218
La Drave à Mistassini 339
La Drave à la rivière à Martre 336
La Drave au Vermillon 334
La Drave des Richard 341
Les Draveurs de la Gatineau 344
Le Drôle au chantier 278
Ennui d'amour — le Papier à Trois-Rivières 384
Ennui d'amour — le Papier bien rare 386
Ennui d'amour — le Papier coûte cher 388
Épargnes et Dépenses des voyageurs 221
Estropié dans un chantier 266
La Fille délaissée 392
Fournier, Frédéric (1809-1831) 374
Le Frère mort de la fièvre 246
Le Gelé 269
Girard et Saint-Laurent 223
Le Glas de la blonde de l'engagé 258
L'Histoire misérable d'un voyageur 281
L'Hivernement à l'île d'Anticosti 321
Le Jeune Voyageur inconsolable 162
Les Jobbers de l'anse aux Foins 238
Là-haut dans les chantiers 240
Le long de la Paugan 226
Le Madelineur engagé 255
La Misère dans les chantiers 195
Les Mitaines pas de pouce 395
La Nostalgie de l'engagé 243
La Nostalgie du draveur 351
Nous sommes partis trois frères 355
Noyade à Shelter-Bay, 1923 364
Olscamp, M. et Mme Théodore 367
Parlons donc du gros jobber 251
La Plainte du coureur de bois 139
La Première Année dans les chantiers 193
Les Promesses des amants au départ 183
Le Raftsman qui fondait de la panne 329
Les Raftsmen 397
Les Raftsmen — les Maladies vénériennes 330
Les Repas dans les chantiers 287
Le Retour des bois carrés 332
Retour des cages et Départ 158
Le Retour des chantiers 300

Le Retour des chantiers — la Blonde mariée 304   427

Le Retour des chantiers — le Whisky 310

Le Retour du voyageur 312

Sur le right 231

Les Traîne-poches 379

Les Trappeurs Courtois 358

Veillette, Antoine, surnommé Pouce 362

La Veuve affligée 325

La Vie dans les chantiers 167

La Vie de voyageur 318

Le Vingt-cinq mars 169

Voilà ce qu'on aime quand on est voyageur 315

Vous m'entendez bien : les poux 323

Le Voyage, c'est un mariage 137

Les Voyageurs et les Habitants 147

Les Voyageurs sont tous rassemblés 150

Table des matières

Préface VII

Avant-propos IX

Sigles XI

LA VIE DES VOYAGEURS 1

L'engagement et le voyage 5
   L'engagement 5
   Le temps du départ 7
   La durée de l'absence 9
   Les partants 10
   Les raisons du départ 12
   Les déplacements 13
   La séparation et les adieux 31
   La montée : les moyens de transport et les portages 36
   Les haltes 42

La vie dans les bois ou les chantiers 45
   L'habitation et le mobilier 45
   L'habillement 50
   L'alimentation 54
   Le travail et la vie communautaire 62
   Les autres contraintes et difficultés 78
   L'ennui et les loisirs 84
   Le sentiment religieux 92
   La maladie, les accidents et la mort 102

Le retour 113
   L'attente du retour 113
   Les plaisirs anticipés 115
   Les déceptions 117

430   L'alcool 119
       L'amour et les relations féminines 121
       Les voyageurs et les habitants 124

ANTHOLOGIE 131

    1. *Cadieux* 133
    2. *Le Voyage, c'est un mariage* 137
    3. *La Plainte du coureur de bois* 139
    4. *Le Chrétien qui se détermine à voyager* 141
    5. *Le Chrétien qui se détermine à voyager — le Bûcheron* 144
    6. *Les Voyageurs et les Habitants* 147
    7. *Les Voyageurs sont tous rassemblés* 150
    8. *Le Départ pour le bois carré* 153
    9. *Le Départ pour les cages* 155
   10. *Retour des cages et Départ* 158
   11. *Le Départ pour les chantiers des hauts d'Ottawa* 160
   12. *Le Jeune Voyageur inconsolable* 162
   13. *La Vie dans les chantiers* 167
   14. *Le Vingt-cinq mars* 169
   15. *Adieu mes bons parents !* 172
   16. *Le Départ de l'engagé pour les chantiers* 174
   17. *Le Départ pour les chantiers de la Côte-Nord* 178
   18. *Le Départ pour les chantiers de Tremblay* 180
   19. *Les Promesses des amants au départ* 183
   20. *Dans les chantiers nous hivernerons* 185
   21. *Le Bûcheron du Canada* 189
   22. *Le Boss aux billets blancs* 191
   23. *La Première Année dans les chantiers* 193
   24. *La Misère dans les chantiers* 195
   25. *Le Chantier aux États-Unis* 200
   26. *Le Chantier de la Nouvelle-Écosse* 203
   27. *Le Chantier sur l'île d'Anticosti* 205
   28. *Le Chantier au lac Noir* 208
   29. *Adieu Memramcook !* 211
   30. *Charles Savard écrasé par un arbre* 212
   31. *Le Cuisinier malpropre* 214
   32. *Le Départ pour les chantiers* 216
   33. *Donnez-moi-z-en don' !* 218
   34. *Épargnes et Dépenses des voyageurs* 221
   35. *Girard et Saint-Laurent* 223
   36. *Le long de la Paugan* 226
   37. *Le Chantier de Robinson* 228

38. *Sur le right* 231
39. *Les Chantiers en Gaspésie* 235
40. *Les Jobbers de l'anse aux Foins* 238
41. *Là-haut dans les chantiers* 240
42. *La Nostalgie de l'engagé* 243
43. *Le Frère mort de la fièvre* 246
44. *Parlons donc du gros jobber* 251
45. *Le Madelineur engagé* 255
46. *Le Glas de la blonde de l'engagé* 258
47. *Le Bûcheron écrasé par un arbre* 262
48. *Estropié dans un chantier* 266
49. *Le Gelé* 269
50. *La Chanson de Thobald* 274
51. *Le Drôle au chantier* 278
52. *L'Histoire misérable d'un voyageur* 281
53. *Les Chantiers au Lac-Saint-Jean* 284
54. *Les Repas dans les chantiers* 287
55. *La Belle aimée d'un voyageur* 289
56. *Le Bûcheron mort d'une maladie inconnue* 291
57. *Le Retour des chantiers* 300
58. *Le Retour des chantiers — la Blonde mariée* 304
59. *Le Retour des chantiers — le Whisky* 310
60. *Le Retour du voyageur* 312
61. *Voilà ce qu'on aime quand on est voyageur* 315
62. *La Vie de voyageur* 318
63. *L'Hivernement à l'île d'Anticosti* 321
64. *Vous m'entendez bien : les poux* 323
65. *La Veuve affligée* 325
66. *Le Raftsman qui fondait de la panne* 329
67. *Les Raftsmen — les Maladies vénériennes* 330
68. *Le Retour des bois carrés* 332
69. *La Drave au Vermillon* 334
70. *La Drave à la rivière à Martre* 336
71. *La Drave à Mistassini* 339
72. *La Drave des Richard* 341
73. *Les Draveurs de la Gatineau* 344
74. *Le Chaland de Jim Boyd* 348
75. *La Nostalgie du draveur* 351
76. *Nous sommes partis trois frères* 355
77. *Les Trappeurs Courtois* 358
78. *Veillette, Antoine, surnommé Pouce* 362
79. *Noyade à Shelter-Bay, 1923* 364
80. *Olscamp, M. et Mme Théodore* 367

432

81. *Les Cinq Noyés de Gaspé* 370
82. *L'Adieu d'un noyé* 372
83. *Fournier, Frédéric (1809-1831)* 374
84. *Les Traîne-poches* 379

Appendice 383
  A. *Ennui d'amour — le Papier à Trois-Rivières* 384
  B. *Ennui d'amour — le Papier bien rare* 386
  C. *Ennui d'amour — le Papier coûte cher* 388
  D. *La Fille délaissée* 392
  E. *Les Mitaines pas de pouce* 395
  F. *Les Raftsmen* 397
  G. *Le Canotier* 403

Classement des chansons 409

Glossaire 413

Bibliographie 419

Table des chansons 425